古典文獻研究輯刊

五 編

潘美月・杜潔祥 主編

第 9 冊

劉文淇《春秋左氏傳舊注疏證》體例之研究

張 惠 貞 著

國家圖書館出版品預行編目資料

劉文淇《春秋左氏傳舊注疏證》體例之研究／張惠貞著 -- 初版
-- 台北縣永和市：花木蘭文化出版社，2007〔民96〕
序 2+ 目 2+234 面；19×26 公分
（古典文獻研究輯刊 五編；第 9 冊）

ISBN：978-986-6831-45-4（全套精裝）
ISBN：978-986-6831-54-6（精裝）
1.（清）劉文淇 2.左傳 3.學術思想 4.注釋 5.研究考訂
621.732   96017403

ISBN - 978-986-6831-54-6

9 789866 831546

古典文獻研究輯刊
五 編 第九 冊   ISBN：978-986-6831-54-6

劉文淇《春秋左氏傳舊注疏證》體例之研究

作　　者　張惠貞
主　　編　潘美月　杜潔祥
企劃出版　北京大學文化資源研究中心
出　　版　花木蘭文化出版社
發 行 所　花木蘭文化出版社
發 行 人　高小娟
聯絡地址　台北縣永和市中正路五九五號七樓之三
　　　　　電話：02-2923-1455／傳眞：02-2923-1452
電子信箱　sut81518@ms59.hinet.net
初　　版　2007 年 9 月
定　　價　五編 30 冊（精裝）新台幣 46,500 元　　版權所有・請勿翻印

劉文淇《春秋左氏傳舊注疏證》體例之研究

張惠貞　著

作者簡介

張惠貞學經歷：
國立高雄師範大學國文系博士
私立逢甲大學中文系碩士
國立成功大學中文系學士
服務：國立台南大學語文教育學系副教授
研究領域：清代左傳學
　　　　　清代乾嘉經史學
　　　　　台灣閩南語歌仔冊研究

提　　要

　　清代儀徵劉文淇一生秉承紹繼漢儒春秋左氏傳之學，積累數十年之力，成就一部《春秋左氏傳舊注疏證》。對於杜預《春秋經傳集解》釋左氏傳有誤者，一一糾舉勘正； 於孔穎達《左傳正義》疏之缺失，亦舉謬不餘遺力，其旨務在闡揚漢儒左氏經誼，扶植微學。

　　儀徵文淇所為《春秋左氏傳舊注疏證》，凡資料蒐羅旁通上稽先秦諸子，下考唐以前史書，雜家筆記文集等，使《春秋左氏傳舊注疏證》賅備證佐，予後人考證參酌是有可采，其書雖是僅止襄公五年，然於糾正杜注孔疏之失，亦是裨益嘉惠後治左氏傳之學者為甚。

目

錄

自 序

　　儀徵劉文淇，世治左氏學積數十年之力，作舊注疏證，可稱鉅著，然僅止於襄公五年，不無殘編之憾!劉氏秉承紹繼漢儒左氏之學，優點在此，缺點亦在此，蓋謹守漢儒左氏經誼，有扶植微學，振弊起衰之功，然篤信不疑，凡漢皆是之見，難免蹈於武斷之譏，予後人可議之處，如是珍珠美玉，不免瑕疵矣。惟劉氏所作《疏證》，搜羅旁通，上稽先秦諸子，下考唐以前史書，旁及雜家筆記文集，並羅有清一代同治左氏學者，賅備證佐，實事求是，俾左氏大義炳然昭著。其博采廣引疏通證明，既精且詳，備一家之說，於糾正杜注孔疏，疏失之處，必有可采，可爲治左傳者之參考。

　　本文所作，欲揭橥窺究劉氏《疏證》之面貌，以明有清一代新疏中，劉氏之左氏傳，實爲翹楚者，本論文之作，承黃師天成，諄諄誨導，幸而成篇。然不才末學，秉性駑鈍，疏漏必多，敬祈大雅君子，幸垂教焉。

張惠貞民國 80 年 6 月謹序於逢甲大學中文研究所

第壹章 緒 論

第一節 劉文淇之生平

先生姓劉氏，名文淇，字孟瞻，江蘇揚州儀徵人〔註1〕，清乾隆五十四年己酉，十月二十三日申時生，於咸豐四年甲寅，九月二十一日巳時，卒年六十又六，嘉慶二十四年優貢生，候選訓導。父錫瑜、以醫名世，文淇孝養承志，能得歡心。舅氏淩曉樓愛其穎悟，自課之。稍長，即研精古籍，貫串群經，於毛、鄭、賈、孔之書及宋、元以來通經解誼，博覽冥搜，折衷一是，尤肆力於春秋左氏傳。

先生自幼家貧力學，每自塾歸必督課盡一燭，率以為常，時值屢空，親串有勸令廢讀者，府君堅持不肯〔註2〕。外傳歸，家君督課，母室或無燭，恒默坐聽誦聲，以為樂。又文淇初入學有小姓某饒於財，欲得以為婿，陪奩許千金，家君在泰州未歸，親串多勸母許之，可以救貧者，母不允某，遣人婉言再三，終不能得〔註3〕。先生於嘉慶七年，適十四齡肄業梅花書院，仍因窮勉學，每自書院歸省家或斷炊，輒鬱邑累日，母則諭以專心讀書，勿以家事為念。先生從桐生先生學，凡四年，而後授徒餬口焉，至二十又一，家計稍裕始免揭債〔註4〕。文淇事親純孝，父年篤老，目眚，侍起居，朝夕扶掖，寒夜足凍，侍親以溫其足。舅氏淩曙極貧，遺孤毓瑞，

〔註1〕據日本小澤文四郎撰《劉孟瞻先生年譜》卷上，頁15云：「孟瞻籍儀徵居邗上，名屋云青溪舊屋，又顏云光照堂。」又引劉師穎所寄書云：「青溪舊屋在揚州城內運署東園門東，寒家數世均居此宅。」「自六世祖魯凡公皦始占籍儀徵，但久居揚州，並未在儀徵卜居。」

〔註2〕見於《青溪舊屋文集》卷十自撰〈先府君行略〉。

〔註3〕見於《青溪舊屋文集》卷十自撰〈先母淩孺人行略〉。

〔註4〕同註3。

文淇收育之，延同里方申爲其師，並補諸生〔註 5〕。文淇爲人，處世和平，不爲矯激近名之舉，而於義利之辨至嚴，凡人所爭趨者去之若浼，人所推諉者，直任不辭，總纂儀徵縣志於編訂，則獨肩其全，於修脯則僅受其半，同鄉諸君子歎爲世俗所難能，蓋行誼類比者甚多，特是事爲人所共知耳。熟於鄉邦文獻，遇郡邑長官咨詢掌故者，必舉前賢之遺跡，屬其表章，自報謝以外，非公不見於私，事毫無所干，值採訪忠孝節烈，則慨然自任其勞，後輩有一材一藝可稱，必獎譽以成其美，或有爲歧途所惑者，則委屈諷諭，望其轉移〔註 6〕。蓋先生秉性謙虛，遠近相交推重，立身端恪，言動必以禮法，自持於人，不記人之過。是涇縣包愼伯於嘉慶甲子至揚州，識淩曙曉樓及君子文淇，孟瞻時年十二三，穎敏誠樸，善讀書，愼伯愛之。其後三十年，孟瞻名日起，與愼伯論交於揚州。先生好詩，包愼伯勸令治毛鄭詩，問治經方法於包愼伯，受益沈欽韓，與劉楚楨、丁晏交，同拔取優貢生，是劉孟瞻與楚楨有揚州二劉之目。蓋與先生同游者，尚有阮元，黃承吉、汪喜孫、陳立、張穆、羅士琳，包世榮，包愼言，姚配中等〔註 7〕。先生雖應試不售，末周遊天下，而天下之士過從揚州者，皆願與交。而並郡士流亦斐然，各欲有所造述，與先生道義切磋相得益彰，是時淮揚相距三百里，書翰往來，皆以問學相切劘，每至大比之歲聚首省會朝夕過從，或公車同行，講貫無虛日。孟瞻著書滿家，四旬外即不應科目以明經老，巋然爲江左經師〔註 8〕。

〔註 5〕《清史稿》卷四百八十二，《列傳》二百六十九儒林三。
〔註 6〕《通義堂文集》卷六，〈先考行略〉。
〔註 7〕《清儒學案小傳》卷十六。
〔註 8〕丁儉卿序《楚楨詩文集》，〈念樓府君行狀〉所引。

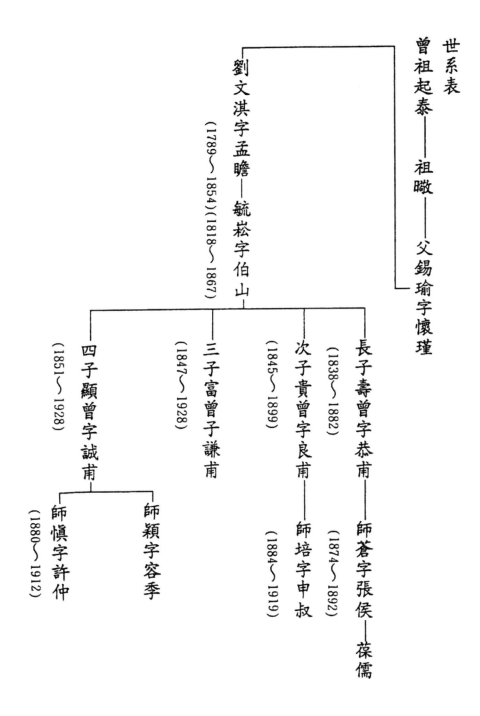

世系表

曾祖起泰——祖暾——父錫瑜字懷瑾

劉文淇字孟瞻——毓崧字伯山
(1789～1854)(1818～1867)

長子壽曾字恭甫——師蒼字張侯——葆儒
(1838～1882)(1874～1892)

次子貴曾字良甫——師培字申叔
(1845～1899)(1884～1919)

三子富曾字謙甫
(1847～1928)

四子顯曾字誠甫
(1851～1928)

師慎字許仲
(1880～1912)

師穎字容季

第二節　劉文淇左氏傳之學承

　　孟瞻治經校史，考地理沿革，博學宏奧，然以左氏學名家。〈劉先生（師培）行述〉云：「曾祖文淇、祖毓崧、伯父壽曾均以治左氏春秋名於清，道、咸、同光之世。」「先生少承先業，服膺漢學〔註9〕。」先生崛起於嘉慶之季，沈思嫥誦，貫通群經，尤致力於《春秋左氏傳》，尊依漢詁，承循賈逵、服虔、鄭眾者流。觀其《疏證》一書，先取賈、服、鄭三君之注，以疏通證明。他如《五經異義》所載左氏說，皆本左氏先師，《說文》所引《左傳》，亦是古文家說，《漢書・五行志》所載劉子駿說，實左氏一家之學；經疏、史注、《御覽》等書所引《左傳》注不載姓名而與杜注異者，皆賈、服舊說〔註10〕，明此皆是先生治左傳者一脈思想之依循。

　　《漢書・儒林傳》曰：「漢興，北平侯張蒼及梁太傅賈誼，京兆尹張敞，太中大夫劉公子，皆修春秋左氏傳，誼為左氏傳訓詁，授趙人貫公，為河間獻王博士，子長卿為蕩陰令，授清河張禹長子，禹與蕭望之同時為御史，數為望之言左氏，望之善之，上書數以稱說，後望之為太子太傅，薦禹於宣帝，徵禹待詔，未及問，會疾死。授尹更始，更始傳子咸及翟方進、胡常。常授黎陽賈護季君，哀帝時，哀帝時待詔為郎，授蒼梧陳欽子佚，以左氏授王莽，至將軍。而劉歆從尹咸及翟方進受。」（卷八十八）由是言左氏者，本諸賈護、劉歆。中興之後，若陳元、鄭眾，馬融、延篤、許惠卿，服虔、穎容，皆傳左氏春秋，要皆本賈護、劉歆。且漢人之學春秋有申左非左兩派，以劉子政、子駿、伯玉皆好之，而蕭望之，翟方進、尹咸，皆善其義。至東漢而陳元、范叔上書、極申其義。鄭興父子、賈逵皆作大義，以詆公穀之短，申左氏之長，而康成又箴何休左氏膏肓，士變又有長義，此申左一派也〔註11〕。然諸家說左氏義者，互有異同，時見闕略，皆執一端之言。一經元凱，後人不能措一辭〔註12〕。然杜預說經，不免強作調人，是其殊失。故晉宋以降，學者講誦，遞有辨駁。《南史・儒林王元規傳》云：「自梁代諸儒，相傳為左氏學者，皆以賈逵，服虔之義駁難杜預，凡一百八十條，元規引證通析，無復疑滯〔註13〕。」又〈崔靈恩傳〉云：「靈恩先習左傳服解，不為江東所行，乃改說杜義。每文句常申服以難杜，遂著左氏條義以明之。時助教虞僧誕又精杜學，因作申杜難服以答靈恩，世並傳焉〔註14〕。」又《北史・樂遜傳》云：

〔註 9〕《劉申叔遺書》（一）〈陳鐘凡劉先生行述〉。
〔註10〕〈致沈欽韓書〉，《青溪舊屋集》卷三。
〔註11〕《經學源流考》卷六。
〔註12〕鄭樵《通志・藝文略》，春秋類。
〔註13〕《南史》卷七十一〈儒林傳〉。
〔註14〕同註13。

「遂著春秋序義，通賈、服說，發杜氏違，辭理並可觀〔註15〕。」

　　蓋先生以左氏名家，反對杜注，而宗賈、服注的思想，大致受沈欽韓的影響很大。從致〈沈小宛先生書〉中，可以明晰地看出文淇尊仰沈欽韓的《左傳補注》，言「披尋再四，竊歎左氏之義，爲杜征南剝蝕已久，先生披雲撥霧，令從學之士復睹白日，其功甚矣。覆勘杜注，眞覺疵疿橫生，其稍可觀覽者，皆是賈、服舊說〔註16〕。」並明書中所載，尊者十取其六，並請沈欽韓爲《左傳舊疏考正》作序，如《年譜》云，文淇受益於沈欽韓。而先生之舅父凌曙，曾向沈欽韓問學，沈氏亦書信鼓勵先生作《左傳舊注疏證》〔註17〕，是其關係在師友之間。

　　從文淇〈致沈欽韓書〉，知先生感於杜注疵疿橫生，又時賢每有補杜，糾正之作，是惠定宇微發其端，焦理堂六經補疏，以杜氏爲成濟一流，不爲無見，然以杜氏之妄並誣及左氏則大謬矣。其顧炎武、惠棟補注及王懷祖、王伯申、焦理堂諸君子說有可采，咸與登列，皆顯其姓氏，以矯元凱、沖遠之失〔註18〕。再則乾隆、嘉慶以來獨標漢幟學風之影響，皮錫瑞《經學歷史》云：「雍、乾以後，古書漸出，經義大明。惠、戴諸儒爲漢學大宗，已盡棄宋詮，獨標漢幟矣。」梁啓超《清代學術概論》亦云：「乾、嘉以來，家家許、鄭，人人賈、馬，東漢學爛然如日中天。」是乾隆、嘉慶以後，漢學鼎盛，文淇受此思潮影響。蓋先生宗漢誼，難杜注之思想，蔚爲家學。惜長編甫具，纂輯未成而遽卒，毓崧思卒其業未果，壽曾乃發憤以繼志述事爲任，嚴立課程〔註19〕。又劉富曾〈亡姪師培墓誌銘〉云：「予老矣，方期倦遊歸來，與之同訂先世左疏稿本，蓋曾戢理先祖左氏長編，並衍習三統天算，欲接續大兄，二兄所編之業爲之也〔註20〕。」蓋先生論左之言，發明賈、服之微學，力矯杜氏之曲說，是漢說既微，寔資闡發，杜例所汩，宜有糾繩〔註21〕。

第三節　劉文淇之著述考佚

　　先生博洽多聞，生平湛深經術於春秋左氏傳，致力尤勤。治經校史，好讀史

〔註15〕《北史》卷八十二〈儒林傳下〉。
〔註16〕《青溪舊屋集》卷三。
〔註17〕《幼學堂文集》卷七。
〔註18〕同註〈致沈欽韓書〉《青溪舊屋集》卷三。
〔註19〕《清史稿》及《清史列傳》都有此記載。
〔註20〕《春秋古經舊注疏證》錢玄同跋。
〔註21〕《劉申叔遺書》（一）。

鑑於地理之沿革，水道之變遷，尤所究心，學冠江淮，當路鄉黨靡不推重。畢生大著《春秋左氏傳舊注疏證》八十卷存于滬，而今不可寓目，其《讀書隨筆》二十卷不知存亡，尤爲憾也。《青溪舊屋詩集》僅一卷，不能確核其年月，其他若先生與校之《四書說苑》，《秋槎雜記》等，多難推定其年代。而先生所注南北史燬于兵燹，今無從知其體裁矣〔註22〕。今京都大學人文研究所藏有《青溪舊屋文集》十卷，《詩集》一卷，光緒九年儀徵劉氏刊本。是先生著述中，尚有不傳，恐是亡佚，良可惜也。先生亦精於校讐之事，爲人校勘書籍不啻如已之撰述，搜羅鄉先輩及亡友之書，醵金付刊汲汲然，願其行世視他人營謀切己之事，更爲過之。今據《年譜》及諸文獻所載，備列如下：

（一）《春秋左氏傳舊注疏證》

　　嘗謂左氏之義爲杜注剝蝕已久，其稍可觀覽者，皆係襲取舊說，爰輯《左傳舊注疏證》一書，先取賈逵、服虔、鄭眾三君之注，疏通證明。凡杜預所排擊者糾正之，所剿襲者表明之，其沿用韋昭《國語》注者，亦一一疏記。他如《五經異義》所載左氏說，皆本左氏先師，《說文》所引《左傳》亦是古文家說。《漢書·五行志》所載劉子駿說實左氏一家之學。又如經疏史注及《御覽》等書所引《左傳》注不載姓名，而與杜注異者，亦是賈·服舊說。凡若此者皆稱爲舊注，而加以疏證。其顧炎武、惠棟補注及洪稺存、焦里堂、沈小宛等人專釋左氏之書，以及錢、戴、段、王諸通人說有可采咸與登列，末始下以已意，定其從違。上稽先秦諸子，下考唐以前史書，旁及雜家筆記、文集，皆取爲證，佐期於實事求是，俾左氏之大義炳然著明，草創四十年，長編已具，然後依次排比成書八十卷〔註23〕。

（二）《左傳舊疏考正八卷》

　　《舊疏考正》一書自序，謂世知孔沖遠刪定舊疏，非出一人之手，至於舊疏原文槩謂無跡可尋，近讀《左傳疏》反覆根尋，乃知唐人所刪定者，僅駁劉炫說百餘條，餘皆光伯述議也，今細加析別，凡得二百餘條，釐爲八卷〔註24〕。

（三）《揚州水道記四卷》

　　據《左傳》、《吳越春秋》，《水經注》等書，謂唐宋以前揚州地勢，南高北下，且東西兩岸未設隄防，與今運河形勢，迥不相同，爰博稽載籍，詳加考證，

〔註22〕《孟瞻先生年譜》，小澤文四郎自序。
〔註23〕《通義堂文集》卷六，〈先考行略〉。
〔註24〕同註23。

作《揚州水道記》四卷〔註25〕。

（四）《楚漢諸侯疆域志》三卷

據《史記》秦楚之際月表，知項羽曾都江都，核其時勢，推見割據之跡，輯《項羽王九郡考》一卷，《十八王分地考》二卷，總名之曰，《楚漢諸侯疆域志》〔註26〕。

（五）《讀書隨筆》二十卷

自少至老，手不釋卷，無論經史子集，遇有心得輒隨時記錄，積成巨冊若干，薈萃貫穿成《讀書隨筆》二十卷〔註27〕。

（六）《青溪舊屋文集》十卷《詩集》一卷

大抵有關於經史同異，金石源流，以及表微闡幽之作，居多偶有吟詠，亦意存寄託，不為空泛之詞〔註28〕。

（七）《周烈女傳》

見於《青溪舊屋集》卷八

（八）《南北史注》

道光二十八年江夏童石塘，太守權醨政延先生及楊季子吳熙載，王句生等注《南北史》〔註29〕。

（九）校勘《宋元鎮江府志》

道光二十一年多與毓崧校勘《宋元鎮江府志》，《青溪舊屋集》卷五校刻《宋元鎮江府志序》〔註30〕。

（十）《舊唐書校勘記》六十六卷

《舊唐書校勘記》六十六卷，先生所任自卷一至卷十本紀，自卷二十至卷二十三地理志，自卷六十一至卷六十六列傳，凡二十卷。伯山所任卷十三十四〈音樂志〉，自卷二十四至二十六〈職官志〉，卷二十八卷二十九〈經籍志〉，自卷四十八至卷六十列傳，凡二十卷。羅茗香所任自卷十五至卷十七歷志卷十八〈天文志〉，卷十九〈五行志〉。卷三十〈食貨志〉。自卷三十二至卷三十九〈列傳〉，凡十四卷，陳卓人所任卷十一卷十二〈禮樂志〉，卷二十七〈輿服志〉，卷三十

〔註25〕同註23。
〔註26〕同註23。
〔註27〕同註23。
〔註28〕同註23。
〔註29〕《孟瞻年譜》卷下，頁52。
〔註30〕《孟瞻年譜》卷下，頁28。

一〈刑法志〉，自卷四十至卷四十七〈列傳〉，凡十二卷〔註31〕。

（十一）〈纂修儀徵縣志〉

　　道光二十九年，總纂修儀徵縣志〔註32〕

（十二）重修《揚州府志》

　　道光十四年，重修《揚州府志》〔註33〕

〔註31〕《孟瞻年譜》卷下，頁44。
〔註32〕《孟瞻年譜》卷下，頁58。
〔註33〕《孟瞻年譜》卷下，頁42。

第貳章 《疏證》之立意及編纂論述

第一節 《疏證》之立意

　　先生致小宛書中，已明述作《疏證》之由，申明賈逵、服虔以駁難杜預注。春秋一書，左氏爲備，漢儒注解，賈、服最精。自唐孔穎達與諸儒撰定《五經正義》，左氏主杜解，賈、服之說隱而不彰〔註1〕。是先生闡漢誼之微學，力申左氏傳經義。《疏證》覆勘杜注，其稍可觀覽者，皆是賈、服舊說，文淇檢閱韋昭《國語》注，其爲杜氏所襲取者，正復不少。夫韋氏注，除自出己意者，餘皆賈、服、鄭君等舊說。是申叔於《春秋左氏傳古例詮微》中論述，其旨曰：「杜例所汩，宜有糾繩；漢說既微，寔資闡發。用是紳漢說而張微學，退杜例而簡異端〔註2〕。」正說明申漢說之緣由，形成論著疏證之重心。蓋先生取三君注，疏通證明，凡杜氏所排擊者糾正之，所剿襲者表明之，其沿用韋昭《國語》注者，亦一一疏記〔註3〕，則杜氏襲用者，明列指出，不爲杜氏專美於前。

　　規杜補杜之說，於清儒爲夥，彌縫其闕之作，於焉遂起。如申叔論之曰：「近儒箴杜說者，有崑山顧炎武，元和惠棟，吳沈欽韓，山陽丁晏，其所發正，率詁故章句之微〔註4〕。」〈致沈欽韓書〉，先生云：「且補前修之未備，洪稚存太史《左傳詁》一書，於杜氏剿襲賈、服者條舉件繫，杜氏已莫能掩其醜，然猶苦未全。」所以先生多引沈氏之《補注》，其顧、惠補注及王懷祖父子，焦理堂諸君子說，亦咸與登列，皆顯其姓氏，以矯杜、孔二氏襲取之失。

〔註1〕皮錫瑞《經學歷史》「賈、服之春秋，亡於唐、宋以後」。
〔註2〕《劉申叔遺書》（一）
〔註3〕《通義堂文集》、〈劉毓崧先考行略〉。
〔註4〕《春秋左氏傳古例詮微、序師法篇》第二十。

先生作《疏證》之動機亦起因於清代的經學家，對於舊十三經注疏頗是不滿，梁啓超述其舊注好的便疏舊注，不好的便連注一齊改造。自邵二雲起，到孫仲容止，作新疏者十餘家。十三經中有新疏者已得其十。這些新疏的作者，都是竭畢生之力，鎔鑄幾百種參考書纔泐成一稿〔註5〕。是如劉文淇自言：「後乃得十三經注疏，依次校勘，朝夕研究，竊見上下割裂，前後矛盾，心實疑之久矣〔註6〕。」遂道光八年，金陵應試不第，至是始與楚楨等爲約各治一經，加以疏證。先生任《左傳》，楚楨任《論語》，陳立任《公羊》，柳興恩任《穀梁》〔註7〕，在新的注疏中，皆可稱爲一時之選。

清儒箴杜，專於詁訓章句之失，若經傳義例之闕，未有所明，或論而不精。申叔先生論之云：「是杜以錯綜經傳爲注例也，今考彼注文，合以釋例，以云守傳，則引公、穀爲文；以云錯經，則曰經無義例。衡以舊說，於例轉疏。夫今密皆疏，于術爲進；例疏於昔，未之或聞。跡彼說經，義趨平易，是由紬經若史，遂以恒識測經，是以傳誼彌乖，經旨彌淺，愚而無說，陋而無度，約言推例，則較略而不盡；具文見意，則紃察而無歸。顧復特舉昔違以見同異，堅摧漢說，伐本竭原，蕩厥藩籬，抉其閫奧〔註8〕。」至若左氏之例，異於公、穀，賈、服間以公穀之例釋之，是自開其罅隙，與人以可攻，則後人議賈氏注左氏者，雜入公、穀之說，爲自淆家法，實則左氏本有其義，而賈君傳之，非賈君好爲合併也。至杜氏春秋釋例一書，爲杜氏臆說，文淇《疏證》專釋訓詁，名物典章，而不言例，其左氏凡例，另爲一表，皆以左氏之例釋左氏，其不知者，概從闕如〔註9〕。

第二節 《疏證》之編纂

劉文淇《左氏傳舊注疏證》之體例，據其子毓崧〈先考行略〉文載：「先取賈、服、鄭三君之注，疏通證明。凡杜氏所排擊者，糾正之；所剿襲者，表明之。其沿用韋氏《國語》注者，亦一一疏記。他如《五經異義》所載左氏說，皆本左氏先師；《說文》所引《左傳》，亦是古文家說。《漢書‧五行志》所載劉子駿說，實左氏一家之學。又如經疏史注及《御覽》等書所引《左傳》注不載姓名而與杜注異者，亦是賈、服舊說。凡若此者，皆稱舊注，而加以疏證。其顧（炎武）、惠（棟）補注，

〔註5〕梁啓超，《中國近三百年學術史》。
〔註6〕《左傳舊疏考正‧序》。
〔註7〕見《孟瞻先生年譜》卷上 27 頁及劉恭冕撰《論語正義‧後序》。
〔註8〕同註4。
〔註9〕疏證隱公七年傳「論之禮經」《疏證》文。

及洪穉存、焦理堂、沈小宛等人專釋左氏之書，以及錢（大昕）、戴（震）、段（玉裁）、王（念孫引之）諸通人說有可采，咸與登列。末始下以己意，定其從違。上稽先秦諸子，下考唐以前史書，旁及雜家筆記文集，皆取爲證佐，期於實事求是，俾左氏之大義，炳然著明。草創四十年，長編已具，然後依次排比，成書八十卷。」

毓崧云：「成書八十卷」，並非編纂《疏證》成八十卷，而是將長編董理成八十卷。至於《疏證》編纂方法，是仿照焦循之《孟子正義》，先作長編，並依長編作提綱，再照提綱查編，然後清抄。至於參與《疏證》編纂之人，據現存原稿，可知文淇只作到隱公四年，即所謂一卷〔註10〕。劉毓崧是思卒其業未果。據清代《樸學大師列傳》云毓崧：「亦整理未就，子四人，長子壽曾最有名。」《清史列傳》云壽曾「嚴立課程，孜孜罔懈至襄公四年而卒。」劉申叔之〈讀左劄記序〉言：「昔先曾祖孟瞻公昌明左氏之學，…長編甫具，纂輯未成，伯父恭甫公賡續之，至襄公後成絕筆〔註11〕。」可知除第一卷外，壽曾一人之筆，當爲其眞。從《疏證》文中，常有「壽曾曰」字樣，可證參與編纂。除此，從劉申叔〈先府君（貴曾）行略文〉：「訓導公（文淇）治春秋左氏傳，作《舊注疏證》，成僅一卷，同知公賡之，府君（貴曾）爲助。」於事例上，《疏證》之文亦有「貴曾曰」、「貴曾案」之文，以證參與之實，然皆屬古曆，貴曾從成蓉鏡學三統曆法，遂精此道，並著有《左傳曆譜》。至於劉申叔曾戡理先祖左氏長編，並習三統天算，欲想完成父祖之業，然據《申叔遺書》，只知申叔整理過長編，但其所作的不是《左傳舊注疏證》，而是春秋經文的《舊注疏證》，如錢玄同跋云：「蓋申叔欲續其先世纂述而未完成之左疏，先從事於疏證經文也。」並從《遺書》中知申叔有春秋古經舊注疏證殘稿三頁，可證此說。至於文淇只編到隱公四年，第一卷，但據其文，直至襄公五年爲止，尚且有「文淇案」字樣，是其案語何來，今尚存疑〔註12〕？

〔註10〕據〈疏證整理後記〉：「現存原稿，始於隱公五年，首而第一行有『《春秋左氏傳舊注疏證》，第二卷』字樣，但又被塗去，以下遂不分卷。由此可知劉文淇只作到隱公四年，即所謂第一卷。」

〔註11〕〈疏證之整理後記〉：「一般都說壽曾作至襄公四年而卒，只有彭作楨寫的《周禮古經集疏・序》說：『止於襄公五年』。（見《申叔遺書》）現在的稿子，確是止於襄公五年。」

〔註12〕〈疏證整理後記云〉：據上海歷史文獻圖書館負責先生來函說，「長編數十巨冊，可惜不知下落何在」。又現存之原稿與副稿互有出入，是難以知曉隱公四年之後至襄公五年，爲何尚有文淇案字樣。

第參章　《疏證》內容之研究

　　《疏證》內容以糾正杜預注為主，依年排比，論其杜注之失，並錄其孔穎達疏承襲《集解》錯誤者。或杜注無誤，但孔疏推演杜意而有殊謬者，或申杜難服，或引劉炫舊疏規杜，而加以駁正者，亦一一表明。其凡杜預尚用《國語》韋昭注者，及襲用前儒之說者，《疏證》亦明示之。程南洲先生之《春秋左傳賈逵注與杜預之比較研究》，葉政欣先生之《杜預及其春秋左氏學》並述及之，今據《疏證》明指者，尚附錄之，以備參考。《疏證》內容分類大旨為三，退杜注左傳學之失，箴孔氏《左傳正義》之曲護及糾杜注孔疏之牾昧。乃依《疏證》內容，文淇直言凡稱杜預非者，孔穎達疏謬者，及杜注孔疏皆誤者，遂分述如下。

第一節　退杜注左傳學之缺失

　　杜預釋經傳之義例，訓詁、名物、制度等，頗多舛誤，此自六朝以來，學者即見指正，此乃杜學一失也。

一、經傳字義訓詁方面

隱公元年經

秋七月，天王使宰咺來歸惠公仲子之賵。

《疏證》：杜注以歸為不反之辭。按《廣雅‧釋詁》，歸、遺也。《國語‧晉語》，承
　　　　歸諸下執政。韋注，歸、饋也。《儀禮‧聘禮》，君使卿韋弁，歸饗餼五
　　　　牢。鄭注，今文歸作饋。歸賵、歸脤皆當訓為饋遺，杜謂歸為不反之辭，
　　　　非也。

　　　案：歸為饋訓，有餉、遺之意。饋，見於《說文》，餉也。段注云：「饋之言歸

也，故饋多假歸爲之。《論語》詠而饋，饋孔子豚，齊人饋女樂，古文皆作饋，魯皆作歸，鄭皆從古文。〈聘禮〉歸饗餼五牢，鄭云，今文歸或爲饋。今本集解〈陽貨〉、〈微子篇〉作歸，依集解引孔安國語則當作饋也。」今知歸饋二者之關係，歸爲饋訓，如《儀禮・聘禮》記文，夕夫人歸禮注，歸一作饋。《史記・周本紀》，以歸周公于兵所，《集解》引徐廣爲饋。《論語・先進篇》，詠而歸，《釋文》，歸鄭本作饋。〈陽貨篇〉，歸孔子豚，《釋文》云歸鄭本作饋。〈微子篇〉，齊人歸女樂，《釋文》云，歸鄭本作饋。且饋，遺也，如《禮記・檀弓上》，顏淵之喪饋祥肉注；〈坊記〉，故君子於有饋者弗能見注。又左氏桓六年傳，齊人饋之餼，僖廿三年傳，乃饋盤飧，《釋文》訓饋，皆遺之意。蓋歸同饋，有贈送之意，如竹添光鴻《會箋》，歸亦作遺也，故杜訓歸者不反之辭，非也。

隱公元年傳

莊公寤生，驚姜氏，故名曰寤生，遂惡之。

《疏證》：杜注謂寤寐而莊公已生，《風俗通》，不舉寤生子，俗說兒墮地，未可開目，便能視者謂寤生，舉寤生子，妨父母，劭引此傳，謂武公考終，姜氏亦然，安有妨其父母乎？然生而能視，世亦多有，何至于驚人。南燕錄慕容德傳，德母晝寢而生德，父翳曰，此兒易生，如鄭莊公，蓋用杜說，然易生亦何可惡之有。沈欽韓云，如杜解，則寤寐中便已生子，較後稷之先生如達，文王之溲于豕少牢，殆又易之，姜氏當鍾愛之，何爲惡之乎？寤與啎同。《說文》啎，逆也，今生子有足先出者，難產，謂之逆生。黃生義府云，寤與啎通，啎、逆也，凡生子，首出爲順，足出爲逆，至有手及臂先出者，此等皆不利于父母，或其子不祥，故世俗惡之，莊公寤生，是逆生也，逆生則產必難，其母之驚且寤也宜矣。文淇案，《史記・鄭世家》，生太子寤生，生之難及生，夫人弗愛，後生少子段，生易，夫人愛之，則寤生爲難產也信矣。

案：寤生，杜注以爲寤寐而生，誤。案《說文》寤，啎。段注云，皆爲五故切，同爲第五部，乃同音通假字，故如《會箋》云「據《史記》則寤生者，難產之稱，此說近理，寤字當屬莊公，寤即啎之假借，《爾雅・釋言》，逜，寤也，《釋文》云，孫炎本逜字作午，《說文》午，啎也，寤啎皆以吾爲聲，聲同則義有，〈列女傳〉不拂不寤，《新序・雜事篇》，衛靈公蹴然易容，寤然失位，皆啎字之義。《說文》啎，逆也，凡婦人產子，首先出者爲順，足先出者爲逆，莊公逆生，所以驚姜氏也。」蓋寤乃啎之借字，《說文通

訓定聲》，寤借爲啎。寤生猶言逆生，即現代謂之足先出，即《史記・鄭世家》所言「生之難」是也。再者，沈欽韓之《左傳補注》云：「禮記哀公問午其眾注，逆其眾，王肅本作迕，是午啎寤皆通悟也，凡從此聲者，其義並通。〈士喪禮〉下篇無器則捂，受之，疏云，捂即逆也。劉熙《釋名》女青徐州曰姤姤忤也，始生時人意不喜忤忤然也，此其證也。」安井衡之《左傳輯釋》亦云「《史記・鄭世家》記此事云，生大子寤生，產之難，蓋即啎之假借，《管子・七臣七主篇》，不啎則國失勢，劉績云，啎或作悟，覺悟之悟也。」今案寤悟啎皆以吾爲聲，聲同則義通，寤當讀爲啎，啎、逆也，子生先出足，今猶謂之逆生，其產最難，即史遷所云，產之難也。莊公逆生，故莊姜驚而惡之，寐寤而已生，世恐無此事，即有之，當喜而愛之，而驚而惡之，非人情也。焦竑《筆乘》如同此說，凡婦人產子首先出者，爲順，足先出者爲逆，莊公蓋逆生，以驚姜氏也。

隱公元年傳

既而大叔命西鄙，北鄙貳於已。

《疏證》：《說文》，貳、副益也。從貝，弍，古文二。《說文》又云，二，地之數也，以偶一。經典貳字作副益解者，多引伸之爲疑貳之貳。《爾雅・釋詁》，貳，疑也，洪亮吉云，〈周語〉，百姓攜貳。韋昭注，貳，二心也。此貳於已民，義亦當然，杜注云兩屬，蓋望文生義。

案：杜注謂兩屬，當從實際言之；洪亮吉謂有二心，乃從訓詁言之，二者皆是也。此句，貳於已，句法與隱公三年傳，王貳於虢同，句意與成公十三年傳，君有二心於狄同。至於竹添光鴻《左傳會箋》曰：「〈周語〉云，百姓攜貳。韋昭注，貳，二心也，此貳亦同。言背君而從已也，心不專於君而分於已，故曰貳于已，若無于字，其義正反，猶叛某叛于某之例，杜云兩屬，非本義。」

隱公元年傳

子封曰，可矣，厚將得眾，公曰，不義不暱，厚將崩。

《疏證》：杜注，子封，公子呂也，不義於君，不親於兄，非眾所附，雖厚必崩。《周禮・考工記弓人》，凡昵之類不能方注，故書昵，或作檷。杜子春云，檷讀爲不義不昵之昵，或作黐，黐黏也。疏云，按隱元年，鄭太叔爲不義，莊公曰，不義不昵，厚將崩，彼不昵，爲不親兄，則昵爲親近，不相捨離。沈欽韓云，此言所爲不義，則無人肯親附，與下京叛叔段相應，杜注非是。

《爾雅·釋言》，秞，膠也。邵晉涵《正義》云，〈釋詁〉膠，固也，言不義者，不能堅固，故下云厚將崩。洪亮吉云，今考不䵑之義，正與將崩相屬，自當以秞黏爲長。文淇按，上又多行不義，此就不義而申言之，見不義則不䵑，四字不平列，自當以邵氏諸說爲長，杜注謂不義於君，不親於兄，強爲分配，殊失傳義。林堯叟謂不義之人，不爲眾所視暱，則已不從杜說。又案，《說文》，䵑，黏也，引傳作不義不䵑，是《左傳》古本作䵑。杜子春引作暱字，雖假借猶用黏義，杜預改作暱，人道將盡。〈梁元帝紀〉，不義不暱若斯之甚。《隋書柳彧傳》，不義不暱，春秋載其將亡，無禮無儀，詩人欲其速死，辭皆對舉，則沿杜預之謬也。

案：依《說文》暱爲暱之或體字，秞爲䵑之或體字，尼質切，是故如章太炎考定娘日二紐歸泥母字而言，涅從日聲，《廣雅·釋詁》，涅、泥也。涅而不緇亦爲泥而不滓，是日泥音同也。䵑從日聲，《說文》引傳，不義不䵑，〈考工記弓人〉，杜子春注引傳不義不暱，是日暱音同也。蓋暱今音尼質切，爲娘紐字與秞䵑同，且從日聲，誠如段玉裁于䵑字下注云「杜子春云，檷讀爲不義不暱之暱，或爲秞，秞，黏也。按許所據《左傳》作䵑爲長，䵑與暱音義皆相近。」因暱、暱、秞，䵑音義相近，今依許慎引傳作不義不䵑，乃《左傳》古本作䵑字，且依文句上下意而言，暱爲親近之義不確，當依《說文》作䵑，猶今言不義則不能團結其眾。誠如沈欽韓、洪亮吉及邵晉涵所言爲是。如《會箋》所云其義，此從䵑義爲長，言多行不義「百姓離心，不相附著雖厚將崩壞，此以築牆爲喻，〈晉語〉，猶無基而厚墉，其壞也，無日矣，即此意也」或如馬宗璉《春秋左傳補注》所評，今本作不暱，杜訓暱爲親，則與厚將崩之辭不相屬矣。璉以《南史·梁帝紀》論，亦作不義不暱。安井衡於《輯釋》：「《說文》作黏是也。䵑、黏也，黏相著也，其訓膠亦同，不義即上文多行不義之不義，子封云，厚將得眾，此反其言則將崩，謂其眾崩壞潰散，言多行不義，百姓離心，不相附著，得地益厚，則其不義益甚，勢將崩壞」，是黏、暱同音，義又相近，故譌爲暱耳。

隱公三年傳

公子州吁，嬖人之子也，有寵而好兵，公弗禁，莊姜惡之。

《疏證》：《釋文》，賤而得愛曰嬖，當是舊注。《一切經音義》引諡法，賤而得愛曰嬖，杜注但以親幸解嬖，義猶未備。〈衛世家〉莊公有寵妾，生子州吁，十八年州吁長，好兵，莊公使將。

案：嬖，《說文》便嬖，忠也。段注云「《玉篇》作便僻也，《廣韻》曰愛也、卑也，妾也。按經傳中不外此三義。」《禮記・緇衣》「毋以嬖御人疾莊后，毋以嬖御士疾莊士大夫卿士。」鄭注云「嬖御人，愛妾也。嬖御士，愛臣也。」依《左傳》論之，愛妾，愛臣俱可統稱爲嬖人。如隱三年傳之公子州吁，嬖人之子也。昭七年傳，嬖人婤姶生孟摯，皆愛妾也。成二年傳，頃公之嬖人盧蒲就魁門焉。昭元年傳，荀吳之嬖人不肯即卒。哀十六年傳，衛侯占夢嬖人求酒於僖子，皆愛臣也。故如《孟子・梁惠王下篇》有嬖人臧倉，即愛臣也；《晏子春秋》內篇諫上有嬖人嬰子，即愛妾也。蓋嬖總言而之，得寵幸者曰嬖，析言之誠如段注所言，故《一切經音義》引諡法言，賤而得愛曰嬖，或謂愛幸。《漢書・項藉傳》，張耳嬖臣也注嬖；或人王之所幸愛者，如〈穆天子傳〉六，嬖人群女倍之注；或卑賤婢妾媚以色事人得幸者也，《一切經音義二十》引釋名。以此嬖杜杜預所訓及疏證引釋文，《一切經音義》，當是《疏證》所言方近傳意。

隱公四年傳

對曰，臣聞以德和民，不聞以亂，以亂，猶治絲而棼之也。

《疏證》：《釋文》云，棼、亂也，當是舊注。《說文》棼，複屋棟也。紛，馬尾韜也。《廣雅》紛紛亂也，凡從分得聲者，皆有亂義。《楚辭》，紛逢尤以離謗兮。王逸注，紛、亂貌也。杜注，絲見棼縕益所以亂。按《說文》，縕、紼也。〈玉藻〉，縕爲袍注。縕謂今纊及舊絮也。《廣雅》，縕、饒也。《楚辭・橘頌》，紛縕宜修。注、紛縕，盛貌。杜以棼縕解棼義，無所取，不若《釋文》之善。

　案：棼從林分聲，凡從分得聲者，可有亂義。《說文》段玉裁於棼字注云，按《左傳》治絲而棼之，假借爲紛亂字。按棼作紛亂解，《釋文》之訓爲是，杜注絲見棼縕，益所以亂，不若《釋文》簡明。

隱公五年傳

公曰，吾將略地焉。

《疏證》：杜注，遜辭以略地，略總攝巡行之名。《說文》略，經略土地也。《廣雅・釋詁》充，略，行也。王念孫云，隱五年《左傳》，吾將略地焉，杜注云云，宣十一年傳，略基趾，注云，略，行也。《漢書・商帝紀》注云，凡言略地，皆謂行而取之，是略地謂正經界，杜注總攝，義非。《小爾雅廣詁》，略，分界也，一曰遠界爲經略也。僖九年傳，東略之不知，西則否

矣，又十六年傳，謀鄧且東略也，與此略地義同。

案：杜注略，總攝巡行之名，非能盡釋略字之義，如竹添光鴻之《會箋》云「略，封疆也，略地者巡行土地而正其封疆也」方爲全義。蓋如說文云「經略土地也。」段注云「昭七年《左傳》芋尹無宇曰，天子經略，諸侯正封，古之制也。杜注，經營天下，略有四海，故曰經略。珤封封疆有定分也，禹貢曰崎夷既略，凡經界曰略。《左傳》曰，吾將略地，又曰略基趾，引申之規取其地，亦曰略地。」蓋《左傳》略字之義，有巡行之名，有分界之義，如《小爾雅廣詁》有界義，如莊公廿一年傳，與之武公之略，定公四年傳，封畛土略，亦有行義及經略土地諸釋，但依此傳略地之訓，當如《會箋》所云爲是。若如杜注之言，則含混矣。

隱公六年傳

六年春，鄭人來渝平。

《疏證》：杜注傳，渝平云，渝，變也，《釋文》同。惠棟云，渝讀爲輸，二傳作輸。《廣雅》曰，輸、更也，與懌、悛、改同，秦詛楚文，變輸盟刺，謂變更盟刺耳。渝、更也，平、成也，故經書渝平，傳曰更成，杜注自明，而獨訓渝爲變，必俗儒傳寫之譌。服虔曰，公爲鄭所獲，釋而不結平，於是更爲約束以結之，故曰渝平，是服亦訓渝爲更。《文選‧西京賦》注，漢載安而渝。薛注，易也。《說文》，渝，變污也，皆更革義，然杜注訓變，自用《釋言》文，不關傳寫之譌。

案：《公羊》、《穀梁》二傳作輸平，《左傳》作渝，渝輸皆從俞聲，古雙聲疊韻，故同音通假。《廣雅‧釋詁》輸，更也，王念孫疏證，輸讀爲渝，左氏春秋隱六年，鄭人來渝平，傳云更，成也。《公羊》、《穀梁傳》並作輸，輸渝古通用，《爾雅》渝變也，變亦更也。《公羊傳》云，輸平猶墮成也。《穀梁傳》亦云，輸者，墮也，來輸者，不果成也。《左傳》則以渝平爲更成，兩義相反，但考之史事，《左傳》爲是。趙坦《春秋異文箋》：「隱公自元年以來，並未與鄭人平，則此書渝平不得爲墮其成。」渝輸音近義同，從左氏以更成，釋渝平爲允。蓋隱公爲公子時，與鄭人戰于狐，爲鄭所獲，賂尹氏而逃歸，故與鄭結仇。隱公四年，宋、陳、蔡、衛諸國伐鄭，魯公子翬率師會之伐鄭。宋、鄭世怨，而魯、宋則屢結同盟，是魯、鄭亦仇怨之國，既此，無所謂成不成也，既本無成，又何從變之，故魯、鄭本有舊怨，此時則變舊怨爲新好，趙氏得之。

隱公六年傳

周任有言曰，爲國家者，見惡如農夫之務去草焉，芟夷薀崇之，絕其本根，勿使能殖，則善者信矣。

《疏證》：稻人，凡稼澤，夏以水殄草而芟夷之。注，鄭司農說芟夷以春秋傳曰，芟夷薀崇之，今時謂禾下麥爲夷，下麥言芟刈其禾，於下種麥也。玄謂將以澤地爲稼者，必於夏六月之時，大雨時行，以水病絕草之後生者，至秋水涸，芟之，明年乃稼。疏引隱六年芟夷薀崇之注云，芟，刈。夷，殺。薀，積。崇，聚也。引之者，見芟夷爲刈殺之義也。按先鄭注芟夷，雖引《左傳》爲說，然傳言去草，不關刈禾，後鄭雖言去草，又未言芟夷所以別。薙氏，夏日至而火之。秋繩而芟之。後鄭注云，夷之，以鉤鐮迫地芟之也，含實曰繩，芟其繩，則實不成熟，是謂芟夷，所別在長短。按《說文》癹，以足蹋夷草也，引《詩》作癹夷薀崇之，是賈氏本作癹，異於先後鄭之作芟，許君當用賈義。《廣雅·釋詁》曰，夷滅也，是癹爲足蹋，夷謂刀刈也，杜注統釋爲刈殺，非。

案：芟，《說文》引作癹，音潑，以足蹋夷草。《東觀漢記》言「癹作芟，恐後人所改。」《釋文》云「說文作癹，匹末反。」《文選·答賓戲》，註晉灼曰，發、開也。章太炎認爲發乃癹字之誤。今諸本皆作芟字。芟字音衫，刈草也。芟夷爲同義連綿詞，成公十三年傳云：「芟夷我農功」，《小爾雅》，夷，傷也。《疏證》言，此謂傷及禾稼。章太炎以《詩》〈小雅〉「或耘或耔。」傳曰：「耘，除草也。耔，雍本也。」如《漢書·食貨志》言：「播種於畝中，苗生三葉以上，稍耨壟草，因墮其土，以附苗根。此成，壟盡而根深，能風與旱，故嶷嶷而盛也。」故癹夷即耘，薀崇即耔也，此蓋古人去雜草藉以肥田之法。說詳章太炎《左傳讀》。

隱公六年傳

雖欲救之，其將能乎，商書曰，惡之易也，如火之燎於原，不可鄉邇，其猶可撲滅。

《疏證》：〈商書盤庚〉文，今盤庚無惡之易也四字。杜注云，言惡易長，如火焚原野，不可嚮邇。王念孫云，杜讀易爲難易之易，而以長字增成其義，殆失之迂矣。按易者延也，謂惡之蔓延也。〈大雅·皇矣篇〉，施於孫子。鄭箋云，施猶易也，延也。《爾雅》，施、易也。郭注曰，相延易惡之延易，禍及於身而不可正，救如火之燎原而不可撲滅。文淇按王說是也。哀十一年傳，無俾易種於茲邑。注，易種轉生種類，轉生即延義。〈魯語〉，子叔聲伯如晉歸，鮑國謂之曰，子何辭苦成叔之邑，對曰，譬之如疾，余恐易焉，

疾謂疫癘，被易亦當訓爲延，猶俗所謂傳染也。

案：竹添光鴻《左傳會箋》言易之義，與《疏証》同，杜預讀爲難易之易，而以長字增成其義，迂也。《箋》曰：「惡之易也，今盤庚無此句，蓋左氏縮取其義以成辭，故用也字，也字非〈商書〉文法，定公四年引蔡仲之命亦有也字，說見于彼。易如字，延也，謂惡之蔓延也，盤庚無俾易種于茲新邑，謂延種于新邑也。秦策曰，沒利於前，而易患於後，謂延患於後也。」《經義述聞》亦云「惡之延易，如草之滋蔓而不可除，故又引周任之言曰，爲國家者，見惡如農夫之務去草焉，芟夷薀崇之，絕其根本，勿使能殖，亦是除惡務盡，毋使滋蔓之意也。《東觀漢記》載杜林疏曰，見惡如農夫之務去草焉，芟夷薀崇之，絕其本根，勿使能殖，畏其易也，正取延易之義。」

隱公十年傳

君子謂鄭莊公於是乎可謂正矣，以王命討不庭。

《疏證》：杜注，下之事上，皆成禮於庭中。洪亮吉云，《爾雅》，庭、直也。按謂諸侯之不直者，杜注殊屬曲說。韋昭〈周語〉注即云庭、直也，不直謂不道。按洪說是也。〈周語〉云，以待不庭、不虞之患，義與此傳不庭同。《詩》大田傳，庭、直也。

案：庭訓直義，亦見《詩‧大雅韓奕》：「聯命不易，幹不庭方，以佐戎辟」，閔予小子：「陟降庭止」，傳皆云直也。惠棟之《春秋左傳補注》，亦訓庭、直也，謂諸侯之不直者。但沈欽韓云：「諸侯職貢充庭觀禮，庭實惟國所有不庭者，不修職貢也，庭與甯聲同，《大戴記‧投壺篇》，嗟爾不甯侯爲爾，不朝于王所，故亢而射女。孔廣森曰，諸侯不臣謂之不甯。」（《春秋左傳補注》）沈氏之解不庭說與《疏証》異，章太炎《春秋左傳讀》言不庭與沈氏意同。據上年傳言。「宋公不王」，則此不庭自謂不朝王，與常言不庭者異，攷《管子‧明法解》云：「故群臣皆務其黨，重臣而忘其主，趨重臣之門而不庭，故明法曰，十至於私人之門，不一至於庭。」是臣不朝君，曰不庭也。《莊子‧山木》云：「莊周反入，三月不庭。」司馬注：「不出坐庭中三月」是亦不至庭曰不庭之證。竹添光鴻亦云：「下之事上，亦成禮於上，但筐篚皮馬之屬則陳之於庭，討不庭討前年不王之罪也。」且庭字亦作甯，如沈氏引孔廣森語：「諸侯不臣謂之不甯」，觀《易經》比卦：「不甯方來」即《周禮‧考工記梓人》、《大戴記‧投壺篇》、《白虎通義‧鄉射篇》、《說文》矢部侯字之「不甯侯」則不庭、不甯之訓不朝可知。

由庭訓二解，說者皆是，誠如段注《說文》於庭字所言「《爾雅‧釋詁》，《詩》大田、韓奕、閔予小子，傳曰庭、直也，引伸之義也，庭者，正直之處也。」故杜預所言「下之事上，皆成禮於庭中」，及針對九年傳「宋公不王」實事而言，亦如成公十二年傳「而討不庭」注云：「討背叛不來在王庭者」皆合矣。

隱公十一年傳

寡人之使吾子處此，不唯許國之爲，亦聊以固吾圉也。

《疏證》：〈釋詁〉，疆、界邊，衛圉垂也，疏引孫炎曰，圉、國之四垂也，舍人曰，圉、拒邊垂也，又〈釋言〉，圉、禁也。舍人曰，圉謂未有而預防之也。〈周書‧謚法解〉，威德剛武曰圉，注圉禦也。杜注用釋詁舍人注，而刪拒字、非。拒猶禦也。

案：依《爾雅‧釋詁》之訓，圉爲疆場竟界，《詩》大雅桑柔「孔棘我圉。」大雅召旻「我居圉卒荒，」毛傳皆言垂也；又〈釋言〉訓圉，禁也。疏云，釋曰，皆謂禁制，小雅棣云「外禦其務養馬曰圉，亦所以禁制。」故皆爲禁也。〈周書‧寶典〉，不圉我哉注圉，禁也。或圉訓爲禦也，《莊子‧繕性》「其來不可圉。」《釋文》云圉，本作禦。《管子‧輕重》，守圉之國用鹽獨甚注，圉與禦同。《詩》桑「孔棘我圉」，鄭箋云圉當作禦。故圉字有邊境、禁、禦之義。杜注圉、邊垂也，文淇評爲刪舍人注拒字非。蓋杜訓未非、邊疆乃是，若依舍人注，拒邊垂也及圉作、禦之義，貫於文意，不若杜訓直當。蓋已有「固」字之故。

桓公元年經

三月公會鄭伯于垂，鄭伯以璧假許田。

《疏證》：〈魯世家〉，桓公元年，鄭以璧易天子之許田，《集解》引糜氏說，按傳疏云，祊薄於許，加之以璧，易取許田，非假借之也，今經乃以璧假爲文，故傳言爲周公祊而解經璧假之言也。疏言今經以璧假爲文，是古文經假作加，杜氏云，以璧假爲文，時之所隱，失之。孟子趙注，引假樂，假作嘉，嘉有加聲，故糜云加璧，猶言以璧加許田也。

案：桓公傳元年文淇《疏證》云，假當作加，杜於經既不從古義，故傳亦改作假，以公穀二傳皆作假，注謂稱璧假，言若進璧以假田，非久易也，亦用公穀義。《史記‧魯世家》云：「桓公元年，鄭伯以璧易天子之許田。」《集解》云：「鄭以祊不足當許田，故復加璧。」鄭伯以祊加璧與魯易許田、

蓋文淇引糜信所言，假當作加，《論語‧述而篇》，子曰：「加我數年，五十以學易，可以無大過矣」，阮元《論語注疏校勘記》云：「《史記‧孔子世家》，加作假，案《風俗通義》窮通卷亦引作假」。應劭《風俗通》王利器注云，《論語‧述而篇》，假作加，《史記‧孔子世家》亦作「假我數年」。朱熹《集註》：「元城劉忠定公自言，嘗讀他論，加作假，蓋加假聲相近而誤讀」。廣韵「加」「嘉」同音皆屬古牙切，麻韵。「假」爲古疋切，馬韵或古訝切，禡韵，則「加」「假」同爲段玉裁第十七部，蓋加、假同爲見聲母，韵同部，則加、假音可通。孔氏《正義》云：「祊薄於許，加之以璧，易取許田，非假借之也，今經乃以璧假爲文，故傳言爲周公祊故，解經璧假之言也。」是孔說與糜氏同。按隱公八年鄭伯請以祊易許田，鄭已歸祊，魯已受祊，然雖許之而尙未與，故鄭以許田重于祊而復加璧。竹添光鴻《會箋》云：「蓋鄭伯實以璧請之，故係於璧書之也，杜云時史所隱，恐非。」杜預以璧假許田，注謂稱璧假，言若進璧以假田，非久易也，用公穀義。《穀梁傳》云：「非假而曰假，諱言易也」，若杜氏從春秋不直言解之，則文淇、洪亮吉、竹添光鴻等以訓詁實際言之也，誠如毛奇齡《春秋毛氏傳》所載，「史官不言易，但云假之耳，并不及祊田，但云以璧假我許田耳，此與前歸祊入祊而不及許田正同，所謂文也，所謂春秋之微詞也，此或夫子之筆也。」

桓公六年傳

奉酒醴以告曰，嘉栗旨酒。

《疏證》：《爾雅》，嘉、善也。生民，實穎實栗。《毛傳》，栗，其實栗栗然。箋云，栗、成就也。彼疏桓六年左傳云，奉酒醴以告曰，嘉栗旨酒，服虔云，穀之初熟爲栗，是栗爲穀熟貌。按杜以栗爲敬謹，不用服義。本疏云，劉炫以栗爲穗貌，而規杜過，於理恐非是，炫從服義也。祝辭三者皆舉祭物，此獨言與祭之誠，杜說爲短矣。朱駿聲云，栗疑桼之誤，桼者稻粱之屬，言以嘉穀爲酒也。朱亦用服注，改字說經，失之。

案：惠棟《春秋左傳補注》嘉栗旨酒同劉光伯說，以栗爲穗貌。安井衡《左傳輯釋》亦以劉說爲是。謂「詩大雅，實穎實栗，凡百穀實不秕，謂之栗。」另一說，栗借爲洌，清也、潔也之義，嘉栗旨酒，猶言既好又清而美之酒，如俞樾《群經平議》所言：「樾謹按善敬兩意不倫，若以爲穗貌，則於說酒更遠，疑皆非也。栗當讀爲洌洌從列聲與栗相近，《詩》四月篇，多日烈烈，鄭箋曰，烈烈猶栗栗也。〈考工記〉弓人菑栗不迆，鄭注曰栗讀爲

裂繻之裂，然則以栗爲洌，猶以栗爲裂矣。《說文》水部洌，水清也。《周易》井九五、井洌寒食。王弼注曰，洌、潔也，嘉洌旨酒言其既嘉善而又舉不清潔也。」章炳麟謂嘉栗旨酒與上文絜粢豐盛文法同，言酒而及飲器之嘉，則酒之如量可知，說詳《春秋左傳讀》。按以栗當讀爲洌及章炳麟說，飲器之量必當嘉也，亦可通，其義或可優於杜解之說。

桓公十一年傳

鬬廉曰：鄖人軍其郊，必不誡，且日虞四邑之至也。

《疏證》：杜注虞，度也。洪亮吉云，《廣雅》云，虞、望也。按言日望四邑之至也，較杜義爲長。王念孫云，虞、候皆訓爲望，故古守藪之官謂之虞侯。昭二十年《左傳》，藪這薪蒸，虞侯守之。《正義》云，立官使俟望，故以虞侯爲名，是也。

案：《經義述聞》言日望四邑之至也，引王念孫《廣雅疏証》虞、望也之說。又說：「昭六年傳，始吾有虞於子，今則已矣。杜注曰，虞、度也。言準度子產以爲已法。案虞、亦望也、言昔也，吾有望於子，今則無望矣。」仍以虞爲望之說。王念孫云《方言》虞、望也，《廣雅》同。《左傳會箋》及《左傳輯釋》皆言「日忖度其至，即是望之，故引申訓望。」昭公四年傳，有是三者，何鄉而不濟，對曰，恃險與馬而虞鄰國之難，是三殆也。《會箋》亦作虞望也之訓。

桓公十二年傳

從之，絞人獲三十人，明日，絞人爭出，驅楚役徒於山中，楚人坐其北門，而覆諸山下。

《疏證》：《說文》，堲、止也。从土从留省，土所止也，此與留同意。坐、古文堲。惠棟云，按兵法有立陳、坐陳、見《尉繚子》。立陳，所以行也。坐陳，所以止也。傳曰，裹糧坐甲，又云，王使甲坐於道，又云，士皆坐列。司馬法云，徒以坐固。《荀子》曰，庶士介而坐道，及此傳坐其北門，皆坐陳。洪亮吉云，按此，則坐字當從《廣雅》訓爲止。杜注坐猶守也，于訓詁爲不合矣。

案：昭公二十七年傳「王使甲坐於道及其門」，《會箋》意，《荀子》正論，庶士介而坐道。楊倞注，庶士軍士。介而坐道，被甲坐於道側，以禦非常也。蓋如楊倞所言，被甲坐於道側，以禦非常，亦如傳十二年坐其北門意義同。如梁履繩《左通補釋》所記：「南門楚軍所在，絞人既敗必走北門，故移

軍斷其歸路」，故如此狀，以禦非常可知。惠棟以兵法坐陳而言，洪亮吉從字義訓詁解之，元凱以守注之，蓋坐字依《說文》為止也，乃本義之訓，今後所言守也、待也，乃引伸義也。

桓公十二年傳

使伯嘉諜之，三巡數之。

《疏證》：掌固，晝三巡之。注，巡、行也。《說文》，巡、視行貌，杜注，巡、遍也，非。

案：鄭氏《周禮》注，巡、徧也，洪亮吉言杜本此。《會箋》言，三巡算楚師之多少，輯釋《衡論》，巡為視行貌，其說與《說文》同。《正義》謂巡、徧也，巡遶徧行之意。

桓公十四年傳

十四年春，會於曹，曹人致餼，禮也。

《疏證》：餼，兼饋食芻米言，杜注，熟曰饔，生曰餼，非。

案：《會箋》云桓公十年傳「《說文》米部氣字下，引作齊人來氣諸侯云，餽客芻米也。」又曰，「或從既作槩，或從食作餼，或從既者，《禮記》（中庸）既稟稱事是也。或從食者，今通用也。古氣字作气，故气氮古氣字，氣為古餼字，許氏引作氣，所謂述春秋傳以古文也。」《會箋》同《疏証》說。就《說文》氣字，段注云地。「〈聘禮〉殺曰饔，生曰餼。餼有牛、羊、豕、黍、粱、稻、稷、禾、薪、芻等，不言牛、羊、豕者，以其字從米也，言芻米不言禾者，舉芻米可以該禾也。經典謂生物曰餼，《論語》告朔之餼羊。」蓋餼字乃气字後起演變，誠如《會箋》說，亦如段注所言，今字叚氣為雲氣字，而饔餼乃無作氣者可明。又按餼字從食而氣為聲，蓋晚出俗字，在假氣為气之後，故春秋傳曰，齊人來氣諸侯，事見桓六年、十年、十四年，許慎所據氣字，乃古文也。《疏証》言餼，兼饋食芻米言，觀《禮記・聘義》有「餼客於舍，五牢之具陳於內，米三十車，禾三十車，芻薪倍禾，皆陳於外。乘禽曰五雙，群介皆有餼牢」云云，可見《疏証》所言是。杜注所言熟曰饔，生曰餼未非，《說文》饔，熟食也。《周禮・天官序官》，內饔。又隱公十年傳注，逆之以饔餼，疏同《說文》。《詩》瓠葉序，雖有牲牢饔餼，箋曰熟曰饔。牲生曰餼，如《論語・八佾》，了貢欲去告朔之餼羊，《集解》引鄭注，又《儀禮・聘禮》，餼之以其禮注，餼之生致其牢禮也等；故如杜注雖是，但尚簡不詳也。

桓公十七年傳

日官居卿、以底日，禮也。

《疏證》：杜又云，底、平也。《漢書‧律秝志》引傳文，蘇林注曰，底、致也。王
引之云，蘇說是也。周官馮相氏曰，冬夏致日，春秋致月，〈考工記〉玉
人曰，土圭尺有五寸以致日，是其証。白帖一，《左傳》曰，日官以底日，
底、致也，所引蓋古注。顧炎武云，五經無底字，皆是底字。洪亮吉云，
底與抵古字通。《廣雅‧釋詁》，抵、推也，此抵日猶言推日也。杜注，平
也，似未諦。按王、洪說是也。釋言，底、致也。舊注本之。

案：《校勘記》云：「石經宋本，岳本作底是也。顧炎武公五經無底字，皆是底
字，唯《左傳》襄二九年處而不底，昭元年勿使有所壅閉湫，底音丁禮反，
今《說文》底字有下一畫，誤字當從氏，非也。」又宣公二年《校勘記》
云：「補刊石經此處缺，纂圖本、閩本、監本、毛本底作底，顧炎武云五
經無底字，皆是底字，今《說文》本作底，字下有一畫誤字，當從氏，段
玉裁云，此說非也，凡氏聲之字在古音第十六支佳部，凡氏聲之字在古音
弟十五脂微皆灰部，底本訓柔石，經傳多借訓爲致，凡字書韻書皆無作底，
小下畫者，惟唐開成石經五經文字，广部底誤作底，厂部底致也不誤。」
概底底音義均別，今從《校勘記》及段說訂正。《會箋》曰：「《漢書‧律
歷志》引此傳文，師古曰，底致也，《說文》，底、柔石也，今借訓爲致底
日即致日也。〈堯典〉敬致，馮相氏冬夏致日，言推致其度也，杜直訓底
爲平，未的確」。安井衡亦案底、致也。謂致極二至，歷首二至，二至不
達，則歷正、堯典曰，敬致。今底字從石經宋本、岳本爲是。

桓公十七年傳

高伯其爲戮乎，復惡已甚矣。

《疏證》：杜注，複、重也。惠棟云，《韓非子》，復惡作報惡。鄭注大司寇云，複、
猶報也，杜訓爲重，失之。事見《韓非‧子外儲篇》。《儀禮》，復見之以
其摯，注亦云，復、報也。惠說是也。《釋文》，復、一音服，則乖注意，
可証杜注異舊說。

案：復爲報復，報惡猶報怨，誠如韓非、惠棟所云。蓋高渠彌爲昭公所惡，而
遂弒之，是其報復爲已甚矣。事見〈鄭世家〉云：「昭公二年，自昭公爲
太子時，父莊公欲以高渠彌爲卿，太子忽惡之，莊公弗聽，卒用渠彌爲卿。
及昭公即位，懼其殺已，冬十月辛卯，渠彌與昭公出獵，射殺昭公于野。
祭仲與渠彌不敢入，厲公乃更立昭公弟子亹爲君，是爲子亹也，無謚號。」

《漢書‧谷永傳》，報德復怨，師谷云，復亦報也，由此評之，杜訓爲重，失之。

桓公十八年傳。

初子儀有寵於桓王，桓王屬諸周公。辛伯諫曰，並后匹嫡，兩政耦國，亂之本也。

《疏證》：杜注竝後曰妾如后，注匹嫡曰庶如嫡，注兩政曰臣擅命，注耦國曰都如國。

王引之曰，謹案杜注，兩政與上下文異義，非也。政、非政事之政，正卿也。《爾雅》，正長也。正卿爲百官之長，故謂之正。襄二十五年傳，齊人賂晉六正，杜彼注曰三軍之六卿，是也。閔二年傳曰，君與國政之所圖也。賈逵注曰，國政、正卿也。哀十五年傳，莊公害故正，欲盡去之，杜彼注曰，故政輒之臣，注。《史記‧衛世家》作莊公欲盡誅大臣。〈周語〉，昔先大夫荀伯，自下軍之佐，以政趙宣子，朱有軍行而以政，韋注並曰升爲正卿，是正與政通也。兩政者，寵臣之權與正卿相敵也曰並，曰匹，曰兩，曰耦，皆相敵之詞。閔二年傳曰，內寵竝后，即此所云竝后也。曰嬖子配適，即此所云匹嫡也。曰大都耦國，即此所云耦國也。曰外寵二政，即此所云兩政也。政、正卿也，外寵之竝於正卿，亦猶內寵之竝后，嬖子之配適，大都之耦國，故曰竝后、匹嫡、兩政、耦國，亂之本也。《韓非子‧說疑篇》曰，孽有擬適之子，配有擬妻之妾，廷有擬相之臣，臣有擬主之寵，凡此者，國之所危也，故曰內寵竝后，外寵貳政，枝子配適，大臣擬主，亂之道也，故周記曰，無尊妾而卑妻，無孽適子而尊小枝，無尊嬖臣而匹上卿，無尊大臣以擬其主也，此尤其明證，按王說是也。《晉書載記‧石季龍傳》，命石宣石韜生殺拜除，皆送曰省決，不復啓也。申鍾諫曰，太子、國之儲貳，朝夕視膳而不及政也，庶人遂往以聞政致敗，殷鑒不遠，宜革而弗遵，且二政分權，尠不及禍。周有子頹之釁，鄭有叔段之難，此皆由寵之不道，所以亂國害親，共云二政，亦謂送主政事，匹嫡而又兩政也。

案：《說文》政、正也，段注云，「論語孔子，政者正也」。是正與政通。政爲正卿，兩政者，寵臣之權與正卿相敵，故傳文曰竝、曰匹、曰兩、曰耦，皆相敵之詞、杜於竝后、匹嫡、耦國，皆依閔公二年傳爲訓，而於兩政獨曰臣擅命，則誤以政爲政事耳。《管子‧牧民篇》云：「故知時者可立以爲長，無私者可置以爲政，審於時而察於用，而能備官者，可奉以爲君也。」是古人謂政卿爲政也。

莊公六年經

冬齊人來歸衛俘

《疏證》：俘，《公》、《穀》經傳皆作寶，《左氏傳》亦作寶。杜注云，疑經誤，俘、
　　　　囚也。疏引〈釋例〉云，齊人來歸衛寶。《公羊》、《穀梁》經傳及《左氏
　　　　傳》皆同，惟左氏經獨言衛俘。考三家經。傳有六，而五者言保，此必左
　　　　氏經之獨誤也。按《說文》，保從人保省聲，古文俘不省，然則古字通用，
　　　　寶或俘字與保似，故誤作俘耳。杜既以爲誤，而又解俘爲囚，是其不敢正
　　　　決，故且從之。是疏亦以杜說爲非也。顏師古《匡謬正俗》云，莊六年，
　　　　經書齊人來歸衛俘，傳言衛寶。《公羊》、《穀梁》經並爲寶。杜預注云，
　　　　疑左氏經誤。按《爾雅》云俘，取也。〈書序〉曰，遂伐三朡，俘厥寶玉，
　　　　然則所取於衛之寶，而來獻之。經、傳相會，義無乖爽，豈必俘即是人。
　　　　杜氏之說爲不通矣。顏知杜說不通，而謂從俘爲俘取寶玉，義殊迂曲。惠
　　　　棟云，〈周書〉顧命，陳寶赤刀，《說文》引作俘。李氏鏡銘，明如日月，
　　　　世之寶與俘同。沈欽韓云，《說文》，宗、藏也，本寶之正字。按惠、沈說
　　　　是也。經傳古文當作宗轉寫爲寶，又有作俘之本，致誤爲俘也。杜已解作
　　　　俘囚，而注傳文云，文姜求其所獲珍寶，進退無據。

案：《說文》俘，軍所獲也。段注云：「春秋左氏經，齊人來歸衛俘，傳作衛寶，
　　《公羊》、《穀梁》經傳皆作衛寶，杜曰，疑左氏經誤，按非誤也。俘孚聲，
　　寶缶聲，古音同在尤幽部，經用假借字，傳用正字……不得疑經誤，亦不
　　得謂傳誤」。又於寶字下注，「《史記》多假葆爲寶」。按俘、寶同在古音三
　　部，古聲同屬脣音，二字音近相通，故相假借，段氏說是也。故若如杜注
　　疑左氏經誤，又訓俘、囚也，乃不知俘、寶二字音近相通，俘爲寶之假借
　　耳。孔疏謂古文保作俘，即寶字，因而致誤。段玉裁《左氏古經》注謂：
　　「古者用兵所獲，人民器械皆曰俘，此所歸者器也，故《左傳》以寶釋經
　　之俘。」又《會箋》言「俘兼言人物也，是俘凡有所取之總稱。」如宣公
　　十二年執俘而還，俘謂斷耳。成公十三年俘我王官，王官爲地名。襄公二
　　十七年殺成與彊，而盡俘其家，家謂家資也。昭公十八年鄭云，余俘邑也，
　　三十一年諸侯不相遺俘，俘乃兼言人物。故經傳所載，經固不誤，杜反誤
　　耳。

莊公八年傳

公曰不可，我實不德，齊師何罪，罪我之由。〈夏書〉曰，皐陶邁種德，德乃降。

《疏證》：今《書》大禹謨文，杜注云，逸書也。某氏書傳，邁，行也。洪亮吉云，

《說文》，邁遠行也。按《書》傳及《爾雅》等，皆訓邁爲行，杜注邁，勉也。邁字無勉義，恐非。

案：《尙書》、〈孔安國傳〉言「邁行、種布、降下懷歸也，言己無德，民所不能依，皋陶布行其德下治於民，民歸服之。」孔穎達言杜預不見古文，故以爲逸書，以邁爲勉，言皋陶能勉力種樹功德，不知德乃降，亦是書文，謂爲莊公之語，故隔從下降服之，自恨不能如皋陶也。《說文》段注邁云「《釋言》、《毛傳》曰邁行也。」《會箋》曰：「邁、勵行也。立政勘相我國家，召誥節性惟日其邁、勘邁音義同，宜以勉行勇往之意說之。」依《會箋》所言勉行勇往之意，融合邁、行也及勉也之訓。言勘邁音義同，《說文》勘，勉力也。段注云：「亦作邁。《左傳》引〈夏書〉皋陶邁種德，邁、勉也。」今莊公引此，其意若謂，皋陶勉力種樹德行，德行具備，他人自來降服，以此，邁以勉爲訓似佳，但勘、邁音義同，同爲莫話切，古音在十四部，邁借爲勘、勉也，故依會箋所云，勉行勇往解之，可融括二字之義。

莊公八年傳

期戌，公問不至。

《疏證》：洪亮吉云《說文》，問、訊也。杜注，問、命也，恐非。

案：《會箋》曰：「《詩七》月食瓜，瓜時七月也。及瓜謂後年瓜時。問即音問也。」《三國志》有定問、外問。王基傳有凶問。蓋言公茮月不一存問也，其不發代可知。《會箋》以問爲音訊。《尙書呂刑》「皇帝清問下民」。清問，馬云清訊。《資治通鑑晉紀》，惠帝元康元年，「宜遣人參審定問」。注云，問、音問也，定問猶言實音問也。《三國·魏志》，王基傳「詔秘其凶問」。《資治通鑑後唐紀》，明宗天成二年，「是夕，徐溫凶問至」。以上定問、凶問蓋皆言音訊。依傳文前後之意貫解之，杜注問、命也，未如洪氏所言，蓋上對下發以命令，杜注命也，實如是，而問以訊解，就事實情況而言，亦無可厚非。

莊公二十年傳

寡人聞之，哀樂失時，殃咎必至，今王子頽歌舞不倦，樂禍也。夫司寇行戮，君爲之不舉。

《疏證》：〈周語〉司寇行戮，君爲之不舉，注，不舉、不舉樂也。杜注云，去盛饌。按膳夫，王日一舉，以樂侑食，邦有大故，則不舉。鄭司農云，大故、刑

殺也。春秋傳曰，司寇行戮，君爲之不舉。疏，春秋傳，夫司寇行戮，君
爲之不舉，不舉者，謂不舉樂，此經數事不舉。司農意，亦謂不舉樂，故
引以爲證。但此膳夫云不舉在食科之中。不舉即是不殺牲，引司農意在下
者，不舉之中含有不舉樂，如彼疏說，則後鄭說不舉亦兼食、樂言之。杜
止云去盛饌，用後鄭禮注義，未知康成亦取先鄭說也。本疏云，襄二十六
傳曰，古之治民者，將刑、爲之不舉，不舉則徹樂，是不舉者，貶膳食、
徹聲樂也。疏兼食、樂言，是也。

案：《正義》曰：「〈周禮〉膳夫職曰，王日一舉鼎十有二物，皆有俎，以樂侑
食，大喪則不舉，大荒則不舉，大札則不舉，大札則不舉，夫地有災則不
舉，邦有大故則不舉。鄭玄云，殺牲盛饌曰舉。襄二十六年傳曰，古之治
民者將刑，爲之不舉，不舉則徹樂，是不舉者貶膳食，徹聲樂也。」疏謂
不舉兼食、樂言之。《國語·楚語》下云：「祀加於舉，天子舉以大牢，祀
以會，諸侯舉以特牛，祀以大牢；卿舉以少牢，祀以特牛；大夫舉以特牲，
祀以少牢；士食魚炙。祀以特牲；庶人食菜，祀以魚。」是故自天子以至
大夫，其日食謂之舉，士庶人則謂食。而舉爲盛饌，並以樂助食。如襄二
十六年傳云，不舉則徹樂。《韓非子·五蠹篇》云：「司寇行刑，君爲之不
舉樂」乃僅就徹樂而言。

莊公二十八年傳

驪姬嬖，欲立其子，賂外嬖梁五，與東關嬖五。

《疏證》：杜注姓梁名五，在閭閻之外者，東關嬖五，別在關塞者，亦名五，皆大夫，
爲獻公所嬖幸，視聽外事。王引之《經義述聞》云，外嬖對內嬖而言。驪
姬，內嬖也。二五，外嬖也。外嬖二字，統二五言之。東關下不當復有嬖
字。梁五既稱其姓曰梁，東關五不應獨略其姓。《廣韻》東字注曰，漢複
姓。《左傳》，晉有東關嬖五，則東關爲姓矣。既以東關爲姓，則東觀下愈
不當有嬖字矣。如梁五以梁爲姓，而謂之梁嬖五可乎。《漢書古今人表》，
正作東關五。韋昭注〈晉語〉，亦曰二五獻公嬖大夫梁五與東關五也。是
古本無嬖字之明證，杜注皆失之，按王說是也。

案：外嬖對內嬖而言，女寵曰內嬖，如僖公十七年傳「內嬖如夫人者六人是也」。
凡士大夫得寵幸者，皆謂之外嬖，統梁五與東關嬖五兩人言之，猶昭十七
年晉屬公多外嬖，昭公九年傳之外嬖嬖叔是也。梁五既稱姓曰梁，東關五
不應獨略其姓，依《廣韻》東字注曰「漢複姓」，《左傳》晉有東關嬖五，
又依《漢書人名表》及《國語》韋昭注引作東關五，則東關爲複姓可知。

且按《古今圖書集成・氏族典》第五百五十五卷，載東關姓部列傳，漢東關襄，按《萬姓統譜》襄將軍北亭侯，乃東關複姓之証。至於王引之以爲關下疊字衍文之說，《會箋》云「東關下疊字非衍文，豈五及叔甚得疊幸，是以世人以疊五疊叔呼之，故皆有疊字。如《論語》吳孟子，亦因世人所呼而用吳字，即此類也。」

莊公卅二年傳

子般怒，使鞭之，公曰，不如殺之，是不可鞭，犖有力焉，能投蓋於稷門。

《疏證》：〈魯世家〉，斑怒鞭犖，莊公聞之曰，犖有力焉，遂殺之，是未可鞭而置也，斑未得殺。杜注，蓋、覆也。稷門，魯南城門，走而自投，接其屋之角，反覆門上。疏引劉炫規過云，公言犖有力焉。如杜此說，勁捷耳，非有力也，當謂投車蓋過於稷門。洪亮吉、嚴蔚，皆以杜注爲臆說。顧炎武云，當從劉炫之說。以蓋爲車蓋。《正義》謂車蓋輕而帆風，非可投之物，不知投重物易高，投輕特而使之高，則其人爲有力矣。《漢書・上官傑傳》，從武帝上甘泉，天大風，車不得行，解蓋授桀，桀奉蓋，雖風，常屬車。雨下，蓋輒御，事亦類此。沈欽韓云，劉炫謂投車蓋過於稷門，尤比服義爲長。而孔氏必欲排之，豈有秉彝之好者。《紀要》，稷門，魯南城正門。僖公更名高門，顧、沈皆用劉說。然如劉所稱，能投車蓋，亦勁捷之證。焦循云，如杜說投而蓋於稷門，於辭不明，且自投接桷，可爲捷，不可爲力。服氏以蓋爲千鈞之重，必非指車蓋，過門之上，亦非情理所有。竊謂投如搏人以投之投，蓋即闔，謂門扇也。城門之闔，非一人所能勝，犖能持而投之，所以多力，闔即稷門之闔，故曰投蓋於稷門，非投於門上也。《荀子・侑坐篇》，複瞻彼九蓋皆繼，注云，蓋、戶扇也。此門扇之闔正作蓋。朱駿聲云，借蓋爲闔，聲義俱順。按焦、朱說是也。此服注不釋蓋字，但斥其重，服意或即以爲門扇也。惠棟云，杜說鑿，劉說淺，服說近之。李貽德云，《說苑》辨物，三十斤爲一鈞。〈考工記〉，冶氏重三鋝，注，今東萊稱或以大半兩爲鈞，二說不同。服云千鈞之重，未知用何說。

案：蓋借爲盍，《荀子・宥坐篇》云：「還復瞻彼九蓋皆繼」。楊倞注云：「蓋音盍，戶扇也。」此蓋即謂稷門之門扇，城門門扇必重，能舉而投之，足見其力。朱駿聲云「借蓋爲闔。」闔亦門扇之義。蓋、闔皆以盍聲，段玉裁注云同屬古韻第八部，亦爲黃季剛古韻怗部之屬，誠如朱氏所言聲義俱順也。

閔公二年傳

立戴公以廬于曹

《疏證》：杜注廬、舍也。齊語，翟人攻衛，衛人出廬於曹。注，廬、寄也。宋桓公
　　　　以衛之遺民立公孫申，以寄於曹，是爲戴公。洪亮吉云，《說文》廬、寄
　　　　也。《詩毛傳》亦同。《釋文》、寄止曰廬。按《管子・中匡篇》狄人攻衛，
　　　　衛人出旅於曹，則廬字從本訓爲得，韋注外傳亦同，按洪說是也。

　案：戴公爲國君，寄住於曹邑。據《詩》公劉「于時廬旅」傳，《小爾雅・廣
　　　言》「廬、寄也。」《釋名》釋宮室，訓廬爲寄止。《文選》張衡〈西京賦〉
　　　「恨阿房之不可廬」注廬、居也。舍《說文》，市居曰舍。《釋名》釋宮室
　　　言舍，於中舍息也。《周禮》天官、序官、掌舍注，舍爲行所解止之處，
　　　即今言客館、旅舍也。或《儀禮・覲禮》「天子賜舍」鄭注，賜舍猶致館
　　　也。舍字亦有訓息也，止也。《左傳》僖公十五年「晉大夫反首，拔舍從
　　　之」杜注舍，止也。拔舍即《周禮・大司馬》之茇舍，或姚範《援鶉堂筆
　　　記》謂「拔舍當謂拔起所舍止」。蓋舍字所訓，依杜注廬爲舍，與《周禮》
　　　秋官、序官、野廬氏注，廬爲賓客行道所舍，或素問瘧論「舍於所藏」注，
　　　舍，居止也或意同。但以舍義若言致館或訓息、訓止等，不若廬訓爲寄說。
　　　且依傳文敘述，狄滅衛逐衛人，下傳云「衛國忘亡」可證，故衛之遺民立
　　　戴公以廬于曹，廬字訓釋，洪說爲是。

閔公二年傳

以朝夕視君膳者也

《疏證》：文王世子，文王之爲世子，食上必在，視寒暖之節，食下問所膳，命膳宰，
　　　　然後退。《一切經音義》十五引〈倉頡篇〉，廚、主食者也。膳夫，卒食，
　　　　以樂徹於造，注、造作也，鄭司農云，造謂食之故所居處。被疏云，二
　　　　鄭義同，皆謂造食之處，即廚是也。膳夫又云，掌王之食飲膳羞。注云，
　　　　食、飯也。飲、酒漿也。膳、牲肉也。服意膳　兼飲食言，杜云，膳、廚
　　　　膳、失之。

　案：膳爲膳食，《禮記・文王世子》「食上，必在，視寒煖之節，食下，問所膳，
　　　命膳宰。」此蓋太子朝夕視君膳之儀節，鄭玄注，問所食者，以此膳爲食
　　　義。而閔公此年「以朝夕視君膳者也」亦如〈文王世子篇〉，太子朝夕視
　　　君膳之儀節，其義必同鄭注。服虔云，廚膳飲食，蓋佳於杜注只云廚膳之
　　　說，《周禮》天官序官膳夫注膳之言善也，今時美物曰珍膳。《儀禮・公食
　　　大夫禮》「宰夫膳稻于梁西」。注，膳、猶進也，乃進美食之意。《禮記・

玉藻》「膳於君」注，膳、美食也。《廣雅‧釋器》，膳、肉也。膳、《集韻》或作饍。是故閔公二年傳疏，膳者，美食之名。

僖公四年傳

歸胙於公

《疏證》：洪亮吉云，韋昭《國語》注，胙、祭肉也。按胙止可訓內。杜注云，胙、祭之酒肉，則于訓詁不通矣。下八年，賜齊侯胙，即云祭肉，與韋注同。按洪說是也。下文毒而獻之，杜注亦以爲毒酒，傳不言酒也。祭僕，凡祭祀致福者，展而受之。注，臣有祭事，必致祭肉于君，所謂歸胙也。疏，按《左氏傳》，麗姬欲譖申生日，齊姜欲食，使太子祭，祭訖，歸胙於公，是有歸胙之事也。〈晉世家〉，上其膺胙于獻公。

案：胙爲訓肉，僖公九年傳，王使宰孔賜齊侯。《爾雅‧釋天》，夏日復胙，《釋文》云祭肉也。《國語‧齊語》，天子使宰孔致胙於桓公注。《管子‧小問》，祝鼉已疵獻胙注，皆云祭肉也。《說文》胙、祭福肉也。蓋胙于訓詁字義爲祭肉，杜預以祭之酒肉言，蓋因下文有公祭之地墳，知地墳祭之，兼之有酒故耳。傳文「公至，毒而獻之。公祭之地，地墳。」此事〈晉語〉說詳。云公田，驪姬受胙，乃寘鴆於酒，寘堇於肉；晉世家言驪姬使人置毒藥胙中。居二日，獻公從獵來還，宰人上胙獻公。蓋依史文所載，此傳文所言胙，當是祭肉，杜預兼括酒肉而言。《周禮》夏官祭僕鄭玄注，臣有祭祀，必致祭肉于君，即所謂歸胙也。

僖公五年傳

親以寵偪，猶尙害之，況以國乎。公日，吾享祀豐潔，神必據我。

《疏證》：杜注，據猶安也，洪亮吉云，《詩毛傳》，據、依也。按《玉篇》等亦同，蓋言神所據依，較杜訓安爲近。王引之云，據、依也。〈周語〉日，民無據依。〈晉語〉日，民各有心，無所據依，皆其證也。虞公謂神必依我，故宮之奇對日，鬼神非人實親，惟德是依，又日，神所憑依，將在德矣。按洪、王說是也。

案：據、依也，〈邶風‧柏舟〉「亦有兄弟，不可以據。」《毛傳》，據、依也。下文「惟德是依」、「神所馮依」皆針對此據字而發。杜注，據猶安也，不確。

僖公九年傳

初、獻公使荀息傅奚齊，公疾，召之日，以是蓘諸孤。

《疏證》：杜注，其幼與諸子縣藐。顧炎武云，藐、小也。惠棟云，案呂諶《字林》云，藐、小兒笑也。顧君訓藐爲小，亦未當。王引之云，杜以藐爲縣藐，諸爲諸子，以是懸藐諸子孤，斯爲不詞矣。《文選》寡婦賦，孤女藐焉始孩。李善注，《廣雅》曰，藐、小也。《字林》曰，孩、小兒笑也。是小兒笑乃釋孩字，非釋藐字。俗本《文選》注，脫孩字，而惠氏遂以藐爲小兒笑，其失甚矣。顧訓藐爲小，是也。但未解諸字。今案，諸即者字也。〈郊特牲〉曰，不知神之所在於彼乎？於此乎？或遠諸人乎？或諸即或者，按王說是也。朱駿聲云，藐讀爲秒，諸讀爲者，用王說。洪亮吉云，《方言》，眇、小也。眇、藐古字通。按惠氏譏顧氏訓藐爲小爲未當，不知實本《方言》。呂諶《字林》又云，藐、小兒笑也。洪引《方言》可證顧說，其引《字林》則誤與惠同。《晉書·列女傳》，杜有道妻嚴氏、子植、女韡、並孤藐，虞潭母孫氏初適潭父忠，及忠亡，遺孤藐爾，誓不改節。《宋書·鄧琬傳》，琬爲晉安王子勛傳檄京師曰，藐孤同氣，猶有十三，聖靈何辜，而當乏饗。藐孤、孤貌、遺孤藐小，皆謂藐小之孤也。《南史·垣閎傳》，閎弟子曇深以行義稱，劉楷爲交州，曇深隨楷，未至而卒，曇深妻鄭氏時年二十，子文凝始生，告楷求還曰，垣氏羈魂不反，而其孤藐幼。《南史·孝義傳》，吉翂年十五，乞代父命，諸弟幼藐，惟囚爲長，鄭氏以始生之子藐幼。吉翂年過十五，而稱諸弟幼藐，尤可證藐之訓小矣。《陳書·世祖紀》，高祖崩，皇后令曰，諸孤藐爾，反國無期，須立長主，以甯寓縣。劉孝標絕交論曰，藐爾諸孤，朝不謀夕，藐爾即藐諸也。

案：藐、小也，《會箋》曰：「方言，眇、小也。眇、藐古字通。大玄曰，藐德靈徵白人，范望注，藐、小貌。毛晃增韻引此傳文，亦云藐、小也，弱也，是藐眇小貌。杜以藐遠爲義，非是」今句意謂以此弱小孤兒付託於荀息，孤指奚齊，藐如《廣雅》，杪、眇、藐，小也爲是。諸即者字，古字通，相當今口語之的。其句法與周語中「嬴者陽」同，又如《詩》曰：「彼茁著葭，彼姝者子，彼蒼者天，有頍者弁，有菀者柳，有芃者孤，有卷者阿。」文義與此相似。

僖公十三年傳

冬，晉荐饑。

《疏證》：《文選》注引傳作晉洊饑。杜注，麥禾皆不熟，不解荐義。《疏》引釋天，穀不熟曰饑，仍饑爲荐。李巡曰，穀不成熟曰饑，連歲不熟曰荐。〈晉語〉，晉饑，注即用李巡說。《釋言》荐，再也。〈吳語〉，都鄙荐饑注，重也。

再、重猶仍是矣。《晉書‧江統傳》，徙戎論曰，水旱之害，荐饑累荒，是荐饑即仍饑之義，非指麥禾皆不熟，杜說未是。洪亮吉謂杜本李巡說，非也。

案：荐字多訓爲再也、重也之義，《釋文》、《小爾雅‧廣言》及《國語‧楚語》「禍灾荐臻」，〈吳語〉「都鄙荐饑」等注，皆訓爲重也。傳十一年、十三年書大雩，則晉亦旱而荐饑也。〈釋天〉「穀不熟爲饑，仍饑爲荐。」則荐饑者，連年失收，杜注謂麥、禾皆不熟爲荐饑，誤也。

僖公十五年傳

張脈僨興，外彊中乾，進退不可，周旋不能，君必悔之，弗聽。

《疏證》：杜注，僨、動也。洪亮吉云，僨當爲賁，或作瀵。《禮記‧射義》，賁軍之將，鄭玄注，賁讀爲僨。《穀梁傳》，地賁。范甯注，沸起也。又《管子》，勢以侍天下之瀵作也。尹知章云，動亂也。陸氏 附注，以爲僨無動義，譏杜失之，是也。

案：杜注，僨、動也，氣狡憤於外，則血脈必周身而作，隨氣張動，外雖有彊形，而內實乾竭。洪氏言，賈逵《國語》注，憤、盛也，此傳亦當作盛滿解。鄭玄〈樂記〉注賁讀爲憤，怒氣充實也。王粲〈登樓賦〉，氣交憤于胸臆，李善注引杜云交、戾也，是交、狡，賁、憤古字並通。《說文》僨字段注云「射義，假賁爲僨」是鄭注賁讀爲僨，又《穀梁》范甯所注，賁、沸起也，乃賁僨古字可通之證。

僖公十五年傳

且召之，子金教之言曰，朝國人而以君命賞，且告之曰，孤雖歸，辱社稷矣，其卜貳圉也

《疏證》：杜不注卜，〈坊記〉，孝以事君，弟以事長，示民不二也，故君子有君不謀仕，唯卜之曰稱二君。注，卜之曰，謂君有故而爲之卜。二當爲貳，唯卜之時，辭得曰君之貳某爾，晉惠公獲於秦，命其大夫歸擇立君，曰，其卜貳圉也。《疏》，此謂世子對君自稱也。王肅不曉鄭旨，乃引傳云，太子之貳。又云，子者身之貳，又以旁人稱貳而難鄭，非也。鄭以書傳無世子，爲君卜稱貳之文，故引僖十五年左傳之文，以證君貳之事，與此經文不正相當，取其一邊耳。惠公命其大夫歸，立其子圉爲君，稱卜副。貳之子圉，令爲君，禮疏卜副，貳之子圉，當是舊說。〈晉語〉，其改置以代圉。韋注，欲令更立他公子，以代子圉，言父子避位，以感動群下。杜注，貳、代也。

蓋本外傳，王引之云，古無訓貳爲代者，貳當爲貳，貳與代古同聲。五經
文字，代、他代反，相承或借爲貳字。〈晉語〉曰，其改置以代圉也。此
傳云，其卜貳圉也，貳即代之借字也，按傳言，惠公不能君國，卜立世子
圉，非謂更立它公子也，杜用外傳，王氏乃改字曲證之，非也。惠棟《左
氏補注》亦引〈坊記〉鄭注爲說，又云，貳、副也。《周禮》有卜立君之
文，外傳云，其改置以代圉，故杜注訓貳爲代，兩傳異文，似不必牽合，
按惠、洪說是也。洪亮吉云，鄭司農《周禮》注，貳、副也，杜訓貳爲代，
非。〈晉世家〉，晉侯亦使呂省等報國人曰，孤雖得歸，毋面目見社稷，卜
曰，立子圉，亦以下卜貳圉爲立世子圉，禮疏謂卜副貳之子圉，確不可易。

案：卜貳，卜曰立其子圉爲君也。〈晉世家〉述云：「晉侯亦使呂省等報國人曰，
　　孤雖得歸，毋面目見社稷，卜立子圉。」是得其義。《箋》曰：「卜貳於
　　圉也，已生而立子，故曰貳。〈晉語〉作其改置以代圉也，言廢已而代以
　　圉。」此說與杜氏同，但詳說廢已以立新君。詳《說文》，言貳、副益也。
　　《廣韻》亦言貳、副也及《周禮》天官小宰「掌邦之六典八法八則之貳」，
　　秋官大行人：「貳車九乘」注亦同。或其它曲籍所載《國語‧魯語》「誰爲
　　之貳」注，《禮記‧少儀》「乘貳車則式，佐車則否。」注「貳車、佐車，
　　皆副車也。朝祀之副曰貳；戎獵之副曰佐。」《孟子‧萬章》「帝館甥於貳
　　室」注貳室，副宮也。蓋貳訓爲副，其義誠然，杜訓爲代，於實相符，但
　　於訓詁有異。

僖公二十二年傳

雖及胡耇，獲則取之，何有於二毛。

《疏證》：洪亮吉云，《周書‧謚法解》，彌年壽考曰胡。胡，大也。《爾雅》，耇、壽
　　也。按《詩》載芟，胡考之寧，傳，胡，壽也。考，成也。疏僖二十二年
　　《左傳》曰，雖及胡耇，胡爲壽也，按洪說是也。《爾雅》、《毛傳》皆以
　　壽訓胡。杜注，胡耇、元老之稱，非。釋詁，耇，壽也。〈檀弓〉，不獲二
　　毛。疏，此謂以至勝攻至暴，用兵如此，若兩軍相敵，則不然。《左傳》
　　云，雖及胡耇，獲則取之，大宰嚭特舉古之善，以駁吳師之惡。

案：《會箋》曰：「胡與遐聲相轉，遐者久遠也。〈周頌〉載芟胡考之寧，《毛
　　傳》，胡、壽也。〈士冠禮〉，眉壽萬年，永受胡福。鄭注，胡猶遐也，遠
　　也。〈釋詁〉云，耇、壽也，是知胡耇者歷年久遠之稱，故杜解爲元老，
　　元老猶大耋也。」按胡芟猶《詩》周頌載耇之胡考，乃同義詞平列連言，
　　杜注以元老之稱，未如《爾雅》，《毛傳》訓爲是。

僖公二十三年傳

對曰，子之能仕，父教之忠，古之制也，策名委贄，貳乃辟也。

《疏證》：四月箋云，仕、事也。《釋文》，質、如字。杜注，屈膝而君事之。疏云，質、形體也，謁拜而屈膝，委身體於地也。杜不用服義，《釋文》從杜注也。傳選云，質、古質字。管子令諸侯，之子將委質者皆以雙虎之皮，凡言委質皆委質也。顧炎武云，孟子出疆必載質，庶人不傳質爲臣，皆是贄字。惠棟云，服讀質爲贄。〈晉語〉云，臣委質於翟之鼓。韋昭曰，質、贄也。士贄以雉、委贄而退，《尚書》稱二生一死贄，故云委死之質，服說頗勝於杜。沈欽韓云，春秋交質之字並同置音。〈士相見禮〉，凡敵者再拜送贄，卑者奠贄，再拜不親授，若始見於君，執質至下，容彌蹙，所謂委質者，委贄於庭，不敢送於君前也。〈聘禮〉，賓覿北面，奠幣再拜稽首，介入門，右東上奠幣，皆是奠諸地，杜以質爲形體，委爲屈膝，於典制毫無所知，鄙倍甚矣。文淇案，傳、顧、惠、沈諸說是也。〈晉語〉，臣聞之，委質爲臣，無有二心，委質而策死，古之法也，下文即云，君有烈名，臣無畔質，畔質與上，委贄相應，則物屈體可知。（1）韋注言委質於君，書名於策，示必死也，亦用服說。《荀子・大略篇》，錯質之臣，不息雞豚，注，錯、置也。質讀爲贄。《孟子》曰，出疆必載質，蓋古字通耳。置贄，謂執摯而置於君。〈士相見禮〉曰，士大夫奠贄於君，再拜稽首，或曰置贄，猶言委質也，言凡委質爲人臣，則不得與下爭利。張湛云，前一說是也，後一說則似用杜之謬說，荀子錯質即傳之委質，或言置質。《呂覽・執一篇》，吳起曰，今日置質爲臣，其主安重，置、猶委也，是置、錯義與委通。《後漢書・竇融傳》，融上書曰，臣委質則易爲辭。〈文苑傳〉，皇甫規與趙壹書曰，企德懷風，虛心委質。〈吳志〉諸葛瑾傳注引江表傳，權報陸遜書曰，子瑜言弟亮委質定分，義無二心。〈蜀志〉劉璋傳注，張潘曰，張松、法正雖君臣之義未正，然固已委名附質。《晉書・李重傳》，重秦曰，霍原行成名立，縉紳慕之、委以質，竇融、諸葛瑾、張璠所言，皆與服氏義近。古人相見皆以贄，不必□（2）臣，故皇甫規與趙壹書，晉人於霍原皆有委質之語。《後漢書・馮衍傳》，衍聞之，委質爲臣，注引《左傳》以爲屈膝□（3）杜氏之誤也。《北史・張褒傳》，蠕蠕王遣使來朝，抗敵國之禮，褒曾孫倫表以爲必其委質玉帛之辰，屈膝藩王之禮。《蜀志・後主傳》，既至洛陽，策命之日，公不憚屈，身委質，以愛民全國爲貴，皆以委質與屈膝屈身爲二事則杜之謬審矣。洪氏亮吉謂服訓質爲贄，

責、質古字通，殊誤。

案：質同贄，音至。莊公二十四年所謂「男贄，大者玉帛，小者禽鳥」是也。
　　質《說文》云：「昌物相贄」，段注所云「以物相贄，如春秋交質子是也」，
　　又「《周禮》射則充楅質，《左傳》策名委質皆是。」《白虎通‧瑞贄篇》
　　曰：「士以雉為贄者，取其不可誘之以食，懼之以威，必死不可生畜，士
　　行威介，守節死義，不發移轉也。」此正服氏所謂委死之質於君，亦必死
　　節之義。蓋贄義為會見所執之禮，《廣韻》，贄、執贄也。《周禮》云：「以
　　禽作六贄，以等諸侯、孤執皮帛、卿執羔、大夫執鴈士執雉、庶人執鶩、
　　工商執雞。」《孔子家語》六本：「衣穰而提贄」等，贄以執為禮也解。又
　　贄與質義同，《孟子音義》上引張音。或質讀曰贄，僖公六年傳「以璧為
　　質」《釋文》質本作贄。委與昏禮納采委雁之委同，置也。故如杜云屈膝
　　而君事之之謂委質之說，殊誤。

(1) 此句疑有誤文
(2) 無原稿，抄本闕文，疑應作「為」
(3) 無原稿，抄本闕文，疑就作「從」

僖公二十八年傳

距躍三百，曲踊三百。

《疏證》：杜注，距躍、超越也。曲踊、跳踊也。百猶勵也。杜解距躍、曲踊不分明，
　　　　百分訓勵、字書亦無徵。說文，躍、迅也。踊、跳也，則躍、踊意同。《漢
　　　　書‧甘延壽傳》，投石拔距，張晏曰，拔距、超距、超距也。距躍、猶超
　　　　距矣。邵寶云、躍踊者皆絕地而起，所謂跳躍、直跳也。曲踊、橫跳也，
　　　　橫跳必先直而後曲，故不曰橫而曲。百音陌，猶阡陌之陌，三陌蓋躍踊
　　　　之度，大約有此。按邵說距躍為直跳是矣，以曲踊為橫跳則非。曲踊猶
　　　　倒行也，《隋書‧沈光傳》，初建禪定寺，其中幡竿高十餘丈，適遇繩絕，
　　　　非人力所及，光以口銜索，拍竿而上，繫繩畢，手皆放，透空而下，以
　　　　掌拒地，倒行數十步，觀者嗟異，此距躍之距，以足言，曲踊之曲、則
　　　　以手言。手踊不辭，故變文曰曲踊，凡倒行其身不能甚直也。沈欽韓云
　　　　《呂覽‧適威篇》，東野稷以御見，莊公使之鉤百而少及焉。司馬彪《莊
　　　　子》注，以百為百反，非也。鉤百即仟陌之陌，猶諸盤馬蟻封，以此為
　　　　巧耳。王引之《經義述聞》，百、陌古字通。陌者橫越而前，杜訓百為勵，
　　　　《正義》謂每跳皆勉力，並失之，皆可證邵說。三陌謂其躍踊得陌之，
　　　　三也。江淮間俗語謂一箭地，與以陌計步同。《梁書‧黃法氍傳》，少勁

捷，有膽力，可行日三百里，距躍三丈，以丈計躍，猶之以陌計也。洪
亮吉謂百、迫古字通，謂急遽無序，則仍用本疏勉力之說，又云《風俗
通》，涉始於足，足率長十寸，十寸則尺，躍三尺法、天、地、人，再躍
則涉三百，或作當三尺，古人跳躍之法耳。以三百爲三尺，義亦通。

案：顧炎武《補正》引邵寶說謂距躍爲直跳，曲踊爲回身聳跳，《隋書·沈光
傳》以曲踊猶倒行，《疏證》主之。杜注「百猶勱也」，三勱，孔疏謂「每
跳皆勉力爲之」，以勉爲訓，於文義扞格難通。洪頤煊讀百爲拍，依《說
文》拍、拊也。章太炎認爲躍踊屬足，拍拊屬手，爲不相貫。以爲百字與
單癸卣囧字作囧，與千囧字正同，亦猶伯囧敦囧字作囧，與囧足字正同，
皆古文奇字也，此百則囧字之隸變。概漢初繕寫，皆以隸古，謂以隸體書
古文，故其書囧字作百，與書千囧字作百同，本無譌誤，後人遂以千百字
而音陌，而言其距躍曲踊，乃從此至彼，復從彼至此，如是者三徧，故爲
三往來之解。(詳章太炎《春秋左傳讀》)《會箋》言百當讀爲拍，《廣雅·
釋詁》拍、擊也。《釋言》，拍搏也，拍、搏聲近而義通，如〈考工記〉搏
埴之工注，搏之言拍也，則三百謂以手作搏擊之勢。蓋距躍曲踊爲足勢，
三百者乃其手勢，因魏犨傷於胸，則踊躍之時，各三作搏擊之勢，以示不
病。

僖公二十八年傳

晉車七百乘，韅、靷、鞅、靽。

《疏證》：鞅，《說文》云，頸靼也。段氏注云《釋名》，鞅、嬰也，喉下稱嬰，言嬰
絡之也。按劉與許合，杜云在腹曰鞅，恐未然也。

案：鞅爲駕車時馬頸之革，即《說文》云頸皮之屬，故鞅在服馬頸，以約之衡，
如襄公十八年「抽劍斷鞅」是也。

僖公二十八年傳

甯子職納橐饘焉

《疏證》：杜注橐、衣囊，饘、糜也。洪亮吉云，《爾雅》、橐、囊也。《說文》、《方
言》，饘、糜也。杜本此。案橐祇可置食物。杜增一字，曰衣囊、恐非。《御
覽》引舊注，則饘爲乾餱之屬。顧炎武云，蓋以饘置橐中。宣二年傳，爲
簞食與肉，寘諸橐以與之，是也。

案：《正義》謂囊橐所以盛衣，亦可盛食。蓋囊橐皆盛物之具，古多渾言無別。
而橐者兩端有底，旁邊開口，物件盛滿之後，在中間舉起，所盛物便至兩

端，可以擔大者可以垂之於車。宣公二年傳「爲之簞食與肉，寘諸橐以與之」，以見飲食必先盛於簞，然後置於橐。至於橐所盛之物，是否只爲飲食，或爲正義言二者皆可，《漢書・趙充國傳》「持橐簪筆」，顏師古注橐，所以盛書也。《莊子・天下篇》「禹親自操橐耜」，《釋文》云，橐爲舊古反，崔郭音託，字則應作橐，司馬云，盛土器也。《漢書・陸賈傳》「賜賈橐中裝，直千金」，師古曰，言其寶物質輕而價重，可入囊橐以齎行，故曰橐中裝也。《史記・陸賈傳》集解張晏曰，珠玉之寶也，裝、裹也。以此而見橐，或不只盛飲食之類，亦如可裹衣、盛書、裝物等用途。但此傳文甯子職司，慮防酖毒，此爲三十年貨醫使薄其酖張本，橐以盛饋，故曰橐饋，故如宣公二年，爲之簞食與肉，寘諸橐以與之文。

僖公三十三年傳

秦違蹇叔，而以貪勤民，天奉我也。

《疏證》：《淮南》脩務訓注，奉、助也。杜訓奉爲與，非。〈晉世家〉，先軫曰，秦伯不用蹇叔，反其眾心，此可擊。

　案：梁履繩《左通補釋》言「奉，與也」，又「奉、助也」。《淮南子・說林》訓「風雨奉之」注云「奉、助也」。《廣韻》「奉、與也」。與字，《孟子・公孫丑》「是與人爲善者也」朱熹《集注》云，與，猶許也，助也。是故杜注：「奉，與也」及梁履繩《補釋》、《疏證》俱謂「奉，助也」皆可通。

僖公三十三年傳

先軫怒曰，武夫力而拘諸原婦人暫而免諸國。

《疏證》：杜注，暫、猶卒也。馬宗璉云，《說文》云，突、犬從穴中暫出也，是暫在倉卒疾奔之義，言婦人倉卒而令以其突出以免難也，元凱訓暫爲卒，義未明晰。

　案：卒與猝通，《廣雅・釋詁》二、暫、猝也。《廣韻》卒、急也，遽也。《說文通訓定聲》，卒叚借爲猝。《史記・仲尼弟子列傳》「不可以應卒。」《索隱》，卒謂急卒也，《漢書・杜欽傳》「卒搖易之，則民心惑」鄭玄言卒，急也。《漢書・司馬遷傳》「恐卒然不可諱。」文穎曰，卒言倉卒。師古注，卒卒有促遽之意也，《漢書・李廣傳》「暫騰而上胡兒馬」，此暫字亦當有急、遽之義。

文公元年傳

踐修舊好，要結外援。

《疏證》：杜注，踐猶履行也（1）俞樾云，按履行而修舊好，甚爲不辭。踐當讀爲纘。《詩》崧高篇，王纘之事，《釋文》引韓詩，作王踐之事，是踐與纘古字通用。踐修舊好，即纘修舊好。按俞說是也。

案：《說文》纘，繼也。段注云「纘或假纂爲之」，於纂字注云「纂，釋詁訓爲繼也」，謂纂即纘之假借。蓋纘、纂音同、義同。〈周語〉上「纂修其緒」，〈晉語〉九「纂修其身」，皆以纂修連文，故纂修即繼修也。此踐修舊好，即謂繼修舊好也。其踐字竝纘之段字，說詳俞樾《平議》。

文公二年傳

書曰，及晉處父盟，以厭之也。

《疏證》：顧炎武云，杜解厭，猶損也，未是。傳氏曰，厭、臨也。以尊臨卑，如漢人所云厭勝之耳。按傳說是也。洪亮吉用鄭氏《儀禮》注，以厭爲伏。此時魯屈於晉未應言伏。

案：傳遜言以尊臨卑或是，但言厭勝，似有不當。《顏氏家訓·風操》「畫瓦書符，作諸厭勝。」即謂厭勝是以呪咀之術厭伏人也，《漢書·匈奴傳》下「上以太歲厭勝所在，舍之上林苑蒲陶宮。」及〈王莽傳〉「夫子時然後言，人不厭其言」之厭，爲憎惡厭棄之意，或襄公三十一年「登車射御，則敗績厭覆是懼。」此厭字作壓、抑之也。晉以非禮文公，示有所譏、有抑、故此厭意，或以抑之爲解，以譏文公不朝，雪恥也。

文公二年傳

子雖齊聖，不先父食久矣。

《疏證》：五帝紀，幼而徇齊。《集解》，案徇、疾。齊、速也。言聖德幼而疾速焉。《索隱》書曰，聰明齊聖。《左傳》曰，子雖齊聖，謂聖德齊速也。是此傳之齊當訓速，猶言早聖也。杜注齊，肅也。非。焦循用小宛傳齊正之訓。俞樾用〈祭統〉說，以齊爲明，皆非詩意。

案：王引之《詩經述聞》云：「齊者、知慮之敏也，」則齊聖猶言聰明睿智之稱，十八年傳，「齊聖廣淵，明允篤誠」竝與此同。又〈五帝紀〉幼而徇齊，徐廣解徇齊引墨子曰「年踰五十，則聰明心慮不徇通。」《索隱》引《大戴禮》作叡齊，一本作慧齊，《史記》舊本作濬齊，皆明智之稱，說詳《經義述聞》。《會箋》言齊聖猶言明聖。《禮記·祭統》曰：「齊也，專致其精明之德也」、「齊者精明之至也」，俞樾《平議》謂：「齊猶精明也，齊聖言明聖耳。」是齊有精明之義，故古人每以齊明並言，〈中庸〉言：「齊

明盛服」，〈周語〉「其君齊明衷正」，《荀子‧脩身篇》「齊明而不竭」皆其證也。是杜以齊爲肅，又以爲中，皆未當也。

文公六年傳

爲難故，故欲立長君，有此四德者，難必紓矣。

《疏證》：申言立長之義。四德、固、順、孝、安也。服本作紓。杜本作抒，云，抒、除也。《校勘記》紓爲正字，抒爲叚借字。洪亮吉云，服作紓，《說文》同，杜注隨文生訓。焦循云，莊三十年傳，鬪穀於菟爲令尹，自毀其家，以紓楚國之難。注云，紓緩也。成二年傳，我亦得地而紓於難。注云，齊服則難緩，此《正義》引服虔作紓。紓、抒古通借耳。抒之爲除，亦猶舒之爲徐，按杜於莊三十年、成二年傳，皆未改服本，故亦訓紓爲緩，此傳獨改服本，非也。紓、緩，釋言文。

案：《會箋》曰：「斟而損之曰挹，出米於臼曰抒，抒挹義通，故《說文》云，抒、挹也。杜訓抒爲除，亦取抒出之義，意本可通。然服虔本作紓，《後漢殤帝紀》注，抒、舒也，是抒舒同音通用。成三年傳，二國圖其社稷，而求紓其民。十六年傳我僑逃楚，可以抒憂，字皆作紓。《說文》紓，緩也，從紓其義似長。」孔疏引服虔本即作紓，莊公三十年傳「自毀其家，以紓楚國之難」，成公二年傳「我亦得地而紓於難」紓皆作緩解，是杜注亦訓爲緩，即此，抒有渫意，師古曰抒，引而泄之。（《漢書‧劉向傳》）抒又與紓通，《通訓定聲》言，抒叚借爲紓，是此，從紓其義爲佳。

文公十三年傳

執其帑於晉，使夜逸。

《疏證》：杜注，帑壽餘子。洪亮吉云，趙岐孟子注，帑、妻子也。韋昭《國語》注，妻子曰帑。則此執其帑，當亦兼妻子而言。杜注止云壽餘子，觀下傳，士會云，妻子爲戮，而秦伯即云，所不歸爾帑，是帑兼妻子之一證，按洪說是也。

案：洪氏所言爲是，以傳文事實爲釋，足見帑即妻子，以帑爲子非全義。

文公十二年傳

對曰，不腆敝器，不足辭也。

《疏證》：鄭玄《儀禮》注，腆、善也。杜注訓腆爲厚，非。敝器對大器言之。

案：段注腆云：「〈士昏禮〉注，〈邶風〉箋皆曰腆、善也。《方言》、《公羊傳》注皆曰腆、厚也。此皆引伸之義也。」僖公卅三年傳「不腆敝邑，爲從

者之淹」、襄公十四年傳「有不腆之田」、昭公七年傳：「鄭雖無腆」等杜注皆訓厚。《儀禮‧聘禮》、《釋文》、《小爾雅‧廣言》又《國語‧魯語》「不腆先君之敝器」等注亦訓爲厚。《詩》新臺「籧篨不殄」《箋》、《儀禮》〈士昏禮〉記「辭無不腆」注，〈燕禮〉「寡君有不腆之酒」注又聘禮「不腆先君之祧注」等，皆爲善注。蓋訓厚、善二者，其義可通，杜氏概從公羊說歟。

文公十四年傳

王叛王孫蘇

《疏證》：杜注，叛、不與。非也。惠棟云，劉向〈九歌〉云，信中塗而叛之。王逸《章句》曰，叛、倍也。倍與背同。王初與王孫蘇，後復背之。文七年傳云，乃背先蔑，此其類也。讀本曰，王叛者，時人之言，所謂名不正則言不順，傳特爲著之，與桓王貳于虢，均爲險辭。

案：叛，背其諾言也。頃王崩匡王立，而王孫蘇乃與周公爭政，則匡王私昵於蘇，初許助王孫蘇，既而改助周公，故此叛字義同劉向九歌。王逸《章句注》，叛、倍也，倍與背同。七年傳云「乃背先蔑」此其類也。

文公十七年傳

十一月，克減侯宣多，而隨蔡侯以朝于執事。

《疏證》：杜注，減、損也，難未盡而行，言汲汲於朝晉。王引之云，上文云，敝邑以侯宣多之難，寡君是以不得與蔡侯偕，若難猶未盡，亦不能朝于晉矣。減謂滅絕也。《管子‧宙合篇》曰，減、盡也。說文劖，減也。從刀尊聲。《史記‧趙世家》曰，當道者謂簡子曰，帝令主君射熊與羆皆死，簡子曰，是且何也，當道者曰，晉國且有大難。帝令主君減（3）二卿，是減爲滅絕也，甫滅宣多，而即朝于晉，言不敢緩也，案王說是也。

案：減訓損，杜注與《說文》同。蓋此傳文減字當訓爲絕也，方合傳意，減與咸古字通，《周禮》冢人「大夫以咸」，〈考工記〉輈人「大小之率咸寸半也」《釋文》皆言咸本又作減，段玉裁亦如是言。故〈周書〉君奭篇「咸劉厥敵」王氏言與此同義。昭公二十六年傳「則有晉鄭，咸黜不端」咸黜爲滅絕之意。杜注「黜、去也。晉文殺叔帶，鄭厲殺子頹，爲王室去不端直之人。」《正義》謂「諸本咸或作減」，則減黜爲同義詞連用。《禮記‧月令》「水泉咸竭」，《呂氏春秋》仲冬紀咸作減，故王氏云：「滅人亦謂之減。」在此傳文，減訓爲滅其義佳於杜氏可見。

（3）開明二十五史作「滅」。

文公十八年傳

掩義隱賊，好行凶德，醜類惡物，頑嚚不友，是與比周。

《疏證》：杜注，醜亦惡也。沈欽韓云，釋草注，醜、類也，言比類惡事。杜預以醜
　　　　爲惡，則此語不屬。杜解非。

案：醜，類也。醜類同義詞連用，此作動詞，惡物爲其賓語，言與惡物相比類
　　也。凡同類曰醜，與儔通。《說文通訓定聲》言醜，叚借爲儔、《易經》離
　　卦「獲匪其醜」虞注，醜、類也。《孟子・公孫丑》下「今天下地醜德齊」、
　　趙注：「言今天下之人君，土地相類，德教齊等」，醜亦類注。《廣雅・釋
　　詁》三又《國語》〈周語〉「況爾小醜」〈楚語下〉「官有十醜爲億醜」又《管
　　子・大匡》「昏主無醜也」等注皆訓醜爲類。

宣公二年傳

城者謳曰，睅其目，皤其腹，棄甲。

《疏證》：《說文》，睅、大目也。从目，旱聲。《釋文》引《字林》同。杜注，睅，
　　　　出目，恐非古訓。

案：杜注「出目」，或目大則突也狀，兩義或可相通。

宣公二年傳

乃宦卿之適，而爲之田，以爲公族。

《疏證》：爲置田邑以爲公族大夫。俞樾云，杜不解爲字之義，因加置字以足成之，
　　　　非也。爲猶與也，爲之田，言與之田也。襄二十三年傳，齊侯將爲臧紇田，
　　　　義與此同，按俞說是也。

案：杜爲置田邑之說，不若「爲猶與也」說佳。襄公二十三年傳云「齊侯將爲
　　臧紇田，臧孫聞之，見齊侯。與之言伐晉。對曰：『多則多矣，抑君似鼠。』
　　乃弗與田。」以上云「將爲之田」，下云「乃弗與田」可證「爲之田」即
　　「與之田」說。《論語・衛靈公篇》「道不同不相爲謀」，爲猶與之說；《管
　　子》戒篇亦曰：「自妾之身之不爲人持接也」，尹知章注，爲猶與也，是其
　　證也，說詳俞樾《平議》。

宣公六年傳

以盈其貫

《疏證》：杜注，貫、猶習也。本疏，盈其貫者，杜以爲盈滿其心，使貫習來伐。劉
　　　　炫云，按《尚書・泰誓》，武王數紂之惡云，商罪貫盈，言紂之爲惡，如

物在繩索之貫，不得爲習也，今知不然者，以《詩》稱射則貫兮，先儒亦以爲習，故杜用焉。義得兩通，劉直以《尚書》之文而規杜過，非也。杜以貫爲習，蓋據猗嗟鄭箋，盈其習，豈可通乎，劉引商罪貫，出僞泰誓。朱駿聲云，僞書蓋用《左傳》，惠棟云，劉光伯據梅賾〈泰誓〉，其說是也，而所據之書非也。案《韓非子》曰，有與悍者，鄰欲賣宅而避之，人曰，是其貫將滿也，或曰，子姑待之，答曰，吾恐其以我滿貫也，遂去之，此說與劉合，可以規杜過矣。沈欽韓云，按《說文》貫、錢貝之貫，從毌貝。《一切經音義》，蒼頡云，貫穿也，以繩穿物曰貫，此字本訓也，故滿張弓亦謂之貫弓（1）今滿貫之稱，雅俗通行，不得爲習也。此（2）謬顯然，而疏猶曲爲庇護，不知其何緣也，按惠沈說是也。

案：盈貫猶滿貫。《說文》云貫者，「錢貝之毌也。」毌者，《說文》云：「穿物持之也，從一橫毌，毌象寶貨之形。」毌、貫爲一字，故焦循《補疏》說此云：「貫爲錢貝之貫，如以繩貫錢，一一重之，至於盈滿。多一次戰，則多一次民疾。是爲盈其貫。」此與《韓非子》說林下文，皆以錢貝貫借喻罪惡之貫，僞古文《尚書・泰誓》云「商罪貫盈」同，故有「惡貫滿盈」之俗語，杜注謂貫猶習也。誤。

（1）南菁本沈書無以上兩句
（2）南菁本「此」字作「杜」

宣公六年傳

周書曰，殄戎殷。

《疏證》：康誥文，杜注，義取周武王以兵伐殷，盡滅之。如杜所注，戎訓爲兵，謂以兵伐殷，而殄盡也。殄字宜在下，以〈周書〉本文，故其字在上。沈欽韓云，〈中庸〉，壹戎殷（4）注云，衣讀如殷，聲之誤也，齊人言殷聲如衣，壹戎殷者，壹用兵伐殷也。杜注以殄爲盡，非也。文王（5）豈盡殷之類哉。壽曾謂〈釋詁〉，戎、大也。康誥之戎，不當訓爲兵，疏從杜說，知盡兵殷之解不詞，遂欲移易康誥之文，謬矣。

案：周常稱殷爲大國殷或大邦殷，《尚書召誥》云：「皇天上帝改厥元子，茲大國殷之命」，「天既遐終大邦殷之命」是也。或稱天邑商，多士「肆予敢求爾于天邑商」；或稱大商，《詩經》大雅大明「諒彼武王，肆伐大商」。故此之稱戎殷，當與大國殷、大邦殷、天邑商等同義。如《逸周書》世俘云：「甲寅，謁戎殷于牧野。」即稱殷爲戎殷也。《會箋》曰，《爾雅》訓戎爲大，《方言》，齊魯陳衛之間，謂大曰戎，故戎殷猶《詩》大雅言大商，亦

如《書》蔡傳以爲殲滅大殷耳。杜解以戎爲兵，誤。

（4）中庸「殷」字作「衣」

（5）南菁本沈書作「武王」

宣公十二年傳

若二子怒楚，楚人乘我，喪師無日矣。

《疏證》：杜注，乘猶登也，與賈異。惠棟云，陵亦侵也。洪亮吉云，杜注似非。

案：賈逵《國語》注，乘、陵也，與《國語・周語》：「乘人不義」韋昭注同。蓋此傳文乘字意有憑陵掩殺之意，如《漢書・陳湯傳》「吏士喜，大呼乘之。」顏師古注云：「乘，逐也。」故此乘字與陵也、逐也義或相近。下文「遂疾進師，車馳卒奔，乘晉軍」與上文相照，賈注義較佳於杜說。

宣公十二年傳

會聞用師觀釁可動。

《疏證》：杜注，釁、罪也，不用服說。本疏，釁訓爲罪者，釁是間隙之名，今人謂瓦裂，龜裂皆爲釁，既有間隙，故得爲罪也。疏說間隙義，是舊疏釋服注者，服、杜說不能合一。疏謂有間隙得爲罪，非也，〈晉語〉注，釁、隙也。李貽德云，《文選・東京賦》，巨猾間釁，釁即釁之俗字。薛注，釁、隙也。隙、間義通。沈欽韓云，若武王觀兵孟津是也。當從服說。動蒙上楚歸而動爲義。

案：桓公八年傳「讎有釁」杜注，釁、瑕隙也。依傳文，讎指隨國，有釁，指少師得其君，此大好機會，不可錯過。此傳釁字義亦同，謂瓦裂，龜裂皆爲釁，言觀敵有間隙可乘，而後發師也。杜於釁字義分爲二，於此傳注，恐不當。孔疏言釁合二義而說之，亦不妥。

宣公十二年傳

董澤之蒲，可勝既乎。

《疏證》：本疏云，重物不可舉者，謂之不勝。用之不可盡者，亦言不勝，史傳多有其事，疏說可勝意不誤，其謂既爲盡，則用杜注。案《廣雅》，摡、扱取也。王念孫云，《玉篇》摡、許氣切，引〈召南〉摽有梅，傾筐摡之，今本作暨，毛傳暨、取也。宣十二年《左傳》，董澤之蒲，可勝既乎。杜預注，既、盡也。按既亦與摡通，言董澤之蒲，不可勝取也。洪亮吉云，取、既古字同。王氏、洪氏皆謂既當訓取，則可勝既乎，猶言不勝取也。杜就既本字訓爲盡，非。胡渭云，董澤之蒲，中失苛，禹時在甸服，故無貢。

案：勝音升，盡也。可勝既乎，即言不可勝取也。蓋勝義爲盡，既字之義，毋
　　須重複爲訓。

宣公十三年傳

罪我之由，我則爲政，而亢大國之討，將以誰任，我則死之。

《疏證》：王念孫云，亢、當也，大國之討，謂晉討衛之救陳也。言我實掌衛國之政，
　　　　而當晉之討，不得委罪於他人也。十二年宋伐陳，衛孔達救陳，曰，若大
　　　　國討，我則死之，是其證也。杜注訓亢爲禦，以亢大國之討，爲禦宋討陳，
　　　　皆失之。

案：王念孫云亢爲當，「言我實掌衛國之政，而當晉之討，不得諉罪於他人」。
　　以此而解亢訓當較杜注爲禦佳。從上下傳文而言，十二年之孔達言，「若
　　大國討，我則死之」，至十四年「孔達縊而死，衛人以說于晉而免」相應，
　　孔達有擔當之勇也。說詳《經義述聞》。

宣公十五年傳

瑾瑜匿瑕

《疏證》：路溫舒傳，瑕作惡。李富孫云，惡與瑕不甚異。《說文》，瑾瑜、美玉也。
　　　　瑕、玉小赤也。玉以白爲尙，白而小赤，非玉之美。〈聘義〉「瑕不揜瑜，
　　　　瑜不揜瑕。」注，瑕、玉之病也。杜注以瑕爲穢，非。又云匿、亦藏也。

案：《說文》瑕、王小赤也。桂馥注：「玉尙潔白，故謂小赤爲病。」《詩》豳
　　風狼跋：「德音不瑕」，《疏》云：「瑕者玉之病，玉之有瑕，猶人之有過。」
　　《荀子・法行》「瑕適並見情也」注，《管子・水地》「適皆見精也」注皆
　　言玉之病也。《會箋》言「瑕與疵瘢義同」。疵者，病也。《易繫辭》上「悔
　　吝者，言乎其小疵也。」釋文疵、瑕也。書大誥「我國有疵」，馬注疵、
　　瑕也。瘢，痍也。《繫傳》「痍處已愈有痕曰瘢。」《一切經音義》三「瘢，
　　痕也。」《爾雅・序》：「剟其瑕礫」《釋文》云玉，翳也。蓋瑕爲玉之屬，
　　有病者其玉不純，故以瑕喻之，如今人言瑕疵。《會箋》以疵瘢與瑕同義，
　　皆言玉有缺陷，杜以穢注，不及《說文》、鄭注。

宣公十五年傳

受命以出，有死無霣。

《疏證》：〈鄭世家〉，受吾君命以出，有死則隕，與傳作霣異，《集解》改服注爲隕，
　　　　以合史公字也。李貽德公，案《說文》云，齊人謂雷爲霣，一曰，雲轉
　　　　起也，此別一義。服訓隊者，謂霣爲隕之叚借字。《爾雅・釋詁》，隕、

落也。說文，隕，從高下也。隊，從高隊也。落、下皆墜也。案杜注，
霣，廢墜也。墜之俗。然霣不訓廢，杜用服注，增廢字，非。

案：《詩》豳風七月「十月隕蘀」傳，大雅綿「亦不隕厥問」傳，《爾雅‧釋詁》、
《國語‧齊語》「恐隕越於下」注，《淮南‧說林》「爲其一人隕而兩人傷」
注，《離騷》「厥首用夫顛」注等，隕、墜也。《詩‧小弁》「涕既隕之」傳
隕，隊也。以上隕字見諸典籍訓墜或隊，依傳意，受命以出，寧有死而不
能廢命，或杜氏以此意解之，故訓隕，廢墜邪。

宣公十五年傳

華元爲質，盟曰，我無爾詐，爾無我虞。

《疏證》：杜注，楚不詐宋，宋不備楚，是杜解虞爲虞度。按《廣雅‧釋詁》，詐、
偽、渡、膠、誣、譠、訑、調、突、虞，欺也。王念孫云，《淮南子》繆
稱訓，引屯六三，即鹿無虞，高誘注云，虞，欺也。〈魏志〉王粲傳，陳
琳諫何進曰，易稱即鹿無虞，諺有掩目捕雀，夫微物，尚不可欺以得志，
況國之大事，其可以詐立乎。高誘、陳琳皆以無虞爲無欺，蓋漢時師說如
此。宣十五年《左傳》，我無爾詐，爾無我虞，謂兩不相欺也。虞與譠誤
之誤，古聲義並同。按據王說，則杜注非古義。

案：洪亮吉《左傳詁》亦以虞，欺也，與高誘《淮南王》書注及《廣雅》同。
《會箋》本亦主虞訓欺，此役，「我無爾詐，爾無我虞。」之盟文，詐者，
《說文》，欺也之訓，詐、虞上下文相應，謂兩不相欺，則符字義，亦不
失傳意。

成公二年傳

辟女子

《疏證》：杜注使辟君也，齊侯單還，故婦人不辟之。《御覽》二百二引注，不辟之，
作不知之也，疑杜用舊注。惠棟云，下云乃奔，則辟當讀爲趨，與五年伯
宗辟重同，《周禮》大司寇云，使其屬趨。康成曰，故書趨作避。杜子春
云，避當作辟。玄謂趨，止行也，古趨字有作辟，杜注訓爲避，非也。洪
亮吉云，按辟讀作闢，《孟子》行辟人，趙岐注，辟除人，使卑辟尊也。
沈欽韓云按文不必讀爲趨。鄉士云，爲之前趨而辟。朝士，以鞭呼趨且辟，
是辟有辟止行人義也。《釋文》，音避，非。文淇案《釋文》，一音扶赤反，
是有闢音。

案：辟義，辟除行人也。古代統治者出外，有前驅開道，使行人避開。《周禮》

秋官士師「王燕出入，則前驅而辟」，《孟子・離婁》下「行辟人」俱可為證。趨字《說文》，止行也。《玉篇》、《集韻》皆作從足，或从人，與躃、僻、譯同。《周禮》夏官隸僕「掌蹕宮中之事」注，蹕謂止行者清道。《禮記・曾子問》「主出廟入廟必蹕」疏，主出當蹕止行人也。《史記・張釋之馮唐傳》「閒蹕匿橋下」《集解》蹕，止行人。惠棟云，杜注訓為避，非。

成公二年傳

畏君之震，師徒橈敗。

《疏證》：杜注，震、動。橈，曲也。洪亮吉云，《漢書・高帝紀》與酈食其謀橈楚權，服虔云，橈，弱也。服虔注此傳，當亦同杜，訓曲似迂遠。文淇案，長發，有震且業。《箋》云，震，猶盛也。《春秋傳》曰，畏君之震。師徒橈敗。《釋文》，橈，女教反，一音女，即反亂也。此當是左氏舊說，杜訓震為動，訓橈為曲，非。

案：畏君之震，畏君之威也。〈周語〉「君之武震，無乃玩而頓乎。」韋注，震、威也。文公六年「何震之有」，賈云震、威也。成公十三年及昭公元年傳皆有「畏君之威」一語，皆與此句同意。橈敗一詞，《釋文》橈、亂也，亂而敗也。

成公二年傳

卿不書，匱盟也。

《疏證》：卿指秦、宋、陳、衛、鄭之卿。不書，謂統書人也。杜注，匱，乏也。俞樾云，匱固訓乏，然與畏晉竊盟之義不合，《廣雅・釋訓》，讀，欺也，疑即匱盟之匱，畏晉而竊與楚盟，故為欺也。晉語曰，其言匱義與此同。朱駿聲云，按左氏雜采各國之書以成傳，此匱盟二字非左氏自言，故下文釋之，匱讀為讀，譎詭權詐之意，不訓之。按俞、朱說是也，沈欽韓訓匱為空，謂空為是盟，亦非。

案：章太炎《左傳讀》云，傳已以「竊與楚盟」自注矣，杜以乏釋匱，殊乖傳意。

成公十年傳

兄弟甥舅，侵敗王略。

《疏證》：杜注，兄弟同姓國，甥舅，異姓國。略，經略法度也。惠棟云，案略、封也。昭七年傳曰，天子經略，天子謂之略，諸侯謂之封。洪亮吉云，《說

文》，略、經略土地也。昭七年傳云，天子經略。定四年，吾子欲復文、武之略，並同。杜注云法度，夫之。

案：《會箋》云：「略，界也。莊二十一年王與之武公之略，自虎牢以東。昭七年天子經略。定四年吾子欲復文武之略，其義並同，若是經略法度，恐不可日侵。」《輯釋》本同《會箋》說，言略釋之說，杜、惠俱失。段注略云：「昭七年左傳，芊尹無宇日，天子經略，諸侯正封，古之制也。杜注經營天下，略有四海，故日經略。正封封疆有定分也，禹貢日嵎夷既略，凡經界日略。左傳日，吾將略地，又日，略基阯，引申之規取其地，亦日略地。」孔疏亦云此略亦爲界也（昭公七年傳），略有界義，《小爾雅・廣詁》如是言，又定公四年傳「封畛土略」即略爲界義。今依上下文觀之，杜注解略爲「經略法度」雖與略字原義有異，但依上下文，杜說較妥。傳文「日蠻夷戎狄，不式王命，淫湎毀常，王命伐之，則有獻捷，王親受而勞之，所以懲不敬，勸有功也。」蓋侵敗王略指此而言。

成公六年傳

其惡易覯

《疏證》：杜注，惡、疾疢，覯、成也。顧炎武引陸粲日，言垢穢易見，不從杜說。武億云，惡非訓爲疾疢。據傳文，沈溺腫腿之疾，下乃言也，則惡當與有汾、澮以流其惡爲對。惡屬垢穢，仍屬地氣使然，於義爲近。又《爾雅》訓覯爲見，杜易作成，故違古訓，亦不可從。按武說即用陸氏義，惠棟於有份、澮以流其惡下引〈周書〉日，地有五行，不通日惡。按見武順解，此惡亦即〈周書〉之惡，地脈不通，故垢穢易積也。俞樾同武說，四月，我日構禍。傳，構、成也。杜以覯當訓爲成，非□□□（1）覯，遇也，遇亦見義。

案：下文汾澮以流其惡，杜注以惡爲垢穢，與此異訓。據獻子云，民愁則墊隘，於是乎有沈溺重腿之疾，則於此不當速言疾易成，當如顧炎武《補正》與武億義證說詳，覯、《說文》，遇見也，從見菁聲。后心切、四部。構字以木菁聲，音同覯。蓋二字同屬菁聲，其義必近，覯構二字古聲同紐，古韻同部，故同音通假。

（1）原稿闕文。

成公六年傳

民愁則墊隘

《疏證》：洪亮吉云，《說文》，墊，下也。《春秋傳》曰，墊隘、隘陋也。又《說文》
霠，寒也，或曰早霜讀若春秋傳曰墊阨，阨隘古字通。按杜注，墊隘，羸
困也，于訓詁為不通。鄭玄《尚書》注，墊、陷也，陷與下義並同。按洪
說是也，據許君引傳墊阨則賈氏本作阨，亦當訓執為下。墊隘，謂民之志
慮卑狹，不以地言。杜氏既誤以惡為疾疢，故於墊隘亦強說為疾也，《方
言》，墊，下也。與許君義同。疏亦引《方言》，而云地之下濕狹隘，猶從
之羸瘦困苦，義更迂曲。

案：《會箋》云：「心常愀然不樂，則氣體自然羸憊困頓矣。目覩而心愁，而體
羸，此文之敘也。墊、下也，郭泰遇雨，巾一角墊，此善用墊字矣。墊下
隘狹，正訓也，此傳云民愁則墊隘。」襄公九年「夫婦辛苦墊隘，無所底
告」《會箋》意，此乃人事而言，依正訓引伸之，又襄公二十五年傳「吳
人居其間七日，子彊曰，又將墊隘，隘乃禽也。」此墊隘。是以地而言乃
其本義。杜注於三處解釋不同，此次疾疢為訓，或以下文沈溺重膇之疾連
文訓釋故。章太炎言《正義》以「下溼陜隘」比「羸困」通，說詳《左傳
讀》。

成公七年傳

詩曰，不弔昊天，亂靡有定。

《疏證》：節南山文箋，弔，至也。至，猶善也。定止不善乎昊天，天下之亂無有止
之者。杜注，刺在上者不能弔愍下民，故號天告亂，杜以弔為弔愍，非箋
意。傳引詩，亦以弔為善也。

案：不弔猶言不淑、不善，謂上天不仁，亂無有定。弔，善也，《家語》終記
「昊天不弔」注。《周禮·考工記》弓人「覆之而角至」注，至猶善也。《管
子·法法》「夫至用民者」注，至、善也。《毛傳》與《鄭箋》于「不弔昊
天」有異，毛傳弔，愍也，杜氏同。《左傳》襄公十四年「有君不弔」杜
注弔，恤也。蓋訓善也、愍也、傷也、恤也，各備一說。

成公九年傳

雖有姬姜，無棄蕉萃。

《疏證》：《校勘記》云，《漢書·文帝紀》注引亦作蕉萃。按《詩》，東門之池，《正
義》引作憔悴。《後漢書·應劭傳》注云，蕉萃、憔悴古通用。李富孫云，
《史記呂后紀》、《索隱》引作顦顇即蕉萃之異文。杜注，姬姜，大國之女，
蕉萃、陋賤之人。據杜說，姬姜、蕉萃以貴賤言。《淮南·說林》有榮華

者，必有憔悴，亦用傳引詩義。榮華猶言姬姜也。知者，東門之池，彼美淑姬，疏云，美女而謂之姬者，以黃帝姓姬，炎帝姓姜，二姓之後，子孫昌盛，其家之女美者尤多，遂以姬姜婦人之美稱。成九年，《左傳》引逸詩云，雖姬姜，無棄憔悴，是以姬姜為婦人美稱也。詩疏所稱，當是左氏舊說。衡門，豈其取妻，必齊之姜。桑中，被美孟姜，與東門之池稱被美淑姬同義。舊說姬姜，憔悴，以女色之盛衰言，與《淮南》合。〈吳語〉，而日以憔悴，注，憔悴、瘦病也，杜說非。

　　案：憔悴以訓詁字義言，瘦病也，如〈吳語〉注，蕉萃即憔悴，面色枯槁貌。傳引逸詩文姬姜與蕉萃相對文，古人多以姬、姜代美女，如《詩》陳風，東門之池「彼美淑姬，可與晤歌」，衡門「豈其取妻，必齊之姜」故詩意，不能因有美婦，拋棄不美者。杜元凱注蕉萃為陋賤之人，雖不合訓詁字義，亦是相對姬姜大國之女。

成公十三年傳

虔劉我邊垂

《疏證》：釋詁，劉，殺也。杜注虔、劉皆殺也。按司刑注，書傳曰，降畔、寇賊、劫略、奪攘、撟虔者死。疏、呂刑、奪攘、撟虔注云，有因而盜曰攘。撟虔，謂撓擾。《春秋傳》，虔劉我邊垂，謂劫奪人物以相撓擾也。彼疏所引是鄭君書注。鄭以傳虔劉之虔，當書撟虔，訓為撓擾，不訓殺，則杜說非古義。《方言》，虔、殺也。秦、晉之北鄙、燕之北郊，翟縣之郊謂之賊為虔，杜或取彼為說。垂各本作陲，從石經、宋本。《校勘記》云，《說文》，垂，遠邊也。陲，危也，其義各別。

　　案：《方言》「虔劉，殺也。秦、晉、宋、衛之間，謂殺曰劉。晉之北鄙亦曰劉。秦、晉之北鄙謂賊為虔。」《方言》三「虔散殺也，東齊曰散，青徐淮楚之間曰虔。」《正字通》，凡殺害皆謂之虔。賈子匈奴篇謂「撓邊境，擾中國」義同康成注書，〈呂刑〉云：「撟虔，謂撓擾。」《玉篇》云，虔，強取也。《漢書・武帝紀》：「撟虔吏因乘勢以侵蒸庶。」韋昭注：「凡稱詐為矯，強取為虔。」戴震疏證《方言》云，「《釋文》引《方言》殺人而取其財曰悰」，章太炎《左傳讀》即言，是知殺人而取其物曰虔，凡兵之撓擾，亦殺掠兼行。章氏引《後漢書・光武帝紀》贊曰：「虔劉庸、代，紛紜梁、趙。」是虔劉亦謂撓擾，與紛紜意近，故訓殺，撓擾，理實一貫，范贊兼合二誼。說詳章太炎《春秋・左傳讀》。

成公十四年傳

志而晦

《疏證》：杜注，志、記也。晦，亦微也。洪亮吉云，《眾經音義》引字詁，識、記
也。識，志字同，杜本此。《詩毛傳》，晦、昧也，杜注非義訓。

　　案：微，段注云「《左傳》哀十六年文，杜曰微，匿也，與釋詁匿，微也互訓，
皆言隱不言行，微之叚借字也。」微字《禮記‧樂記》「微而臧」又張衡
〈歸田賦〉「諒天道之微昧」，皆意幽深也。此傳文「志而晦」言，記載史
實而意義幽深也，故以此微字釋幽深當是。蓋微、昧二字其意互近，昧，
說文昧爽，旦明也。《詩》鄭風女曰雞鳴「士曰昧旦」。《集傳》「昧旦，天
欲旦。」段玉裁云「昧者未明也，爽者明也，合爲將旦之偁。」是昧字有
不明之義，如《書》堯典「曰昧谷」傳，昧，冥也。素問至眞要大論「平
野昧」傳，謂闇也。微，小也，《廣雅‧釋詁》及《孟子‧公孫丑》上「則
具體而微」皆言小也。微也有不明義，《詩》小雅十月之交「彼月而微，
此日而微」《箋》，微，謂不明也。《會箋》云「晦者，顯之反，言義不可
以辭而已矣，如鄭伯克段于鄢。會于稷以成宋亂。晉趙盾弒其君夷皋之類
是也，梁亡，城緣陵，亦當是例。」

成公十四年傳

婉而成章

《疏證》：洪亮吉皐，《詩毛傳》，婉，順也。杜注，婉，曲也，非義訓。

　　案：依《說文》及《廣雅》釋註，皆言婉順也。昭公二十六年傳「婦聽而婉」
杜注亦同。又《國語‧晉語》「則婉而入」，〈吳語〉「故婉約其辭」韋昭注
亦爲婉，順也。蓋杜注婉爲曲，謂曲屈其辭，有所辟諱或從春秋之用詞造
句而言，如微而顯，志而晦，盡而不汙，懲惡勸善，皆春秋之筆，或意在
言外有所昭戒邪！

　　孟瞻致力于《左傳》，其訓詁字義，莫不承其漢儒所釋。於杜元凱訓釋得誼者，
常論此乃左氏古誼，誠是舊說。若不合舊訓者，亦議其得失，論其非古訓、非古義、
異舊說、師說有異等。

　　蓋文淇專守于舊說，有誠然者，亦有蹈瑕之譏，難掩抵隙之褊。是杜元凱所訓
字義，常自創新意不無齟齬，如洪氏《左傳詁》序云：「余少從師受春秋左氏傳，即
覺杜元凱於訓詁，地理之學殊疏。及長，博覽漢儒說經諸書，而益覺元凱之注，其
望文生義，不臻古訓者，十居其五六。」故孟瞻有評字義之訓未明者，如棼（隱四）。
或評杜氏未能掌握通叚字以致訓義有誤，如暱（隱元）渝（隱元）假（桓十八）蓋

（莊三十二）踐（文元）。然元凱所訓字義，於不合舊說者，非全然可棄，其說自有新意，或可從之。如婉（成十四）、殰（宣六）問（莊八）睊（宣二）弔（成七）奉（僖卅三）暫（僖卅三）纍（僖廿八）貳（僖十五）等，元凱或用引申義以釋本義，自不符古訓。

　　《疏證》引諸家，指出杜注之疏略訛誤，確爲杜學美中不足處，文淇正其謬誤，或補其缺陋，以彌杜氏之缺矣。

二、名物解說方面

桓公二年傳

藻、率、鞞、鞛。

《疏證》：藻率〈東京賦〉作藻繂。司几筵，加繅席畫純。注，鄭司農云，繅讀爲藻率之藻。疏讀從桓公二年臧哀伯云藻率、鞞、鞛、鏧，厲，游纓，此蓋（2）取彼義也。典瑞、繅藉五采五就。注，繅有五采文，所以薦玉，木爲中榦，用韋衣而畫之。鄭司農云，繅讀爲藻率之藻。疏，桓二年臧哀伯諫辭也，藻是水草之文，故讀從之也。是先鄭皆以藻率爲二物，與服同。杜注，藻率以韋爲之，所以藉玉。《正義》云，杜以藻率爲一物者，以拭物之巾，無名率者，服言禮有刷巾，事無所出。阮氏《校勘記》云，孔沖遠誤也。依《說文》，帥、佩巾也，即古帨字。古率、帥通，故《儀禮》注云，古文帥作率。服虔云，禮有刷巾，其語亦見《說文》，凡《儀禮》言帨者，即《左傳》之率也，按阮說是也。樂師故書帥爲率。〈聘禮〉古文帥皆作率，采菽亦是率從。襄十一年傳作帥從。《廣雅・釋器》，帥、巾也。皆率得爲巾之義。《爾雅》，刷、清也。說文，刷、括也。又云，拭也，杜以藻、率爲二物禮制他無所徵。《正義》引玉藻，士練帶率下辟，謂以韋衣木繅積其邊，非其義矣。篤公劉，鞞琫容刀。《毛傳》，下曰鞞，上曰琫。《詩》疏云，鞞者刀鞘之名，琫者鞘之上飾，下不言其飾，指鞞之體，故云下曰鞞，上則有飾可名，故云上曰琫。洪亮吉云，琫與鞛同，杜注正與毛傳上下相反。疑誤。按洪說是也。瞻彼洛矣，鞞琫有珌。《毛傳》云，鞞容刀鞞也。琫，上飾。珌，下飾。《說文》，鞞，刀室也。琫、佩刀上飾也。珌，佩刀下飾也。許君用毛誼，視公劉疏尤分明矣，而此疏謂鞞鞛二名，明飾有上下，先鞞後鞛，故知鞞爲上飾，鞛爲下飾，乃望文生義之辭，劉炫規杜亦援《毛詩》而疏駁之，謂鞞鞛或上或下俱是，無正文，尤誤。

　　案：藻字亦作繅，爲薦玉之物，亦名繅藉。木爲中幹，外爲韋衣，畫水藻之文

於其上。率借爲帥，字亦作帨，是爲佩巾。《會箋》言：「禮有刷巾，服說可從。《說文》巾部。帥云，佩巾也，從巾𠂤聲，帨云帥或從兌聲。又部，馭，杖也。刀部，馭從刀馭省聲，禮有刷巾，是帥與帨，馭與刷，皆音同通用，率帥古今字。〈周官〉樂帥注云，故書帥爲率。〈聘禮〉記注云，古文帥皆作率，然則藻率之率是帥巾之假字。《說文》人部佩云，佩必有巾，故從巾，然其刷巾者，本以拭物，而因以爲飾。〈內則〉曰，左佩紛帨，注紛帨，拭物之巾也。〈曲禮〉曰，尊卑垂帨，知上下皆有佩巾。據〈周官〉冪人，言祭祀以疏布巾冪八尊，以畫布巾冪六彝，凡中中皆鬠推之，則自天子至人士佩巾之華質異尚可知也。」鞞爲鞘即盛刀之套。鞞同琫，乃佩刀刀把處之裝飾，詩疏所言，誠然也。周緯之《中國兵器史稿》中有詳論，引郭沫若《金文叢考》卷中〈金文餘論〉，琫者，乃刀柄之上飾，亦即摽首之雅名，珌者乃刀柄之下飾，以玉爲之，或謂之珥。劍鞘上部，有玉飾以貫緌者，爲鼻，爲璏，或謂之術，珌於經典作鞞。周氏言劍首以玉爲飾者，此玉甚小，無非一種裝飾品，以示劍主顯者之身份地位，或富有之表張耳。附郭氏所採吳大澂之玉棒圖以示其形。

（2）阮刻注疏「蓋」作「並」附圖一（錄自《重校三禮圖》）

附圖一　玉具劍之玉飾形制（錄自《中國兵器史稿》）

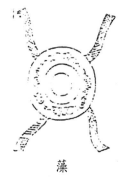

藻

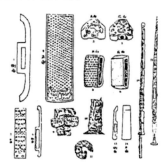

桓公二年傳

鞶、厲、游纓，昭其數也。

《疏證》：杜注云，鞶，紳帶也，一名大帶。厲，大帶垂者。游，旌旗之游。纓在馬膺前，如索帬。《疏》云，賈、服等說鞶、厲皆與杜同，唯鄭玄獨異，是賈氏亦與服同。《疏》但言賈、服說鞶、厲同於杜，然所引服之說纓，杜亦襲其索帬之義，疑此傳杜注全襲賈、服義也，都人士垂帶而厲箋云，而厲，如鞶、厲，鞶必垂厲以爲飾，厲字當作裂。《疏》謂如桓二年左傳云

鞶、厲游纓也，彼服虔以鞶爲大帶也，鄭意則不然。內則，男鞶革，女鞶
絲。鄭注云，鞶，小囊盛帨巾者，男用韋，女用繒，有飾緣之，則是鞶裂
與詩云垂帶如厲，紀子帛名裂繻，字雖今異，意則同也。彼《疏》云，按
傳云鞶厲，鄭此注云鞶裂，厲、裂義同，祇謂鞶囊裂帛爲之飾，又引《詩》
垂帶如厲者，證厲是鞶囊裂帛之飾也。此《詩》是小雅都人士之篇也，按
彼注云，謂彼都之士垂此紳帶，如似鞶囊之裂，是以厲爲裂也，此是鄭康
成之義，若如服虔、杜預，則以鞶爲大帶，厲是大帶之垂者，故服氏云，
鞶，大帶。杜云，紳、大帶，厲是大帶之垂者，《詩毛傳》亦云，厲、帶
之垂者，竝與鄭異，是鄭讀鞶厲爲鞶裂，《詩箋》，禮注皆同其說，古氏亦
當如此。本疏引鄭禮注而駁之，謂鞶是帶之別稱，遂以鞶爲帶名，言其帶
革，帶絲耳，鞶非囊之號也，疏之駁鄭，蓋以杜不用鄭義也，然杜言紳帶
又言大帶，又與服注微異。沈欽韓云，〈內則〉男鞶革，〈玉藻〉注，凡佩
繫於革帶，按大帶博四寸，以束體，革帶博二寸，以施佩，易訟上爻，或
錫之盤帶，虞翻注引〈內則〉文，知此盤厲亦革帶也。《晉書・輿服志》，
革帶，古之鞶帶也。《方言》，帶謂之厲，革帶之餘爲厲，大帶之餘爲紳，
杜反以鞶厲爲紳帶，謬矣，按沈言革帶，紳帶極分明，本疏云，上帶爲革
帶，故云鞶紳帶。上帶，指帶，裳，幅，爲句言，杜意以彼爲革帶，此爲
紳帶耳，哀伯錯舉鞶，兩文不應同爲帶，鄭義爲長矣。

案：許愼《說文解字》鞶，大帶也，同服虔，賈逵及杜預說。段玉裁《說文解
字注》則從鄭玄說，謂爲革帶。段注云：「鞶，革帶也，故字從革。〈內則〉
曰，男鞶革，女鞶絲，注云，鞶小囊盛帨巾者，男用韋，女用繒，有飾緣
之則是鞶裂與《詩》云垂帶如厲，紀子帛名裂繻，字雖今異，意實同。按
〈小雅〉垂帶而厲，《箋》云，而亦如也，而厲如鞶厲也，鞶必垂厲以爲
飾，厲字當作裂，說與《禮記》注同，而《毛傳》云厲帶之垂者，《左傳》
鞶厲服云，鞶，大帶也。賈逵，杜預說同。虞翻注易亦云鞶大帶，皆與鄭
異。蓋鄭以大帶用素，天子諸侯，大夫同士用練，皆不用革也。大帶所以
申束衣，革帶以佩玉佩及事佩之等，故喪服以要絰象，大帶又有絞帶象革
帶也。〈內則〉云：「男鞶革，女鞶絲，則鞶非大帶明矣。」竹添光鴻《會
箋》言大帶，革帶區分亦詳，《箋》云：「古人衣服本有二帶，大帶所以束
衣，革帶所以繫韠及佩。革帶繫韠施佩，而後加之大帶，則革帶統於大帶，
故《說文》於鞶曰，大帶也。大帶以絲，詩鳲鳩其帶伊絲是也。鞶字從革，
當爲革帶。《白虎通義》云，男子有鞶帶者，亦有金革之事也。〈內則〉稱

男鞶革。女鞶絲,鞶是帶之別稱,言其帶革帶絲耳。鄭注以鞶爲囊,非也。革帶亦謂之鉤帶,《荀子》曰,縉紳而無鉤帶,是也。鉤即帶首之鉤鰈以固束者,傳曰,管仲射桓公中鉤,是也。革帶雖揉皮極輭,不能挽結而下垂,故《通典》及《三禮圖》皆云,革帶鉤鰈。《戰國策》曰,趙武靈王錫,周紹興帶,黃金師比,師比《史記》作胥紕,《漢書》作犀毗,《楚辭》作鮮卑,皆謂鉤興鰈也。〈玉藻〉革帶博二寸,《晉書·輿服志》曰,革帶古之鞶帶也,其有囊綬,皆綴於于革帶。鞶厲言鞶帶之屬也,鞶帶之垂下成飾者曰厲,〈小雅〉都人士垂帶而厲,《毛傳》,厲帶之垂者,鄭箋而厲如鞶厲也。鞶必垂厲以爲飾,厲字當作裂,鄭欲明帶端裂成魚尾之狀,故改字,古厲烈音通,烈山氏作厲山氏之類是也。蓋大帶之垂者爲紳,言其形申申如也,革帶之垂者爲厲,言雖垂之,形不委下,厲然如魚尾之分也。」從段說及竹添光鴻《會箋》二說,可明大帶,革帶之別,故帶裳幅易之帶是紳帶,非帶革也,杜注以爲革帶,誤也。且大帶寬四寸,以絲爲之,用以束腰,垂其餘以爲紳,杜注云鞶,紳帶也亦非。

又《疏證》:鄭司農云,禮家說曰,纓當賀金龜子,以削革爲之。玄謂纓,今馬鞅,彼疏云,纓是夾馬頭,故以今爲鞅解之。杜謂纓在馬膺前,蓋用先鄭說,而示詳其制、

案:纓爲馬鞅,即馬頸上之革用以駕革者,杜注纓在馬胸前,恐非。僖公二十八年傳「晉車七百乘,韅、靷、鞅、靽」《說文》段氏注云「釋名、鞅、嬰也,喉下稱嬰,言嬰絡之也,按劉與許合,杜云在腹曰鞅,恐未然也。」

附圖二　（錄自楊伯峻《春秋左傳注》）

革帶

大帶

桓公二年傳

五色比象昭其物也

《疏證》:益稷,以五采彰施於五色,〈考工記〉,畫繪之事雜五色,東方謂之青,南

方謂之赤，西方謂之白，北方謂之黑，天謂之玄，地謂之黃，青與白相次也，赤與黑相次也，玄與黃相次也。〈禮運〉云，五色六章十二衣，疏云，六章者，兼天玄也。〈周語〉，文章比象注，黼黻錦繡之文章，比象，比文以象山，龍、華、蟲之屬。此當爲左氏舊誼。杜注云，車服器械之有五色，皆以比象天地四方，以示器物不虛設。按杜說非也。臧氏諫詞，皆以類舉成文，此五色承火龍黼黻句，自係服章而言，不得汎指車服器械。

案：五色者，青、黃、赤、白、黑，古代以此爲正色。此象者，謂以五色繪山、龍、華蟲之象，係乃指服章而言。如《會箋》所言：「五色比象者，以五色比類象物也。昭其物也者，日月取其明，山取其鎮，龍取其變之類是也，不啻畫繡爲觀美，必有所比象者，所以明文必有實之義也。杜云示器物不虛設，是外令德說之，非也。」從五色至比象，實指服章而言，乃承上句。

桓公五年傳

命二拒曰，旝動而鼓。

《疏證》：《說文》云，旝建大木，置石其上，發其機以追敵，蓋用賈說。追，古文硾，《釋文》，硾古外反，又古活反，本亦作檜，而亦引建木發機之事。如《釋文》說，是又有作檜之本矣。《御覽》三百三十七引春秋舊說，旝，發石車上，與賈同。當亦左氏家說。《三國志》，太祖爲發石車擊袁紹，注引《魏氏春秋》曰，以古有矢石，又傳言旝動而鼓，說曰，旝發石也，於是造發石車。惠棟云，說者，即賈侍中說也，杜以旝爲旃，蓋本馬融。按《說文》旝字下又引《詩》曰，其旝如林，當係三家傳詩，馬融廣成頌云，旃掺其如林。惠氏謂杜本馬融以此，而《御覽》三百三十七引杜注，旝、旃也，與今本旝旃也又異。《疏》但云旝之爲旃，事無所出，說者相傳爲然，而引賈注駁之云，按范蠡兵法，雖有飛石之事，不言名爲旝也發石非旌旗之比，《說文》載之放部，而以飛石解之，爲不類矣，且三軍之眾，人多路遠，遠何以可見而使二拒準之爲擊鼓候也，注以旃說爲長，故從之。嚴蔚云，《唐書‧李密傳》，造雲旝三百具，以機發石，爲攻城械，號將軍礮，是則賈氏旝爲發石之說，亦可云信而有徵，杜預每好爲臆說，旝爲旃何據，而吠聲之，孔氏一意扶杜，乃云發石不可見，猶瞽者之道黑白，無足怪者，按嚴說是也。《晉書‧卞壼傳》，與蘇峻戰，遂死之，朝議賜壼左光祿大夫尙書郎，郭宏納議曰，賊峻造逆，壼戮力致討，身當矢旝，再對賊鋒，矢旝猶矢石矣。

案：賈云：「旝發石也，一曰飛石，范蠡兵法，飛石重二十斤，爲機發行二百

步。」（《正義》引）杜預《集解》云：「旝，旃也。通帛爲之，蓋今大將之麾也，執以爲號令。」是二說異，賈逵以旝爲發石，或曰飛石；杜注以旃解之，二說各有理據，故後儒有从賈說者，或从杜據者。蓋從杜氏說者，乃旝字從认，如孔疏所云，「又旝字從认，旌旗之類，故知旝爲旃也。《周禮》司常，通帛爲旝，故云通帛爲之。謂通用一絳帛，無畫飾也。鄭玄云，凡旌旗，有軍眾者畫異物，無者帛而已民。鄉遂大夫或載旝，或載物，眾屬軍吏無所將，如鄭之意，則將不得建旃，而此軍有旃者，僖二十八年傳曰，城濮之戰，晉中軍風于澤，亡大旆之左旃，是知戰必有旃，故以旝爲旃也。鄭氏之言，自謂治兵之時，出軍所建，不廢戰陳之上，猶自用旃指麾。今時爲軍，猶以旌麾號令，故云蓋今大將之麾，執以爲號令也。」故後儒指旝爲旌旗之屬者，概如此類也。但陸德明《經典釋文》言，本亦作檜，而亦引建木發機之事，如《說文》云旝，建大木，置石其上，發以機以追敵之訓。章太炎《春秋左傳讀》云：「是古說皆以旝爲發石。自杜預始爲旝，旃也之訓，說者遂謂旝字從旗，當爲旌旗之名。不知旝之聲義得于昏栝厥者也」。《說文》曰：「昏，木本，從氏，大于末，讀若厥，其字亦通作厥。《說文》，厥，弋也，從木厥聲，一曰門捆也。《廣雅》釋室同。釋宮，厥，謂之闑。列子，黃帝：吾處也若厥株駒。注，厥，豎也。此非建大木所由得聲義者乎？《說文》曰，括，櫱也，一曰失括櫱弦處。今字皆借用括。《莊子·齊物論》，其發若機括。此非發以機所由得聲義者乎？」章氏引《說文》、《廣雅》以知乃發石所由得之聲義者，其說詳《左傳讀》。按旝字從文字上訓究，以明發石之說，許造說文，不明旝字之本而置於旗部，乃是缺失。且史書上記載亦爲可證，如《疏證》列《三國志》，《晉書》、《唐書》等傳所載，皆以明實況。沈欽韓《左傳補注》：「尋賈逵，許愼之義，並以旝爲發石。《後漢·袁紹書》，曹操乃發石車。章懷注，今之拋車也。《晉書·卞壺傳》，賊峻造逆，戮力致討，身當矢旝。則知古訓相爭，以旝爲石明矣。《唐書·李密傳》，命護軍將軍田茂廣造雲旝三百具，以機發古，爲攻城械，號將軍礮，獨杜預以旝爲旃，漸染私說，穿鑿不經，而宋儒遂發雅故。」是發石爲歷代相沿攻戰之具，故嚴氏、沈氏之說可信。且發石之用，來源甚早。葉政欣之《漢儒賈逵之春秋左氏學》中論之甚詳，「《漢書·甘延壽傳》張晏注所引范蠡兵法載之，〈漢志〉兵書類載有范蠡二篇，注云：越王勾踐臣也，則此書爲春秋將范蠡所傳當即張晏所據兵法也……。而據張晏引范蠡兵法所載，其性能已甚優越，必非初創之物，則

桓公五年王師伐鄭時，已有發石之械，當甚可能。」此亦爲賈說有利之証
也。

莊公二十一年傳

鄭伯之享王也，王以后之鞶鑑予之。

《疏證》：杜注，鞶帶而以鑑爲飾，今西方羌胡猶然。沈欽韓云，《淮南·主術訓》，
　　　　趙武靈王貝帶鵔鸃而朝。高誘注，以大貝飾帶。《史記·佞幸傳》，孝惠時，
　　　　郎、侍中皆貝帶，蓋胡服，或以貝飾之，未必以鏡爲飾也。鞶、鑑自是二
　　　　物。鄭解〈內則〉云，鞶、小囊盛帨巾者，《魏志·曹瞞傳》，操佻易，自
　　　　佩小鞶囊，盛手巾細物。《東觀漢記》，詔賜鄧遵虎頭鞶囊一，鄭之詁經篤
　　　　矣。按沈說是也。李貽德云，按以鏡飾帶，則當名鑑鞶矣。服謂婦人之物，
　　　　由謂以囊盛鏡耳。王以賜有功，是爲褻也。李析鞶鑑之異名甚核，其謂以
　　　　囊盛鏡，則泥讀傳文，與杜同。

　　案：沈氏以鞶鑑爲二物，依《儀禮·士昏》：「庶母及門內，施鞶」注：「鞶，
　　　　革囊也，男鞶革，女鞶絲，所以盛帨巾之屬。」疏：「鄭玄鞶袠言施，明
　　　　爲篋管線纊有之，是以鞶以盛帨巾之屬，此物所以供事舅姑。」《禮記·
　　　　內則》：「施鞶袠」注：「鞶，小囊也。」沈氏以鞶是小囊之盛帨巾者。桂
　　　　馥《說文義證》云：「王，后之鞶，即夫人鞶絲也」，乃以絲組爲之。章太
　　　　炎《左傳讀》則以鞶爲大帶，鑑爲鏡，大帶飾之以鑑，舉《管子·輕重己
　　　　篇》云：「服青而絻青，摺玉總，帶玉監」，「服白而絻日，摺玉總，帶錫
　　　　監」以監爲鑑之證，鞶鑑爲一物。《會箋》曰：「此與定六年，皆鞶鑑雙言，
　　　　則鞶鑑是一物。曰后之鞶鑑，則鞶鑑者后之器也。《說文》，鑑大盆也。鞶
　　　　盤通借，故定六年之鞶鑑，《釋文》又作盤，可見鞶非本字。鄭伯以其爲
　　　　婦人之物而惡之耳。杜解爲帶飾以鑑，然以小鏡飾以鞶帶之上，經傳無徵，
　　　　且即令如此當鑑鞶。今云鞶鑑，文義倒置矣。夫婦人之物，安可以賜人，
　　　　以后之鞶鑑予鄭伯，其失甚矣，豈特賞薄召怨而已哉。」《會箋》以李說
　　　　鞶鑑爲鑑鞶，自爲一物。今按鞶鑑實物未詳，尚存其疑。

文公七年傳

樂豫曰，不可。公族，公室之枝葉也。若去之，則本根無所庇蔭矣。葛藟猶能庇其
本根。

《疏證》：釋文，蔭本又作陰，藟本或作虆。蔭，俗字，傳文當作陰。《說文》，陰，
　　　　草陰地。虆亦俗字也。此用〈王風·葛藟〉義。《毛傳》於葛藟無釋，周

財樛木，葛藟纍之之。傳，南土之葛藟茂盛。《箋》，葛也、藟也，得樛而蔓之，本根以公室言。《晉書·庾勇傳》，叔向有言，公室將卑，其枝葉先落，公族、公室之本，而去之。下引解詁爲約此傳之文，而誤樂豫爲叔向。葛藟箋亦云，葛也，藟也，生於河之厓。是毛、鄭皆以葛，藟爲二物。杜注，葛之能藟蔓繁滋者，以本枝廕庥之多。焦循亦引樛木，葛藟二箋，謂葛與藟異物。又云，班固〈幽通賦〉，攬葛藟而援余兮。顏師古注，葛藟二箋、葛蔓也。一說，藟、葛屬，葛之與藟皆有蔓惡兼存二說，蓋《詩》言纍，又言纍，故分別上纍字爲葛類，下纍字爲蔓，傳言葛藟庇本，則藟可爲葛之蔓耳，按傳援詩義，不當與《詩》異說，詩樛木《釋文》引義疏云，藟葉似艾，白色，其子赤，可食。易困《釋文》引義疏云，藟一名巨荒，似蘡薁，連蔓而生，幽州人謂之推藟，所說藟之形狀與葛異。顏□（1）後一說，是其兼言葛蔓，仍是牽於杜注，焦氏從杜說，非也。

案：藟亦葛之類，杜以爲蔓延之義，誤。葛藟爲一物，亦單名藟，或名千歲藟，藟蕪（見《名醫別錄》），或名苣瓜（見《本草拾遺》），成名蓲藟（見陸機《詩疏》），或名秬⿱鄧（見於《說文》），蓋葛藟屬葡萄科之蔓性植物。故鄭玄周南樛木箋以爲兩物，恐誤。其物喜生長於山地灌叢內或林緣，分布於今湖北、江蘇、浙江、江西、雲南、廣東等地，本植物的根，稱爲藟根，其果實（葛藟果實）亦供藥用。

（1）原稿字跡不明。

附圖三 （錄自《中國醫藥大辭典》）

葛藟

宣公二年傳

殺之，寘諸畚，使婦人載以過朝。

《疏證》：《說文》，畚、蒲器，可以盛糧。何休公羊注，畚、草器，若今市所量穀者也，齊人謂之鍾，均，不言畚之大小，傳謂用畚載尸，則器亦非小。杜注謂似筥，非也。

案：杜注畚，以草索爲之，筥屬。畚可盛糧，《周禮》夏官挈壺氏「挈畚以令
糧」，《列子·黃帝篇》「因假糧荷畚之子華之門」可證。畚亦可盛土，襄
公九年傳「陳畚挶」宣公十一年傳「稱畚築」《列子·湯問篇》「箕畚運於
渤海之尾」可證。《韓詩·外傳》云：「鮑焦挈畚采蔬遇子貢於道」是畚亦
可盛菜。至於筥，爲盛物竹器，《詩》召南采蘋「于以盛之，維筐及筥。」
傳「方曰筐，圓曰筥。」陳奐《傳疏》：「《說文》，匡筥也，或作筐，筥，
稍也。」「秦謂筥曰稍，筥方言作簇。筐、筥同類，而有方圓之異，本爲
飯器，乃以盛類藻也。」蓋畚，筥同爲盛物之器，杜注畚爲筥屬，概二器
類同盛物，但其形有異。

附圖四 （錄自《農政全書》）

畚　　　　　　　　　　筥

成公二年傳

齊侯使賓媚人賂以紀甗、玉磬與地。

《疏證》：杜注，媚人、國佐也。《疏》云，經書齊侯使國佐如師，故知賓媚人即國
佐也。杜譜云，國佐，賓媚人，武子三事互地經、傳，不知賓媚人是何等
名號也。按國佐齊卿，據國佐齊卿，據環人訟敵國注引國佐如師，則賓媚
人必齊國使命之官，國佐以卿攝行也。杜又云，甗、玉甑皆滅紀所得。《疏》
云下云子得其國寶，知甗亦以玉爲之。傳文玉在甗磬之間，明二者皆是玉
也。洪亮吉云，《說文》甗、甑也，一曰穿也。鄭眾注〈考工記〉云，甗、
無底甑，按杜注，甗，玉甑，非是。《正義》申杜，更非且《竹書紀年》
明言紀公之甗，則非玉可知。〈齊世家〉，齊侯請以寶器謝。

案：甗爲炊飪之器，有陶土制者，以甑無底，置小籠於其中，下體如鬲，用以
承水，熱氣上升可以蒸物，見《周禮》考工記陶人。然甗亦有銅鑄者，見
容庚《商周彝器通考食器篇》云：「《周禮·考工記》：陶人爲甗，實二鬴，
厚半寸，脣寸，證之實物無似此者，或銅陶異制乎。」又「博古圖甗錠總
說云，甗之爲器，上若甑而足以炊物，下若鬲而足以飪物蓋兼二器而有之。
然陳公子甗云，用征用行，用羹稻梁，則甗不第炊飪而已。」其形體上體

圓而兩耳似鼎，下體三款足似鬲，中設箅，有半環可持以開闔。箅上有十字穿或直線穿四五，有上下兩體可分離者，亦有不可分者。蓋杜預以甑爲玉甑，孔疏亦推測爲玉器，皆非也。

附圖五　　（錄自《古今圖書集成考工典》下）

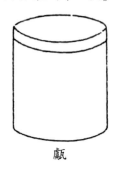

甑

（錄自《三才圖會》）

商父乙甑圖

商饕餮甑圖

商父己甑圖一

周垂花雷紋甑圖

成公十六年傳

楚子登巢車，以望晉軍。

《疏證》：九經字樣登作椉，《釋文》，巢，《說文》作轈。洪亮吉云，《說文》，轈、兵車，高如巢，以望敵也。《春秋傳》曰，楚子登轈車。《廣雅》，巢、高也。按今本作巢。杜注巢車、車上爲櫓。今考《說文》，櫓、澤中守草樓

也，杜合轈、櫓爲一，恐非，按洪說是也。許書作轈，則賈、杜本異，惟
《廣雅・釋詁》，巢、高也，洪引誤。王念孫云，《小爾雅》，巢、高也。《爾
雅》，大笙謂之巢。孫炎注云，巢、高大也，據王說，則巢之訓高，由釋
樂之巢生訓，傳宜作轈車，作巢亦後出字。沈欽韓云，《通典》，以八輪車
上樹高竿，竿上安轆轤，以繩挽板屋，上竿首，板屋方四尺、高五尺，有
十二孔，四面列布，車可進，退。圜城而行，於營中遠視，亦謂之巢車，
如鳥之巢，即今之板屋也。

案：巢車爲兵車之一種，《說文》引作轈車。是巢車高如鳥巢，用以瞭望敵人。
又名樓車，見於宣公十五年傳「登諸樓車」，此樓車蓋今十六年傳之巢車，
以兵車較高者，所以望敵，是李衛公兵法有巢車，如鳥之巢，即今之板屋。
《玉篇》，櫓，城上守禦望樓，是《會箋》言杜合轈櫓爲一，以爲車上爲
櫓。《正義》云，巢與櫓俱是樓之別名，則嫌於樓上加樓矣。

成公十七年傳

仲尼曰，鮑莊子之知不如葵，葵猶能衛其足。

《疏證》：杜注，葵傾葉向日，以蔽其根。焦循云，《淮南子・說林訓》云，聖人之
於道，猶葵之與日也，雖不能終始哉，其鄉之誠也。高誘注，鄉、仰也。
葵之向日，始見於此。曹植求通親親表云，若葵藿之傾葉，太陽雖不回光，
終向之者，誠也。陸機作〈圓葵詩〉，乃云，朝榮西北傾，夕穎西南晞，
竟似隨日而指者，然與衛足之說不相涉，至杜此注，具以衛足由於向日，
而向日由其傾葉矣。齊民要術言葵有紫莖、白莖二種，種別復有大小之殊，
又有鴨腳葵，蓋大者謂蜀葵，小者謂錦葵。鴨腳謂黃葵，其種法春必畦種
水澆，三掐，更種之。六月一日，種白莖秋葵，秋葵堪食，仍留五月種者
取子，於此時附地翦卻春葵，令根上栬生者柔軟至好，仍供常食，美於秋
菜，掐秋菜，必留五六葉，凡掐必待露解，此所言甚詳。蓋冬葵、蜀葵也。
秋葵、夏種秋華，至冬即枯。蜀葵、八月後種，經冬至春，而華於四、王
月，春夏亦可種，古以此爲蔬，不令其老，故掐之，令生嫩杆，其根存，
則明年仍生，故古詩云，採葵不傷根，傷根葵不生。觀要素稱三掐。又云，
令根上杆生，肥嫩供食尤美，是葵能自衛其根，孔子謂葵猶能衛其足，此
也。然此葵無所謂向日，曹植與霍並言。霍即菽，今驗膣中豆華，必當正
午時盛解，因推之秋葵之華，日出則舒，日沒則合，其未舒，苞直向上，
舒則傾側，故一名側金錢。曹云，傾葉，葉指華之瓣，傾即其舒而言也，
然則所謂向日者，就華之榮萎言，此專指秋葵言之也。向日與衛足，自是

兩事，杜合爲一，失之。

案：葵有數種，據《神農本草》有冬葵子，《圖經》有蜀葵，錦葵、黃葵。而
今之葵有四，向日葵與蜀葵不可食，惟金錢紫花葵及秋葵可食。是此葵
或爲金錢紫葵或秋葵，非向日葵，杜注以向日葵解之，不確。是古人常
以葵爲蔬菜，不待其老便掐，而不傷其根，欲其再長嫩葉，故古詩云採
葵不傷根，正是此間民。《詩》豳風七月，享葵及菽，《周禮》醢人饋食
之豆，〈士喪禮〉筮豆之實，既夕東方之饌四豆，士虞《禮記》豆實，士
冠禮再醮兩豆，特牲少牢饋食禮，皆有葵菹，即此葵之爲菹者也。《會箋》
曰，葵爲百菜之主，古人恆食之，自天子以至庶人，冠昏喪祭賓客之禮，
無不用葵，故秦漢書傳亦多見之，《爾雅》于恆食之菜，不釋其名，爲其
人人皆知也，六朝人尙恆食，故齊民要素載種葵術甚詳。說詳《會箋》。
附圖六

附圖六 　　（錄自《三才圖會》）

秋葵

成公十七年傳

或與己瓊瑰食之

《疏證》：《說文》，瓊、赤玉也。瑰、玫瑰，一曰珠圓好。杜注，瓊、玉。瑰、珠也。
用許說。又云，食珠玉，含象，據服氏義。知者，服說下懼下敢占，謂惡
瓊瑰贈死之物也。疏，含者用玉或用珠，故夢食珠玉爲含象也。《詩毛傳》，
瓊瑰，石而次玉。禮緯，天子含用珠，諸侯用玉，大夫用碧，此聲伯得有
瓊瑰者。按天子含用玉，則禮緯之文，未可全依，或可珠玉兼有。疏明聲
伯大夫含亦得用珠，故疑禮緯未可依也。按〈檀弓〉飯用具，《疏》，其含，
天子用璧，卿大夫無文。案成十七年，公孫嬰齊夢贈瓊瑰。注云，食珠玉，
含象，則卿大夫蓋用珠也。何休注公羊云，天子以珠，諸侯以玉，大夫以

璧，士以貝。又禮緯稽命徵，天子飯以珠，含以玉，諸侯飯以珠，含以璧，卿大夫飯以珠，含以貝，此等或是異代禮，非周禮也，古禮疏據士喪含止用貝，故疑聲伯大夫不當用玉。杜言珠玉，此以瓊瑰爲珠，與杜異，當是舊說。其引稽命徵，與本疏引禮緯亦異。不據爲周禮者，以於禮經別無所徵也。又雜記，天子飯九貝。疏，案禮戴說，天子飯以珠，含以玉。諸侯飯以珠，含以璧，大夫、士飯以珠，含以貝，此等皆非周禮，並夏殷之法，《左傳》成十七年，子叔聲伯夢食瓊瑰，哀十一年，齊陳子行命其徒具含玉，此等皆是大夫，而以珠玉爲含者。以珠玉是所含之物，故言之，非謂當時實含用珠也。此引禮戴說，與檀弓疏引稽命徵略同，故亦不據爲周禮，其爲此傳瓊瑰，及哀十一年齊陳子含玉，皆以含之物言，非是珠玉，此知杜注珠玉之未諦，而未達傳文顯言瓊瑰，不得虛以含物說之也。《禮緯禮說》，雖不足據，然並疑此傳瓊瑰非含物則未可。不若〈檀弓〉疏說之確也，知〈檀弓〉疏卿大夫含用珠爲舊說者。李貽德云，古者含惟用玉石，天子用玉，見典瑞。士用貝，見〈士喪禮〉。何休謂天子以珠，珠亦當以玉爲之。《詩》渭陽傳，瓊瑰、石而次玉。《說文》，玫瑰連文乃爲珠，此瓊瑰連文，則必當爲似石之玉。洪亮吉釋珠云，玫珠字從玉，皆以玉爲之。《周禮》，玉府掌供王之服玉、佩玉、珠玉。若合諸侯，則供珠槃玉敦是也。《續漢書‧輿服志》，永平二年初，詔有司采周官、《禮記》、《尚書‧皋陶篇》，乘輿服從歐陽氏說。公侯以下從大、小夏侯氏說。冕皆廣七寸長尺二寸，前垂四寸，後垂三寸，係白玉珠爲十二旒。三公、諸侯七旒，青玉爲珠。卿大夫五旒，黑玉爲珠，所謂白玉珠、青玉珠，黑玉珠，皆以玉石之白、青、黑爲之。歐陽、夏侯皆承周秦以來先儒舊說，明三代之制，冕旒所垂之珠，皆琢玉之爲之，非是蠙珠，由此推之，則天子所含，《周禮》言玉舉其質，《禮緯》言珠舉其形，其必以玉爲珠，所以別于諸侯所含之璧，形而小耳，杜氏分瓊瑰爲珠玉，不明于古之珠即以玉爲之也。案李說是也。瓊瑰非美玉，故琢珠以爲含舉瓊瑰，即是含珠，此左氏稱瓊瑰之義。

案：瓊瑰即以于玉之美石所製之珠，《會箋》謂秦詩傳，瓊瑰美石而次玉者，《說文》博雅晉灼皆以瑰爲珠。要之珠玉美石皆可通稱。是故瓊瑰與《詩經》之瓊琚、瓊瑤、瓊玖，蓋同一物。杜注瓊與瑰爲二物，誤也。《會箋》評其杜注，恐非古人立辭之旨，亦直指杜分瓊瑰之誤。

三、禮制解說方面

隱公元年傳

贈死不及尸，弔生不及哀。

《疏證》：〈曲禮〉，在棺曰柩。疏，《春秋左氏傳》，贈死不及尸民，是呼未葬之柩為尸。《荀子・大略篇》云，賵賻所以佐生也。贈襚所以送死也，送死不及柩尸。弔生不及悲哀，非禮也。注，皆謂葬時。又云，故吉行五十，犇喪百里，賵贈及事，禮之大也。注，既說弔贈及事，因明奔喪，亦宜行速也。杜解，弔生不及哀，云諸侯已上既葬，則縗麻除，無哭位，諒闇終喪，《正義》曰，既葬除喪，唯杜有此說。又《晉書・杜預傳》，預引此傳，弔生不及哀，以為既葬除喪諒闇之證。沈欽韓云，〈士喪禮〉下篇，既窆，主人及弔賓弔者升自西階曰，如之何，主人拜稽顙，蓋前乎此，皆營死者之事，反而亡焉，失之矣，於是為甚，故弔之。經又云，就次猶朝夕哭，猶者，猶既殯之，朝夕哭也。〈喪服〉疏云，既殯以後，卒哭祭以前，阼階之下，為朝夕哭，在廬中思憶則哭。按其時雖不代哭，其（1）哀未殺，故為哭三無時之一也。傳文所謂及哀者，即是此時，以卒哭祭為限也。〈喪服〉疏云，凡喪服以冠為受斬衰，裳三升，冠六升，既葬後，以其冠為受衰。裳六升，冠七升，小祥又以其冠為受衰，裳七升，冠八升。又虞《禮記》卒哭祭餞尸畢，大夫說経帶於廟門外，婦人說首経，不說帶，所謂卒哭後，變麻服葛，只是男子易腰帶以葛，婦人易首経以葛，男子重首，婦人重帶，麻不易也，其負版衰裳練祭猶服，大祥祭畢，始焚之耳，三年之喪，天下之達禮，杜預謂天子諸侯既葬無服，非聖無法，古今之罪人也。

案：《會箋》曰：「父母之喪，無貴賤一也，杜注顯與禮悖。杜又於晉議大子之服，應既葬除服。援此傳文，及鄭伯辭享景王晏樂為證，不知此傳弔生不及哀，言惠公薨久，今來賵不及哀哭方盛之時耳。至如子產為鄭伯辭享，直云免喪聽命，傳亦但言葬鄭簡公，杜何由知其定為既葬而除也。叔向譏景王，明言三年之喪，雖貴遂服禮也，乃謂譏晏樂而不譏除服可乎，益顯其謬。」其引江中曰居喪釋服之禮凡十六，其率是禮而行之者，說詳《會箋》文。又言：「《漢書・律歷志》引伊訓大甲元年十二月乙丑朔，伊尹祀於先王，誕資有牧文，明言雖有成湯大甲外丙之喪，以冬至越紼，祀先王於方明，以配上帝，一也。《周書・顧命》成王崩，康王麻冕黼裳即位，卿士邦君麻冕蟻裳，大保大史大宗麻冕彤裳，二也，以上皆居喪釋服，而金革之事不與焉。於是余為之解其義曰，衰麻哭泣，喪之文也，不飲酒、

不食肉…釋服斯須之敬也，故既事而復故，喪不祭，神人異道，故外革則吉服，因喪以接神則變，喪莫哀於始死，故后之喪，雖嘗禘郊社之祭籩籪既陳，天子發其禮，神不可以乞祀，故五祀之祭，既殯而行，有國者不以人之死為諱，故朝聘而終以尸將事，賓祀不可以衰麻行之，故聘而君薨於國，其聘享自若吉也，此所謂人道之至文者也，雖然君子不奪人之喪，亦不可奪喪也，苟有可以不釋者，則不釋之矣。季武子寢疾，蟜固不說齊衰而入見，曰斯禮也將亡矣。士惟公門說齊衰，晉平公卒，既葬，諸侯之大夫送葬者，欲因見新君，叔向辭之曰大夫之事畢矣，而命孤，孤斬焉在衰絰之中，其以嘉服見，則喪禮未畢，其以喪服見是重受弔也。大夫將若之何，皆無解以見，是其事也，明乎此然後可以解墨子久喪不能從事聽治之惑，可以破杜預，段暢天子諸侯卒哭除喪諒陰終三年之謬。」按《會箋》所言釋服須由敬也且君子不奪人之喪，乃人道之至文者也。蓋杜預主短喪之說，後世學者多不謂然。〈隋志〉禮類有杜預《喪服要集》二卷，此書乃杜預與博士段暢合作而成。其時杜氏之議，內外多怪之，或謂其違禮以合時，（見《晉書本傳》及〈禮志〉詳議禮經過）顧棟高於《大事表》四十八，杜注正偽表敘：「杜氏其學誠絕出古今，至其解釋經傳，不無齟齬，而其最大者，尤在昭十五年周景王葬穆后傳。注曰：天子諸侯除喪，當在卒哭，復于隱元年宰咺歸賵。昭十二年子產辭享禮二傳，疏通而證明之。杜氏釋經既誤，遂以此斷據朝延大典，為一代之定制。後世謂杜氏短喪，其詳具見〈晉志〉。元凱歷事至久，讀書至深，親見當世行三年喪者，多飲酒食肉，宴樂嫁娶，不循軌則，況以天子之喪，勒令天下士庶，皆從重服，勢必小人皆違法犯禁，君子皆循名失實，以為制不稱情。讀春秋而見當日諸侯之例，皆既葬成君，列子會盟。不知自當時之失禮，非先王本禮也。欲執此為定制，令上下皆可通行，為短喪者立赤幟，論者謂其得罪名教豈過論哉。」顧炎武云：「杜氏主短喪之說，每於解中見之，謂既葬除喪，諒闇三年，非也。」《會箋》及二顧說為是，蓋杜預主諒闇，以遷就時勢，實是曲解古禮。

（1）沈原書「其」字刻作「甚」劉氏改定為「其」。

隱公二年經

九月，紀裂繻來逆女。

《疏證》：《公羊傳》云，何以不稱使，昏禮不稱主人，然則曷稱，稱諸父兄師友，宋公使公孫壽來納幣，則其稱主人何，辭窮也。辭窮者何，無母也，然則

紀有母乎，曰有，有則何以不稱母，母不通也。杜注，裂繻，魯大夫，逆女或稱使，或不稱使，昏禮不稱主人，史各隨其實而書，即用公羊之說。《晉書·禮儀志》，穆帝升平元年，將納皇后何氏，太常王彪之大引經傳及諸故事，以定其禮，深非公羊不稱主人之義，又曰，王者之于四海，無非臣妾，雖復父兄之親，師友之賢，皆純臣也。夫崇三綱之始，以定乾坤之儀，安有天父之尊而稱臣下之命，以納伉儷，安有臣下之卑而稱天父之名，以行大禮，遠尋古禮，無王者此事，近求史籍，無王者此例。文淇案，史文有詳略，宋公使公孫壽來納幣，言宋公使，則壽為君納幣可知，裂繻來逆女，不言使，故傳申之曰卿為君逆，杜氏以公羊解左氏，非也。

案：《公羊傳》「紀履繻者何？紀大夫也。何以不稱使？婚禮不稱主人。然則曷稱？稍諸父兄師友。」公羊此傳以紀履繻來魯代君迎親，何以不稱使？因昏禮不用結婚人□的名義，當由父母命迎。是公羊之義在於「譏不親迎之說」。傳云「外逆女不書，此何以書？譏，何譏爾。譏始不親迎也。始不親迎昉於此乎？前此矣。」傳隸樸《三傳比義》云，穀梁承公羊譏不親迎之說，是乃公羊之學盛於西漢之初，故史公在外戚世家中言「春秋譏不親迎」，以為尊崇后家之證，此後一千餘年，無有異義。顧棟高「春秋譏不親迎論」云：「公穀及史遷皆以為諸侯當親迎，千百年來無有異義矣，程子獨辨之曰親迎者，迎于其所館，豈有委宗廟社稷而遠適他國以逆婦者，非唯諸侯即卿大夫亦然。」是公羊譏 不親迎，非春秋之旨，《比義》云公穀兩傳譏不親迎之義，是不足取的。是左氏傳說，天子至尊，故無親迎之禮，諸侯有故，若疾病，則使上卿迎。許慎謹案高祖時，皇太子納妃，叔孫通制禮，以為天子無親迎，從左氏義也。許慎之經學一書中論之甚詳，論天子親迎不，從左氏說，以天子無親迎之禮，鄭從公羊說，以駁許君，是混淆古文家法矣，其故對杜元凱之論亦定。此傳申之曰，卿為君逆，且考之《左傳》，諸侯出境親迎，未必為當時之禮。文公四年傳云，「逆婦姜於齊，卿不行，非禮也。」是諸侯娶婦，必使卿出境迎娶，然後為禮，故桓公三年，公子翬如齊逆女，宣公元年，公子遂如齊逆女；成公十四年，叔孫僑如往齊逆女，皆是卿為君逆之證。是諸侯出境親迎，未必為當時之禮。

隱公五年傳

公問羽數於眾仲，對曰，天子用八，諸侯用六，大夫四，士二。

《疏證》：杜注云，八八六十四人，六六三十六人，四四十六人，二二四人。《正義》云，何休說如此，服虔以用六為六八四十八，大夫四為四八三十二，士二

為二八十六。《宋書·樂志》，宋文帝元嘉十三年，司徒彭城王義康於東府正會，依舊給伎，總章工馮大列相承給諸王伎十四種，其舞伎三十六人，太常傳以為未詳，此人數所由，惟杜預注左傳佾數云，諸侯六六三十六人，常以為非。夫舞者，所以節八音者也，八間克諧，然後成樂，故必以八八為列，自天子至士降殺，以兩兩者減其二列爾，預以為一列又減二人，至士只餘四人，豈復成樂。按服虔注左傳云，天子八八，諸侯六八，大夫四八，士二八，其義甚允。今諸王不談舞佾，其總章舞伎，即古之女樂也。殿庭八八，諸侯則應六八，理例昭然。又春秋，鄭伯納晉悼公女樂二八，晉以一八賜魏絳，此樂以八八為列之證也。若如議者，唯天子八，則鄭應納晉二六，晉應賜魏絳一六也，自天子至士，其文物典章。尊卑差級，莫不以兩，未有諸侯既絳二列，又列輒減二人，近降大半，非惟八音不具，於兩義亦乖，杜氏之謬可見矣。按傳隆之議，可見江左服氏之學，尚未為杜所汨。正義申杜氏云，杜以舞勢宜方，行列既減，即每行人數亦宜減，故同何說也。或以襄十一年，鄭人賂晉候以女樂二八，為二佾之樂，自上及下，行皆八人，斯不然矣，彼傳見晉侯減樂之半以賜魏絳，因歌鍾二肆，遂言女樂二八，為下半樂張本耳，非以二八為佾，若二八即是二佾，鄭人豈以二佾之樂賂晉侯，晉侯豈以一佾之樂賜魏絳，詳《正義》之說，似曾見隆議者，其謂舞勢宜方云云，蓋駁隆降殺以兩之說也。其謂二八非二佾云云，蓋駁隆八人為列之說也。沈欽韓云，《論語》馬融注云，佾列也，八人為列，是大夫以下亦以八人為列，疏以為舞勢取方，殊不知士之四人，趨得方勢於何見綴兆行列耶。李貽德云，《白虎通·禮樂篇》，八佾者何謂也，佾列也，以八人為行列。《楚辭·招魂》，二八接舞。王逸注，二八，二列也。《國語》，女樂二八。韋昭注，八人為佾，備八音也，若然即二八亦八人為行列矣，服說是也。

案：據《白虎通》、《楚辭》、《國語》等說，佾為列也可信。襄公十一年傳「鄭人賂晉以女樂二八」二八即二佾。蓋天子用八佾，諸侯用六佾，大夫用四佾，士用二佾，而八、六、四、二等皆指佾數，即列也，故每佾八人，乃如傳文「所以節八音，而行八風」故。服虔云「天子八八，諸侯六八，大夫四八，士二八」沈欽韓所主為是，且云杜用何休說，非也。顧炎武亦同沈氏說，且云：「如預言至士止有四人，豈復成樂，服虔注左傳與隆同。襄十一年晉悼公納鄭女樂二八，以一八賜魏絳，此樂以八人為列之證」，傳隆言是也。

桓公五年傳

曼伯爲右拒，祭仲足爲左拒，原繁、高渠彌以中軍奉公爲魚麗之陳，先偏後伍，伍承彌縫。

《疏證》：〈鄭世家〉，莊公與祭仲、高渠彌發兵自救。《校勘記》云，高渠彌，〈秦本紀〉引作高渠眛。又云，魚麗，《後漢書・劉表傳》注引傳文作魚儷。《集韻》云魚儷，陳名，通作麗，是古本作魚儷，儷又儷之別也。《說文》，麗、旅行也，鹿也性，見食急則必旅行。〈序卦傳〉，麗、離也。〈王制〉，郵罰麗於事。注，麗、附也。《淮南子・兵略訓》，是故爲麋鹿者，則可以置罘設也。爲魚鼈者，則可以綱罟取也，爲鴻鵠者，則可以矯繳加也。注，麋鹿有兵，而不能以鬥，無術之軍也，魚鼈之兵，散而不集，鴻鵠之兵，高而無被，是魚麗之陳，即魚鼈之兵也，取其散而不聚也。張平子〈東京賦〉，鵝鸛魚麗，箕張翼舒。薛綜注，鵝鸛、魚麗，并陳名也。謂武士發於此而列行，如箕之張，如翼之舒也，是魚麗陳形斜而長也。杜注引司馬法車戰二十五乘爲偏，謂以車居前，以伍次之，爲魚麗陳法，然後《漢書・蓋勳傳》，時叛羌圍護羌校尉夏育於高官，勳與州郡合兵救育，至狐槃，爲羌所破，勳收餘眾百餘人，爲魚麗之陳，羌精騎夾攻之，急，士卒多死，勳被三創，勳所爲魚麗陳，自係古法，而無車前伍後之制，杜亦意爲之說也。沈欽韓云，以偏爲正，以伍爲奇，伍承彌縫，即奇兵隊也。合即是隊，分則爲伍，意在彌縫策應，故以伍言之。《方言》，彌、合也。《廣雅・釋詁》，彌、縫，合也。

案：《會箋》曰：「《說文》，麗、旅行也。魚麗之陳，圓而微長，如群魚相附麗而進。伍承彌縫，即其狀也，以寡擊眾，多用此陳。車曰偏，徒曰伍，是稱呼耳，《史記》稱齊景公之時，有田穰苴善用兵，景公尊之，位爲大司馬，六國時齊威王用兵行威，大放穰苴之法，乃使大夫追論古者司馬兵法，而附穰苴其中，凡一百五十篇，號曰司馬法。是司馬法乃戰國時人所撰，不足爲據，凡注中以司馬法解者，皆不可從。」是《後漢書・蓋勳傳》載魚麗之陳，楊伯峻云，似此陣法後漢仍有之，而江永《群經補義》引《周禮》夏官司右云：「凡軍旅會同，合其車之卒伍而比其乘。」注云，車亦有卒伍。又引司馬法云：「二十五乘爲偏，百二十五乘爲伍。」謂以二十五乘居前，以百二十五乘承其後而彌縫之，若魚之相麗而進，遂杜注五人爲伍，恐誤。楊氏亦云，司馬法既非春秋戰法，杜注固難從。又後代頗多異說，莫衷一是。加上文獻不足徵，姑闕疑可也。《會箋》引司馬法與《周

禮》互相參照，知杜氏所引有未合者，可參考。

桓公五年傳

始殺而嘗

《疏證》：此賈、服說，當云謂七月或稱建申之月，唯據孟秋，乃疏家隱括之語，有
其義而失其詞，孟秋下疏，有不通建酉之月六字，乃疏家之詞。洪氏采爲
賈、服語，非也，杜注云，建酉之月，陰氣始殺，故薦嘗於宗廟。疏云，
按月令，孟秋農乃登穀，天子嘗新，先薦寢廟，則似七月穀熟，七月當嘗
祭，而云建酉之月乃嘗祭者，以上下準之，始殺嘗祭，實起於建申之月，
今云建酉者，言其下限，哀十三年，予服景伯謂吳太宰曰，魯將以十月上
辛有事於上帝先公，季辛而畢，彼雖恐吳之辭，亦是八月嘗祭之驗也。疏
知嘗祭當在七月，而獨舉變禮言之，金鶚《禮說》云，杜於《釋例》，引
《詩》白露爲霜，以證始殺之爲酉月，不知孟秋律中夷則，夷則即始殺之
義也。《白虎通》云，夷、傷也。則、法也。言萬物始傷被刑法也。月令，
孟秋之月，鷹乃祭鳥，用始刑戮，又云，戮有罪，嚴斷刑，天地始肅，不
可以贏，皆始殺之謂。故賈，服注竝以始殺爲孟秋。李貽德云，杜謂建酉
之月，與賈、服異。然杜於郊、雩皆孟月，此舉仲月以當之，斯不倫矣。
按金、李說是也。杜注，冬烝亦謂建亥之月，春、夏、冬皆孟月，而秋獨
用仲月，又何解乎。《春秋繁露》四祭篇，謂嘗者以七月，嘗黍稷，公羊
家亦主孟秋。

案：始殺乃秋氣至，開始肅殺，於其時當是孟秋建申之月，即今夏正七月，杜
注以爲建酉之月，誤也。蓋嘗爲祭名，《禮記‧月令》「孟秋之月，農乃登
穀，天子嘗新，先薦寢廟」者，此是也。又《爾雅‧釋天》，秋祭曰嘗。
注，嘗新穀。《白虎通‧宗廟篇》，嘗者新穀熟嘗之，是嘗以嘗新穀取名。
《管子‧輕重己篇》，以夏日至始，數四十六日，夏盡而秋始，而黍孰，
天子祀於太祖，其盛以黍，黍者，穀之美者也。是嘉穀始孰，嘗於宗廟，
亦在建申之月。《經義述聞》云，上文已蟄而郊，杜以爲建寅之月，龍見
而雩，爲建巳之月；下文閉蟄而烝，爲建亥之月，皆春夏與冬之孟月，則
此當爲孟秋建申之月明甚。又言《正義》建酉者，爲其下限，則曲徇杜氏
之失。

桓公六年經

九月丁卯子同生

《疏證》：〈曾子問〉，君薨而世子生。疏，《左傳》桓六年，子同生。賈、杜注云，不稱太子者，書始生。按賈知不稱太子者，以傳舉以太子之禮知之。〈內則〉，書曰，某年某月某日某生，而藏之。注、春秋書桓六年九月丁卯子同生。疏云，此即據卿大夫以下，而引春秋桓六年子同生者，欲證明子生年月日之事，彼謂諸侯也，鄭義與賈同，《北史・魏澹傳》，澹別成魏史，與魏收多所不同。其一曰，臣聞天子者，繼天立稱終始絕名，故《穀梁傳》，太上不名。〈曲禮〉，天子不言出，諸侯不生名，諸侯尚不生名，況天子乎。若為太子，必須書名，良由子對父生稱。父前子名，禮之義也。至如馬遷，周之太子，竝皆言名，漢之儲兩，俱沒其諱，以尊漢卑周，臣子之誼也。竊謂雖立此理，恐非其義，何者，《春秋》、《禮記》、太子必書名，天王不言出，此仲尼之褒貶，皇父之稱謂，非謂當時與異代逐為優劣也。澹所述及左氏古義，與賈注合，《隋書・澹傳》略同，惟中引經傳文及杜注申之云，即位之日，尊成君而不名，春秋之義，聖人之微旨也。尊成君而不名，亦古義矣，杜注謂適夫人之長子，備用太子之禮，故史書之，舊說無此意。

案：魯十二公，惟子同是嫡夫人之長子，稱子同者，魯國於公子，無論嫡庶，即是儲子，亦皆稱子。莊三十二年經「子般卒」，襄三十一年經「子野卒」可證。《尚書・顧命》曰：「乙丑王崩，逆子釗於南門之外。」明王崩世子稱子，天子然，諸侯亦然。（說詳《左傳會箋》）。

莊公十九年傳

亦自殺也，而葬於絰皇。

《疏證》：《釋文》，絰皇，闕也。杜注云，絰皇，冢前闕，生守門，故死不失職。宣十四年傳，屨及於窒皇，彼傳杜注，寢門闕。惠棟云，絰與窒通。沈欽韓云，絰皇與窒皇同。本疏云，宣十四年傳，屨及於窒皇，劍及於寢門之外，則窒皇近於門外，當是寢門闕，知引絰皇亦是冢前闕也。馬宗璉云，鬻拳為大閽，是楚王守門之官。絰皇蓋楚寢門名，以宣十四年傳，屨及於窒皇，在寢門之內證之可見。葬於絰皇，蓋葬於楚王墓闕前，象生時職守寢門之誼，杜解未晰，按馬說是也。

案：絰皇即宣十四年傳「屨及於窒皇」之窒皇，為路寢前之庭。即《呂氏春秋・行論篇》作「屨及諸庭」以庭解此窒皇，亦是寢門名，可以宣十四年傳劍及于寢門之外。以知窒皇在寢門之內。衡案「諸侯三門，唯雉門有兩觀，其屋中低如闕，故謂之闕。冢前安得有闕。杜以凡門中闕通人，謂門為闕，即如其說，門中豈可葬人哉。」《會箋》說同。蓋杜注謂鬻拳生時守門，

死後仍不失厥職。故解經皇爲冢前闕，其誤不知冢前不得有闕，即冢前之門亦不能葬人也。

閔公二年傳

秋八月，辛丑，共仲使卜齮賊公于武闈。

《疏證》：杜注，宮中小門謂之闈，略同賈說。洪亮吉云，賈注用《爾雅》釋宮文。〈釋宮〉又云，其小者謂之閨。今案杜注於門上增一小字，是合二句爲一訓，於訓詁之道爲不通矣。按洪說是也。《爾雅》郭注，以闈爲相通小門，誤與杜同。《說文》，闈，宮中門也。許用賈說。匠人，閨門容小扃參個。鄭注，小扃長二尺，參個六尺。本疏云，名之曰武，則其義未聞。

案：宮中門曰闈，亦即路寢之旁門，金鶚《求古錄禮說》：「仲尼燕居言閨門之內，皆以閨門爲小寢門也。《左傳》共仲使卜齮齮賊公子武闈是闈亦小寢門之稱也。」《禮記・雜記》「夫人至入自闈門，升自側階。」任啓運《朝廟宮室考》云：「雜記夫人入自闈門，升自側階，知升側階必自闈門入也。」此知闈門即側門。《周禮》地官師氏「居虎門之左」。鄭注：「虎門，路寢門也。」昭公十年傳「遂伐虎門」，太炎云，此齊是侯國，路寢但有南門，乃亦云虎門者。故虎門爲路寢門，武闈則是路寢之旁門也。今附圖以明闈門之位置所在。

附圖七　圖室側右左寢小寢路（錄自《朝廟宮室圖》）

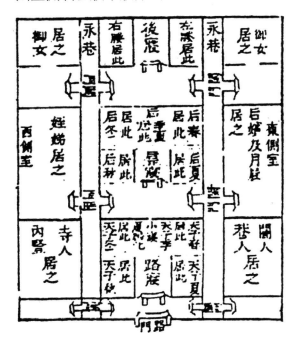

僖公二十五年經

冬十有二月癸亥，公會衛子，莒慶盟于洮。

《疏證》：杜注，衛文公既葬，成公不稱爵者，述父之志，降名從，未成君，故書子以善之。惠棟云，杜預既葬除喪之邪說，于此而窮，故作遁詞。嚴蔚云，杜既知書子以善之，則已之既葬除喪服之說不善可知矣，古皆駁杜既葬除喪之說。宋儒孫覺則云，衛候稱子者，衛文公卒未逾年也。顧炎武云，衛文公已葬，成公稱子者，未踰年也。春秋之例，踰年即位，然後稱公。文十八年六月癸酉，葬我君文公，冬十月，子卒，是稱爵、稱子、繫乎踰年、未踰年，而不在乎葬與未葬，二說皆與服說合，足破杜降名稱子之謬。沈欽韓云，杜預以傳有修衛文公之好，故云述父之志。夫述父之志，美事也，何以反稱子，是美之中反有貶爵之文。春秋杞、滕之降爵為子，皆有善可稱者也。其支吾閃爍，不過欲自文其短喪之說耳。按《白虎通》曰，父沒稱子者何，屈于尸柩也。既葬稱子者，即尊之漸也。踰年稱公者，緣民臣之心，不可一日無君也，緣終始之義，一年不可有二君，故踰年即位，所以繫民臣之心也。三年然後受爵者，緣孝子之心，未忍安吉也，以上公羊之說。按《曲禮》疏準《左傳》之義，諸侯薨而嗣子即位，凡有三時，一是始喪，即適子之位。二是踰年正月，即一國正君臣之位。三是除喪而見於天子，天子命之嗣，列為諸侯之位。是三傳諸家無既葬除喪之事也。按沈謂未踰年稱子，三傳說同，尤確。服謂不失子道，《白虎通》謂即尊之漸，各明一義也。

案：衛侯稱衛子者，以其父卒未踰年也。春秋之例，舊君死，新君立，當年稱子，踰年稱爵。故當年稱子者，如僖公元年正月宋桓公卒。夏，宋襄公與葵丘之會，故書曰宋子；僖公二十八年陳穆公卒。冬，陳共公與溫之會，書曰陳子；定公四年二月，陳惠公卒，三月陳懷公與召陵之會，亦書曰陳子。踰年稱爵者，宣公十一年，陳成公與辰陵之盟，是時靈公未葬，且殺君者未討，然靈公死于去年，新君已改元，故經仍書陳侯；成公三年經書「公會晉侯，宋公、衛侯、曹作伐鄭」，宋公為宋共公，衛侯為衛定公，是乃新君已踰年即位，故稱爵也。是桓公十三年經，衛侯稱爵者，亦如是例。故一年不可二君說，夢得說是也。其《春秋傳》曰：「一年不可以二君，故未踰年之君不以爵見，內外皆稱子，子般，子野卒，宋襄公以宋子會葵丘，陳懷公以陳子會召陵是也，未踰年雖既葬，內亦稱子不名，子赤卒稱子卒，外亦稱子，衛成公以衛子會盟于洮是也。曠年不可以無君，故

踰年之君既葬稱爵，鄭厲公以鄭伯會武父是也，雖未葬，亦稱爵，衛惠公以衛侯會諸侯及魯戰，宋其公會諸侯伐鄭是也。」由上諸例之說，以明春秋之例，故杜注成公不稱爵者，述父之志降名從之說，實誤也。

僖公三十三年傳

特祀於主

疏證：邑人疏引左氏說，作特祀主於寢，蓋增文以釋傳義，明主在寢也。〈士虞禮〉注，凡祔已復於寢，如既祫，主反其廟，練而後遷廟。疏，〈曾子問〉云，天子、諸侯既祫祭，主各返其廟。今祔于廟，祔已復于寢，如祫祭訖，主返廟相似，故引爲證也。服注云，特祀于主謂在寢，若然，惟祔祭與練祭之在廟祭之在廟祭訖，主返於寢，其大祥與禫祭自然在寢祭之。玩祀疏釋服義，則服□（1）此特祀即祔也，杜注以新死者之神祔之於祖，尸柩已遠，孝子思慕，故造木主，立几筵焉，特用喪祀，祭祀於寢，不同之於宗廟。杜用服義，然詳服注在寢，謂祔廟禮成，復主於寢，杜注謂祭祀於寢，非也。

案：據左傳春秋殯于廟，主又祔于廟，則特祀之主在廟可知，知特祀於主爲後主於寢者。〈曲禮〉疏，卒哭主暫時祔廟，畢更還殯宮，至小祥作栗主入廟，乃埋桑主於祖廟門左埋重處，故鄭云虞而作主，至祔奉以祔祖廟，既事畢，反之殯宮。《會箋》言，何以言主，主已祔廟，言主則在廟中可知也，且反寢爲禮之大節，由此知，祭在廟，非在寢也。

（1）無原稿，抄本闕文。

文公二年傳

秋八月，丁卯、大事于太廟，躋僖公，逆祀也。

《疏證》：杜注，僖是閔兄，不得爲父子，嘗爲臣位，應在下。今居閔上，故曰逆祀。疏申之云，禮父子異昭穆，兄弟昭穆同，故僖閔不得爲父子，同爲穆耳，當閔在僖上。今升僖先閔，故云逆祀，二公位次之逆，非昭穆亂也。文淇案，冢人、先王之葬居中，以昭穆爲左右，疏云，兄死弟及爲君，則以兄、弟爲昭穆，以其弟已爲臣，臣、子一例，則如父、子，故別昭穆也，必知義然者，案文二年秋八月，大事于大廟，躋僖公，謂以惠公當昭，隱公爲穆。桓公爲昭、莊公爲穆。閔公爲昭、僖公爲穆。今升僖公于閔公之上爲昭，閔公爲穆，故云逆祀也。知不以兄弟同昭穆位。升僖公于閔公之上爲逆祀者。案定公八年經云，從祀先公。傳曰，順祀先公而祈焉，若本同倫，

以僖公升于閔公之上，則以後諸公昭穆不亂，何因至定八年始云順祀乎，明本以僖、閔昭穆別。故于後皆亂也。如冢人疏，則閔僖異昭穆，當是舊說。駁杜史弟同昭穆之說也。〈禮器〉，夏父弗綦逆祀。疏，是時夏父弗綦為宗伯典禮。佞文公云，吾見新鬼大，故鬼小，使列昭穆。以閔置僖下，是臣在君上為逆祀，亂昭穆。則統言列昭穆，仍承杜注同昭穆之誤。彼疏又云，案外傳云，躋僖公，弗綦云，明為昭，其次為穆，以此言之，從文公至惠公七世，惠公為昭、隱公為穆。桓公為昭，莊公為穆。閔公為昭，僖公為穆。今躋僖公為昭，閔公為穆，自此以下，昭穆皆違，故定八年，順祀先公。服氏云，自躋僖公以來，昭、穆皆逆，是同《國語》之說，與何休義異。公羊董仲舒說躋僖云，逆祀、小惠也。左氏說為大惡也。許君謹案，同左氏說。鄭駁之云，兄弟無相後之道，登僖公於閔公之上。不順，為小惡也。如鄭此意，正以僖在閔上，謂之為昭，非為穆也。壽曾謂閔當為昭，僖當為穆，與冢人疏同。其引定八年服注，自僖以來，昭穆皆逆，尤可證躋僖公為躋於昭位，未躋之先，蓋是閔昭位矣。兄弟相後各為昭、穆，此左氏義，公羊傳其逆祀奈何，先禰而後祖也。解詁隱，桓與閔僖，當同北面西上，是兄弟同昭穆為公羊義，杜取公羊義說左氏，非也。左氏說以逆祀為大惡，正謂兄、弟相後，猶父子相繼。杜乃云閔是僖兄，不得為父子，亦非。疏以引魯語，明者為昭，其次為穆，是知僖昭，閔穆矣。顧云，位次之逆如昭、穆之亂，假昭、穆以言之，非謂異昭、穆也。此徒附會杜說，不顧其安，禮文從實，豈有同昭穆而云假昭、穆以言者。又云兄弟相代，即異昭、穆，設令兄弟四人，皆立為君，則祖父之廟，即已從毀，知其理必不然，故先儒無作此說，禮則止論其常。疏乃舉其變禮，強生辨駁，非也。昭穆皆逆，見於定八年服注，何以云先儒無此說乎。《晉書·禮儀志》，穆帝崩，哀帝立，帝於穆帝為從父昆弟，尚書僕射江虨等四人云，閔僖兄弟也，而為父子則哀帝應為帝嗣。王述云，成帝不私親愛，越受天倫，康帝受命顯宗，社稷之主已移所授，纂承之序，宜繼康皇。又云，咸甯二年，安平穆王薨，無嗣，以母弟敦上繼獻王，後移太常，問應何服，博士張靖答，宜依魯僖，服閔三年例，《尚書》符詰謂穆王不臣敦，敦不繼穆，與閔僖不同。詳江虨、張靖說，則閔僖相後有父子之義，王述及尚書省駁議皆不謂閔、僖不得為父子，則虨、靖說之為舊誼可知。此亦閔、僖異昭、穆之證。

案：閔公與僖公為兄弟，據《漢書·五行志》謂僖是閔之庶兄，依當時禮制，

僖公入繼閔公，閔公固當在上。〈魯語〉記此事云：「夏公弗忌爲宗，烝，將躋僖公，宗有司曰，非昭穆也，曰，我爲宗伯，明者爲昭，其次爲穆，何常之有？有司曰，夫宗廟之有昭、穆也，以次世之長幼，而等冑之親疏也。夫祫，昭孝也。各致齊敬於其皇祖，昭孝之至也。故工、史書世，宗、祝書昭穆，猶恐其踰也。今將先明而後主，自玄王以及主癸莫若湯，自稷以及王季，莫若文武。商周之烝也，未嘗躋湯與文、武爲踰也。魯未若商、周，而改其常，無乃不可乎。弗聽，遂躋之。」據此，則躋僖公，不惟享祫之位次變，昭穆亦變。按承嗣之廟次，閔公幼年嗣立，未三年而薨，無子可嗣，由庶兄僖公嗣位。僖公死後，僖公神主入廟，就當把閔公神主由穆廟升到昭廟，亦是升至父親之位，僖公神主進入閔公原廟，而成爲穆，左廟次上成了閔公之嗣子，以兄作子，在世次上是亂倫的，但在廟次上，是合禮的。文公爲僖公之子，覺得這樣的廟次委屈僖公，於是暗示臧文仲把僖公神主升至閔公之上，以僖公爲昭，閔公爲穆，臧文仲便授意宗伯夏父弗忌執行。其說詳《三傳比異》。此逆祀也，引《詩頌》以明文公以私恩亂禮之非也，依《周禮‧春官冢人》賈疏：「大事於大廟，躋僖公，謂以惠公當昭、隱公爲穆，桓公爲昭，莊公爲穆。閔公爲昭，僖公爲穆。今升僖公於閔公之上，爲昭、閔公爲穆，故云逆祀也。」其疏與〈魯語〉宗有司之言，其義或然。故孔疏謂「祫，父子異昭穆，兄弟昭穆同，僖閔不得爲父子，同爲穆耳。當閔在僖上，今升僖先閔，故云逆祀，二公位次之逆，非昭穆亂也。」云兄弟昭穆同，依〈魯語〉爲斷，明其誤也。周何《吉禮考辨》，論此昭穆之制其詳，於此別白精審。彼謂春秋之世，閔公實未嘗立廟。所謂躋僖公者，蓋合祭於大廟之時，閔僖之位序失次耳，非關昭穆廟次。故董仲舒以爲小惡，然終以親親而害尊尊，故左氏說爲大惡。

文公十六年經

夏，五月，公四不視朔。

《疏證》：杜注，諸侯每月必告朔聽政，因朝于廟，蓋據六年經閏月不告月猶朝于廟爲說。又云今公以疾闕，不得視。二月、三月、四月、五月朔也。春秋十二公以疾不視朔，非一也。義無所取，故特舉此以表行事，因明公之實有疾，非詐齊，與穀梁疏所稱左氏說同。彼疏不稱杜注，其詞又異，故定爲左氏舊說，告朔朝廟之禮。詳六年釋文疏證，此經變稱視朔者，從其重者言之。本疏告朔，謂告於祖廟，視朔謂聽治月政。視逆由公疾而廢，其告朔或有司告之，不必廢也。疏釋告朔視朔，至爲分曉。告朔可由有司行之，

視朔當聽政，必公自臨，杜注直以告朔當視朔，非也。疏又引《釋例》云，史之所書，當於其始，不於二月書之，而以五月書者，二月公始有疾，未知來月瘳否，不得豫書其數，至六月公瘳，乃積前數之闕，故以五月書四也。

案：諸侯于每月初一以特羊告廟，謂之告朔，亦謂之告月。告朔畢，因聽治此月之政，謂之視朔，亦謂之聽朔。文公六年經「閏月不告月」告月即告朔也，《論語・八佾篇》「子貢欲去告朔之餼羊」是告朔用特羊，告朔之後，聽此月朔之政事，《禮記・玉藻》「天子聽朔於南門外，閏月則闔門左扉，立于其中。諸侯皮弁以聽朔於大廟」是也。是聽朔又謂之視朔，僖公五年傳「公既視朔」，文公十六年經「公四不視朔」是也。是告朔、視朔孔疏甚明，杜誤在於告朔當視朔，告朔者可由有司行之。

宣公十年經

齊侯使國佐來聘

《疏證》：僖九年傳例，凡在喪，王曰小童，公侯曰子。無野未踰之君，當稱齊子，先儒或有說，杜謂既葬成君，故稱君命使，非也。周語注，國佐、齊卿，國歸父之子，國武子也。

案：春秋之例，舊君死，新君立，當年稱子，踰年稱爵。齊惠公死未踰年，此稱齊侯為非，猶成公四年，鄭襄公死未踰年，經于鄭悼公稱鄭伯例也。

宣公十四年傳

於是有庭實旅百

《疏證》：杜注，主人亦設籩豆百品，實於庭，以答賓，疏引聘禮饗餼五牢等事證之，又云，劉炫以為皆是賓事，以杜於此傳謂主人享賓禮也。又引炫說云，於是所獻之物，庭中實之有百品，謂聘享之禮，龜、金、竹、箭之屬，有百品也，炫以杜注莊二十二年，庭實旅百，奉之玉帛，諸侯朝王，陳贄幣之象，則此聘陳幣，亦實百品於庭，非謂主人也。炫以已下疏推炫義如此，則疏亦知庭實非主人享賓矣。沈欽韓云，按〈禮器〉所云，三牲魚腊籩豆之薦，皆謂諸侯助祭於天子所貢耳。庭實，車馬與皮也。旅百，所謂旅幣無方，各以其國所有也，此賓所以享主人者，非主人之享實。杜預謂主人亦設籩豆百品於庭，以答賓，非獨禮記未見，并此傳上文聘而獻物，亦不曉其義矣。邵瑛云，傳論小國之免於大國，而言朝聘，自當以賓為重。按沈、邵說是也。沈難駁杜說，然謂禮器所稱品物，非指庭實，與炫說小異，

按炫引〈禮器〉龜、金、竹、箭之屬，鄭君注覲禮亦據之。〈覲禮〉云，四享皆束帛加璧，庭實唯國所有，此覲禮有庭實，即享禮也。鄭君注，四當作三。〈聘禮〉，賓裼奉束帛加璧享，又云，庭實皮，則攝之。江永《釋例》云，此聘畢行享也。胡培翬云，凡聘禮，皆行享禮，諸侯使人於諸侯，但一享，據江、胡說，則聘禮有享，但殺於覲禮之享，炫謂聘享之禮是也。但止據覲禮，未晰言之。沈氏引〈郊特牲〉，旅幣無方，亦是覲禮，非聘禮。據聘禮，惟有皮幣，有言則加束帛。此言庭實旅百者，春秋聘享之節，不必合於周禮，或以大國之尊，禮有加隆。百，言其多，不必有百品也。不獻功疏，成二年傳云，侯伯克敵，使大夫告慶之禮。下云，據此文，則聘賓有庭實，此是舊疏語，上非所承，蓋有奪佚，未知據何文爲說，餘已釋於莊二十二年。

案：庭實旅百是指小國往聘大國所獻之禮物，杜注謂「主人亦設籩豆百品實於庭以答賓。」，誤也。據沈說，此賓所以享主人，非主人之享賓，孔疏亦推炫義，知庭實非主人之享賓矣。莊公二十二年傳「庭實旅百，奉之以玉帛，天地之美具焉，故曰利用賓于王。」杜云，諸侯朝王陳贄幣之象。《箋》曰：「此聘而獻物，亦賓所以享主人者，非主人之饗賓也。」是邵瑛云，傳論小國之免於大國，而言朝聘，自當以賓爲重，甚是。

成公七年傳

以兩之一卒適吳，舍偏兩之一焉。

《疏證》：杜注，司馬法，百人爲卒，二十五人爲兩，車九乘爲小偏，十五乘爲大偏，蓋留九乘車及一兩二十五人令吳習之。按杜引司馬法與宣十二年傳廣有一卒，卒偏之兩注文同，惟添引車九乘爲小偏句，疏云，以兩之一，謂將二十五人也，又言卒，謂更將百人也，言之者，婉句耳，凡將一百二十五人適吳也。舍偏、謂舍偏一偏之車九乘也，兩之一焉，又舍二十五年也。凡舍九乘車，二十五人與吳矣，發首言兩之一者，爲舍此兩之一，故先言之，又言卒者，見巫臣所將非唯有一兩也。據疏說，則杜讀兩之一句，卒句，適吳句，舍偏句，兩之一焉句，詳司馬法二十五人爲兩，若如杜讀，則傳稱以兩適吳，意已明晰，何必言兩之一。司馬穰苴在春秋後，所云大偏十五乘，小偏九乘，自是爾時兵制，傳不言小偏杜何以知爲車九乘，偏改爲九乘矣，又別兩於偏之外，謂留二十五人，則九乘之車，用二十五人，如何分隸，說皆難通。顧炎武引傳遂云，古人一車謂之一兩，詩，百兩御之。《孟子》，革車三百兩，非二十五人爲兩之兩也。蓋楚廣之制，本用一卒，

故云用兩之一卒。其云舍偏兩之一者，車之半偏爲偏，五十人，今留二十五人也。據宣十二年傳，卒偏之兩，則兩非是一車之稱，傳說非也。沈欽韓云，桓五年先偏後伍，偏亦卒伍之數，當留步卒五十人，甲士二十五人，偏、兩各一也。沈氏知偏非車乘之數，而云留七十五人，亦與宣十五年卒偏之兩以兩繫偏義不合，沈說亦非也。今按宣十二年，廣有一卒，卒偏之兩，服注百人爲卒，五十人爲偏，二十五人爲兩，不取司馬法大偏、小偏之說，其注此傳，亦當然以兩之一卒適吳句，舍偏兩之一焉句，兩偏是法而非數。被疏釋卒偏之兩，亦以之爲婉辭足句，并引此傳以兩之一卒駁服說云，豈又是兩家之卒。沈彤云，兩之一卒，謂充兩法之卒也，其說最諦，今即其說申之，則舍偏兩之一，謂舍充偏法之兩也。巫臣以卒百人至，而留其一兩，則留者止二十五人。疏又云，傳唯言留一偏，不見元將軍數，不知去時幾乘車也，丘明爲傳辭皆易解，此獨蹇澀或誤本文。蘇氏云，舍九乘車，以六乘車還，則去時十五乘車，疏無疑傳之例，此是劉炫述義語，因杜說而集矢傳文，可謂謬矣。據宣十二年傳，廣有一卒，則卒百人當車一乘之數，安得又留九乘之車也。疏又引沈氏云，聘使未有將兵車者，今此特將兵車，爲方欲教吳戰陳，故與常不同，此舊疏釋巫臣，以卒適吳義。

案：兩之一卒是合兩偏成一卒之車，即兵事三十輛，舍偏兩之一是留其卒之一偏，即留十五輛於吳。據江永《群經補義》，一偏是十五乘，兩偏是三十乘，楚以三中乘爲一卒，以一卒爲一廣，《會箋》云：「巫臣適吳，欲教吳從車戰，素習楚國卒乘偏兩之法，以兩之一卒適吳，謂合兩偏成一卒之車，即是三十乘也。舍偏兩之一謂留其卒之一偏，此偏居卒兩之一，即是十五乘也。質言之以三十乘適吳，留其半耳。」又：「杜引司馬法百人爲卒，二十五人爲兩，謂留其九乘及一兩二十五人，則兩之一卒句不可通，豈可云二十五人之百人乎。」是杜注於卒兩之數不明，以百人爲卒，二十五人爲兩，釋之誤。

成公六年經

二月，辛巳，立武宮。

《疏證》：杜注，魯人自崤之功，至今無患，故築武軍，又作先君武公宮以告成事。杜謂作先君武公宮，用服說。其云築武軍義非服，又不取服禱武宮之說，而以告成事爲言，皆異於服。案傳不言築武軍，杜於傳注云，宣十二年，潘黨勸楚子立武軍，楚子答以武有七德，非己所堪，其爲先君宮，告成事而已，今魯倚晉之功，又非霸主，而立武宮，故譏之。玩杜傳注義，又止

引楚立先君宮，爲此立武宮之比，不謂魯築武軍，杜經、傳二注自相歧錯。本疏云，劉炫以爲直立武公之宮，不築武軍，今知不然者，以下傳云，不可以立武，立武由己，非由人也，是丘明譏魯立武以章武功，明非徒築宮而已，傳云立武，不云築武軍，立武汎言立威武，并非斥武宮之武，豈涉於築武軍乎。朱駿聲云，魯無築武軍。邵瑛云，武公諡武，想在宣王時，南征北伐，佐王師有功，至成公時，與齊戰奪，於廟受命出師，如季孫行父等，必有私禱而祈請者，功成則爲之立宮，亦理之所必有也。至武軍，其事固不見於經、傳。惟於宣十二年，楚潘黨有其言而不行，而杜以武軍、武宮，其事相類，竟似魯立武宮，必築武軍者，其說誕矣。邵氏申炫義甚確，其謂季孫私禱即據服說。服氏禱武公說，杜所不取，故傳疏駁之云。案定元年傳，昭公出，故季平子禱于煬公，立煬宮，此若爲禱而立，何以不言禱也，無驗之說故不可從。李貽德云，按十六年傳，伯州犁曰，戰禱也，是將戰而禱，行軍之常，傳何必贅言乎，若季平子逐君懼，私自禱祠，故傳特顯言之，以發其伏，事有同異，故文有詳略也。杜氏于此注云，作先君武公宮以告成事，則泥於楚子作先君宮告成事之言，楚子所謂作先君宮者，蓋師行則載主以從，因於野以張幕爲宮，設主其中，以告戰勝。今距奪戰已四易歲，何于四易歲後，始告成事乎，師還告廟，飲至策勳。今四易歲而始告成事，則飲至諸典盡曠不行乎，且告成事，告廟而已。何必遠立已毀之廟乎，凡此皆說之不通者也。哀二十年傳曰，鐵之戰，衛大夫蒯瞶禱曰，曾孫蒯瞶敢昭告於皇祖文王、列祖康叔、文祖襄公，是軍中有禱事也。蒯瞶得禱於文王，康叔，故魯亦得禱於武公，按李說是也。服據明堂位曰，武公之廟，武世室也，故以武宮爲武公廟。彼注云，武公、伯禽之元孫也，名敖。彼疏引世本云，伯禽生煬公熙，熙生弗，弗生獻公具，具生公敖，是伯禽元孫名敖，與魯世家世次合。諸侯立五廟，成公上距武公已十世，武公又非始封之君，其廟久在毀祧之列，故《穀梁集解》據明堂位駁之云，言世室則不毀也，義與此違，公羊疏云，明堂位之作在此文之後，記人見武公之廟已立，欲成魯善故言此，非實然。據《公羊傳》以立武宮爲臧孫許事，雖與左氏異，然三傳皆不言武宮即武世室，則世室之稱在後也。沈欽韓云，以明堂位證之，武宮或是武公之廟，玩傳中立武之語，或作宮於他所，美其名曰武宮，未必廟也，沈氏不從服說。按《韓子外儲》，宋王與齊仇也，築武宮，謳癸倡，行者止觀，築者不倦，王聞召而賜之，則宋之武宮非廟，可證沈說，然傳稱武宮與煬宮一例，不得援宋

事為證（1）。

案：昭公十五年經「二月癸酉，有事于武宮。」此武宮如《禮記‧明堂位》「魯公之廟，文世室也；武公之廟，武世室也。」鄭玄注：「此二廟象周有文王、武王之廟也。世室者，不毀之名。魯公，伯禽也；武公，伯禽之玄孫也，名敖。」是為魯武公之廟，經傳文明白可據，與此六年之武宮不同。此武宮不當解為武公之廟，據傳文「立武由已，非由人也」，知是表示武功之紀念建築，蓋與《韓非子‧外儲說》左上云：「宋王與齊王仇也，築武宮」意義相同。杜注以宣公十二年之武軍釋武宮，不知宣十二年邲之戰後，潘黨請楚莊王築武軍，乃戰後收埋敵人尸首。而季孫行父築武宮，自非收埋敵尸。《會箋》曰：「紀武宮示子孫，故稱武宮，與武軍之武同。安井衡曰，傳云，聽於人以救其難，不可立武，立武由已，非由人也，則武軍不當言宮。」是杜混武宮與武軍，不審其異。《會箋》以此宮，謂周圍牆，名之曰宮，季文子欲顯奎功，別作堂宇於城外，築圍牆以周之，名曰武宮，猶漢作栢梁臺，因周圍而名未央宮類耳。故楊伯峻謂武軍築於戰場，此武宮或建於魯國國內，以別武軍與武宮之異。

（1）原稿眉批：「查宮添證。」

四、傳文旨義解說方面

隱公元年傳

聞之，有獻於公，公賜之食，食舍肉，公問之。對曰，小人有母，皆嘗小人之食矣，未嘗君之羹，請以遺之。公曰，爾有母遺，繄我獨無。

《疏證》：杜注食而不啜羹，欲以發問，宋華元為羹饗士，蓋古賜賤官之常。《正義》，禮、公食大夫，及〈曲禮〉所記大夫，士與客燕食，皆有牲體殺哉，非徒誤羹而已，此與華元饗士，唯言有羹，故疑是古賜賤官之常。文淇案，《爾雅》，肉謂之羹。《字林》，臇，肉有汁也、〈鄉飲酒〉、〈鄉射〉皆言有羹定，〈公食大夫禮〉，亦云羹定。鄭注云，定，猶熟也。〈公食大夫禮〉又云，魚腊飪。注，飪，熟也。食禮宜熟。〈聘禮〉記云，賜饔惟羹飪。疏，飪、一牢也，肉汁有菜曰羹，飪不止於羹，舉此以示其概，然則食禮宜熟故以羹為主。鄭莊賜考叔食，雖非禮食，然亦不止於羹，況公食大夫亦有鍘羹，杜注以羹為賜賤官之常，非也。顧炎武云，《爾雅》，肉謂之羹，故下云未嘗君之羹，沈欽韓云，若賜賤官，則以肉體取盡飽，所謂賤者取賤骨。〈周語〉，戎狄則有體薦，何得只啜羹也。《禮經》，自鄉飲酒至少牢

饋食，曰羹定，曰羹飪，注，謂飪一牢也，豈可以盡鈃者當之乎，若然，
則潁考叔食舍肉一語為贅矣。

案：《會箋》曰：「爾雅肉謂之羹，正此羹也，故彼疏引此傳明之。漢呂忱《字
林》，羹肉有汁也，〈曲禮〉食置人之左，羹置人之右。〈內則〉，羹食自諸
侯以下，至於庶人無等，是羹，非有分於貴賤也，今此賜食于君前，必與
君同食，而杜引華元羊羹，曰賜賤官之常，不知羊羹之饗，饗戰士也，與
賜食于君前者大異，況考叔居，封人之職，而位為大夫，其所賜食，必有
他鼎實，但羹不敢舍之物，而舍之不食，所以欲發公之問，是以傳唯言羹，
不及他鼎實耳。」竹氏所言為是，以明杜說非也。

隱公三年傳

三年春，王三月，壬戌，平王崩，赴以庚戌，故書之。

《疏證》：杜注，實以壬戌崩，欲諸侯之速至，故遠日以赴。文淇案，杜氏亦意為之
　　　　說。襄二十八年，經書十有二月甲寅天王崩，傳於十一月云癸巳天王崩未
　　　　來赴，亦未書，禮也。于十二月王人來告喪，問崩日，以甲寅告，故書之，
　　　　以徵過也，傳發此例，明經之所書，皆據赴者告辭直書之，以徵其過，其
　　　　日之或先或後，傳既不言其故，不得強為之說。

　　案：經從赴告，亦書庚戌日。赴告何以將死日提早十二日，如杜云：「欲諸侯
　　　　之速至，故遠日以赴」，若與襄二十八年經文「十有二月甲寅，天王崩。」
　　　　傳文「癸巳，天王崩，未來赴，亦未書，禮也。王人來告喪，問崩日，以
　　　　甲寅告，故書之，以徵過也。」經傳文皆以甲寅日，並無或後之疑，故二
　　　　傳可相互印證，杜注恐是臆測。

隱公三年傳

不書姓，為公故，曰君氏。

《疏證》：傳於上文舉三事以明聲子不成夫人之禮，此云不書姓，為公故，曰君氏，
　　　　言聲子雖不成為夫人，而以其子為君之故，變其文曰君氏，見所以不書姓
　　　　之故也。杜注謂不書姓，辟正夫人，非也。

　　案：據襄公二十六年傳「左師見夫人之步馬者，問之，對曰君夫人氏也。」蓋
　　　　當時有此稱「君夫人氏」之習，此不便明言夫人，則去其夫人之稱，改稱
　　　　曰君氏。聲子姓子，依其時，宜曰「子氏卒」，不言子氏者，非一，故繫
　　　　之君以為別猶仲子之繫惠公也，若天子之卿，則當舉其名不但言氏也。其
　　　　說見《左通補釋》及顧炎武《日知錄》四。

隱公三年傳

四月，鄭祭足帥師取溫之麥。秋又取成周之禾。

《疏證》：〈鄭世家〉，莊公二十四年，侵周取禾。〈漢志〉，河內郡，溫故國也。姓蘇，
忿生所封也，河南郡洛陽是爲成國。《方輿紀要》，溫城在懷慶府溫縣西南
三十里，周畿內國。杜注四月，今二月也，秋，今之夏也，麥禾皆未熟，
蓋芟踐之。洪亮吉云，四月及秋皆舉夏令而言，杜注非也。

案：趙翼《陔餘叢考》卷二謂鄭用夏正，夏正之四月，麥已熟，故鄭人帥師，
割取之，杜預以周正之四月，即夏正之二月，麥未熟，鄭人故意芟踐之，
杜注誤矣。

隱公三年傳

庚戌，鄭伯之車僨于濟。

《疏證》：《釋言》，僨，僵也。舍人注，僨，背踣意也。《水經注》，濟水出河東垣縣
東王屋山爲沇水，至鞏縣北入于河。沈欽韓云，《方輿紀要》，大清河在長
清縣西南二十里，自平陰縣流入境，又東北入齊河縣界，即濟水也。鄭伯
之車僨于濟，蓋在縣界，《元和志》，劉公橋架濟水，在鄆州盧縣東二十七
里，又北去齊州長清縣十里，杜注，既盟而遇大風，傳記異也。《正義》
曰，車踣而入濟，是風吹之墜濟水，非常之事。文淇案，傳文無風吹事，
杜注意爲之說。

案：《會箋》言此追記赴石門時事，故表日，非既盟之後也。車仆墜水，著其
冒險急赴之狀，杜以爲記異，非是。故杜謂鄭伯之車傾覆於水，由遇大風
之故，傳記其異。恐是臆說。

隱公四年傳

而求寵於諸侯，以和其民。

《疏證》：擊鼓疏引此傳，逐句皆引服虔說，惟此句引杜預注，諸簒立者，諸侯既與
之會，則不復討，故欲求此寵，則服氏無注可知。杜氏創爲既與會則諸侯
不復討之例，而以州吁求寵，證成其說，殊覺謬誤，辨詳成十六年。

案：《會箋》謂襄十四年會于戚，謀定衛也，此伯主會諸侯以定諸侯者也，雖
春秋時，豈有簒立者，而私會可以免討乎？杜說謬甚。

隱公四年傳

及衛州吁立，將修先君之怨于鄭。

《疏證》：《廣雅‧釋詁》修、治也。杜注謂二年鄭人伐衛之怨。《正義》曰，二年伐

衛，見經，故以屬之，未必往前更無怨也。〈衛世家〉稱桓公十六年乃為州吁所弒，則隱之二年，當桓之世，服虔以先君為莊公，非也。《詩》擊鼓疏云，《左傳》，鄭人欲納之，欲納于宋以為君也，先君之怨服、杜皆云隱二年，鄭人伐衛，是也。譜依世家，以桓公為平王三十七年即位，則鄭以先君為桓公，服虔云莊公，非也。沈欽韓云，孔疏只據二年之文耳。惠云州吁弒桓而稱先君，無是理也，先君之怨在春秋前明矣。文淇案，惠、沈之說是也。服虔既以先君為莊公，則所修怨者，必不指隱二年鄭人伐衛之文。莊公卒於春秋前，服氏無容不曉。《詩》疏云，先君之怨，服杜皆云隱公二年鄭人伐衛，誤矣。詩譜依世家，以桓公為平王三十七年即位，而先君之怨，鄭亦不定指桓公。詩疏謂鄭以先君為桓公，其說亦無所據，村謂二年鄭人伐衛之怨，則杜以先君為桓公耳。

案：丁晏云，按州吁弒桓公必不更為之修怨，此先君服說，指莊公最是，杜注非也。《會箋》曰，此先猶曰先世，非斥一君，蓋鄭衛世有怨也。

隱公四年傳

諸侯之師，敗鄭徒兵，取其禾而還。

《疏證》：擊鼓序，衛州吁用兵暴亂，使公孫文仲將而平陳與宋。疏，古者謂戰器為兵。《左傳》曰，鄭伯朝于楚，楚子賜之金，曰，無以鑄兵。兵者，人所執，因號人亦曰兵。《左傳》，敗鄭徒兵。此箋云，將者將兵，是也。杜注時鄭不車戰。沈欽韓云，傳第言敗鄭徒兵，見鄭之未大創也，杜何以知其不車戰乎。

案：古皆車戰，其源尚早，自《詩經‧大明篇》「牧野洋洋，檀車煌煌，駟騵彭彭。維師尚父，時維鷹揚。涼彼武王，肆伐大商。會朝清明。」敘周武王與殷紂大戰于牧野，周師以旁突側擊的衝車為主力，擊破殷人。是〈小雅采芑〉，詠宣王南征荊蠻，也藉戰車之功。蓋戰爭進行，步車相資，短長相衛，且春秋戰爭多在黃河流域平原地帶，步車兩兵種，佔著極重要份量，而春秋時期，各國實力強弱，每以車輛多寡而定，故每次戰後，不離以戰車為主力。從《左傳》文中所記，便可知此實載，如隱公元年，鄭莊公以二百乘伐京。莊公二十八年，楚令尹子元以六百乘伐鄭，閔公二年，齊公子無虧率車三百乘戍曹，以至僖公二十八年晉楚城濮之戰，晉師用車七百乘，襄公二十五年，鄭子產伐陳，用戰車七百乘，戰爭規模愈大，戰車的使用也更多，故《日知錄》卷三小人所腓謂「終春秋二百四十二年車戰之時，未有斬首至於累萬者。車戰廢而首功興矣。」以知春秋車戰之實，

至戰國，戰車數量增加，自亦無疑，杜注時鄭不車戰，恐一偏之辭。

隱公四年傳

曰，可以得覿，曰陳桓公方有寵於王。陳，衛方睦，若朝陳使請，必可得也。厚從州吁如陳，石碏使告於陳曰，衛國褊小，老夫耄矣，無能爲也。此二人者，實弒寡君，敢即圖之，陳人執之，而請涖于衛。

《疏證》：《說文》褊，衣小也。《楚辭》，初放淺智褊能兮，褊、狹也。〈曲禮〉，大夫七十而致仕，若不得謝，則賜之以几杖，行役以婦人，適四方乘安車，自稱曰老夫，注，即引此傳。疏云，言己是老大夫也。必稱老者，明君貪賢之故，而臣老猶在其朝也。注引春秋傳者，證對他國人自稱老夫也。然則對他國人稱老夫，禮所宜然，杜注稱國小已老，自謙以委陳，非。〈曲禮〉又云，八十九十曰耄。注，耄、惛忘也。〈士冠禮〉，吾子將涖之。注，涖、臨也。鄉師、及寋，執斧以涖匠師。注，涖、臨視也。年表，陳桓公二十六年，衛石碏來告，故執州吁。

案：曲禮，大夫七十而致事，自稱曰老夫。隱三年傳，桓公立乃老，亦同。杜注稱國小己老，自謙以委陳，恐是曲說，不若自稱老夫直解爲是。

隱公八年傳

辛亥宿男卒

《疏證》：杜注云，元年，宋、魯大夫盟於宿，宿與盟也，晉荀偃禱河，稱齊晉君名，然後自稱名，知雖大夫出盟，亦當先稱己君之名，以啓神明，故薨皆從身盟之例，告以名也。傳例曰，赴以名，則亦書之，辟不敏也，今宿赴不以名，故亦不書名，《正義》引衛翼隆難杜云，周人以諱事神，臣子何得以君之名告神人，荀偃禱河，一時之事耳，非正禮也。何得知大夫盟先稱君名乎。臧壽恭云，案衛翼隆爲服氏學者，據此難，知賈、服之例，凡諸侯未嘗身自同盟者，皆從未同盟不書名例，此宿男亦未嘗身與魯同盟者，故不書名。按臧氏言服義，亦揣測之辭。傳例，赴名則書，義自明盡，宿君與魯盟，或在春秋前，無由知僅元年一盟也。杜注，大夫出盟，從身盟之例，傳例無此義。

案：會箋曰：「不書名，未同盟也，傳在滕公卒，明之，若既同盟而不赴以名，傳當示其事，今傳不釋，則與薛伯卒同，其未同盟可知。宣成之經，並有滕子卒，自成至哀有秦伯卒四。二國既同盟之後，而不書名，則所謂不然則否辟不敏也者，例文明明，名與不名，無一經可疑。杜所謂未同盟而赴

以名者，春秋未始一出耳，其云宿與盟亦涉臆，元年宿與盟既不可知，微者盟而其君赴名，亦無明文，此與前年滕侯卒相望，宜以前傳釋之。」蓋春秋例赴以名，則書之，不書名，未同盟也，僖公二十三年經，明此赴告例也。

隱公九年傳

宋公不王

《疏證》：大行人，凡諸侯之王事。注，王事，以王之事來也。《詩》云，莫敢不來王。小行人，凡諸侯入王，則逆勞於畿。注，鄭司農云，入王，朝於王也。故《春秋傳》曰，宋公不王。又曰，諸侯有王，王有巡守。隱九年，宋公不王，不宗覲於王。莊二十三年，諸侯有王。注云，有王，朝於王。〈周語〉，荒服者王。又云，有不王，則修德。注，王、王事天子也。王念孫云，諸侯見於天子曰王，王之言往也，往見於天子也，杜注謂不共王職，非。

案：宋公不王，猶言宋公不朝，蓋諸侯見於天子曰王。如王引之《經義述聞》云：「此言諸侯有王，謂諸侯朝於天子也，故〈魯語〉載曹劌之言曰，先王制諸侯，使五年四王一相朝也。〈商頌殷武篇〉，莫敢不來享，莫敢不來王。鄭箋曰，世見曰王。〈曹風下泉篇〉，四國有王，箋曰有王，謂朝聘於天子也」是也。

隱公九年傳

衷戎師，前後擊之，盡殪。

《疏證》：〈晉語〉，衷而思始。注，衷、中也。《說文》，衷，裡褻衣，是正訓引申，凡表別外之辭皆曰衷。《文選》五君詠注引倉頡云，衷、表別外之辭，是也。此謂以兵衝戎之中堅也。杜注謂戎前後及中三處受敵，故曰衷戎師，非傳意。《說文》，殪、死也，杜注同。

案：衷為中，此謂把戎軍從中截斷，加以前後夾攻，全部殲滅。杜注謂戎前後及中三處受敵，故曰衷戎師，與傳文所述，似有差異。

隱公十年傳

不貪其土，以勞王爵，正之體也。

《疏證》：《爾雅》，勞、勤也。杜注，敘其勤以答之，即用雅訓，又云，諸侯相朝，逆之以饗餼，謂之郊勞。魯億爵卑，故言以勞王爵。《正義》謂聘禮用束帛勞，覲禮用璧勞，皆不言以饗餼勞，杜意蓋以勞客於郊，必有牲饌，故

以饗餼言之，非謂大禮之饗餼也。又云，沈依聘禮注其郊之遠近，上公遠郊五十里，侯伯三十里，子男十里，近郊各半，按此沈文阿舊疏，是舊說。以勞爲郊勞，杜特小變之，然傳文本未言郊勞，文阿說亦未妥。沈欽韓云，傳義謂諸侯有功則加地地爵，鄭能推功於魯，以王爵勞之，合於正體，《尚書大傳》，命諸侯得專征，而歸其地於天子，按沈說是也。

案：勞爲慰勞、犒勞、非爲郊勞，杜說欠妥。按鄭伯爲王佐卿士，以王命討宋，不宜接受此土，遂以歸魯，故傳言以勞王爵，乃得治政之體，沈說是也。

隱公十一年傳

鄭師畢登，壬午，遂入許，許莊公奔衛。

《疏證》：釋詁，畢、盡也。沈欽韓云，杜云，奔不書，兵亂遁逃，未知所在，按國君出奔，寧有不知蹤跡者，若實不知所往，傳又何以言之，知經不書，實是史文略之耳。

案：《會箋》曰：「雖未知所在，後當知之，但克許非我功也，不必書，及許男出奔，吳入郢，亦不書昭王出奔。」蓋所言爲是，許莊公奔衛，經文不書，亦猶定公四年吳人入郢，而經不書楚昭王出奔。

桓公元年傳

夏四月，丁未，公及鄭伯盟于越，結祊成也。

《疏證》：《說文》，結、締也。杜注，傳以經不書祊，故獨見祊。祊已見八年經，經言許田，意自明，杜注非傳意。

案：隱公八年經「庚寅，我入祊」如已見祊，杜注似當慮之。

桓公二年經

三月，公會齊侯、陳侯、鄭伯于稷，以成宋亂。

《疏證》：杜注，稷、宋地，《春秋輿圖》，稷（1）在河南歸德府商丘縣境。《詩》樛木傳，成、就也。《說文》，成、就也。穀梁，桓內殺其君，外成人之亂，受賂而退，以事其祖，非禮也，亦以成亂爲成就宋亂。李貽德云，宋亂由華納賂立之，昧討賊之義，經特書之，以成宋亂，實由公也。杜注，成、平也，宋有弑君之亂，故爲會以平之。與鄭、服異。穀梁此年集解，江熙曰，按宣四年，公及齊侯平莒及郯。傳曰，平者、成也，然則成亦平也，杜據之說左氏，非。

案：章太炎以成爲就，同《說文》。言傳文「已殺孔父而弒殤公，召莊公于鄭

而立之，以親鄭。」文雖在「會于稷，以成宋亂」後，然召莊公承弒殤公言，則必在會稷前，則弒殤公在正月，會稷在三月，召莊公當在正月後三月前矣，且會稷之役，鄭伯與焉，若以成亂爲斷亂獄，則先時華督召莊公于鄭，鄭伯曷爲遣之，受賂而不斷其獄，于情有之；既與宋親，而復斷其獄，必無是情也。則成爲成就甚明。故一書成亂，再書取鼎，三書納於太廟，詳見同惡之皋，所以披亂賊之黨，使不得共成其事也。又《穀梁傳》亦以成爲成就，杜預，江熙皆訓成爲平，與先師立異，其說詳《左傳讀》。二年傳文「會于稷，以成宋亂，爲賂故，立華氏也。」知公子馮出居于鄭，鄭莊實欲納之。宋殤公及孔父之屢與鄭戰亦爲公子馮故，今華督弒殤公及孔父而迎立公子馮，實鄭莊之所欲，故稷之會，實欲成就此事也。

（1）原稿眉批「孔廣栻曰：晉、齊、楚並有稷，見宣十五年，昭十年，定五年。」

桓公二年傳

特相會，往來稱地，讓事也。

《疏證》：杜注，二人獨會，則莫肯爲主，即讓事之義。又謂兩讓會事不成，故但書地，非傳旨。

　　案：傳文「自參以上，則往稱地，來稱會，成事也。」章太炎《左傳讀》評杜預注云：「以爲成會事，遂以讓爲不成會事。不知二人相會，莫適爲主，非謂事竟不成也。」蓋章氏所言誠然，讓事之會，無論公往，或者他國來，皆稱與所會之地。

桓公四年傳

四年春，正月，公狩于郎。

《疏證》：釋天，冬獵曰狩。杜注，周之春，夏之冬也。疏云，周之春，正月建子，即是夏之仲冬也。《周禮》大司馬，中冬教大閱，遂以狩田，是田狩從夏時也。杜又云，郎非國內之狩地，故書地，傳無此意。

　　案：《箋》曰：「狩田者以田既藝獲則隨地可狩，故曰狩田。狩于郎與莊四年狩于禚，昭八年蒐于紅，十一年蒐于比蒲例同，狩不書地者唯大野，彼主獲麟，故省文不書地。此傳云，書時禮也，明經無貶意，而杜以書地爲貶，以爲常地不書，非常地即書。狩有常地，如鄭有原圃，秦有具囿類，然圃囿者游觀之所，不事較獵，而春獵曰蒐，謂搜獸于藪澤間也。夏獵曰苗，謂爲苗除害也。冬獵曰狩，謂閱畢圍獸而大較也，此明屬異地，竝無有場

圉苑囿爲四時常獵之所也。」《會箋》之言當可解杜注之惑，杜解此狩，鑿甚。

桓公六年經

秋大閱

《疏證》：《廣雅》，閱、數也。比年簡徒（3）謂之蒐，三年簡車謂之大閱，五年大簡車徒謂之大蒐。疏云，知其年數者，漢禮猶然。注又云，《公羊》注，不地者，常地也。疏云，蓋在郊內。而賈注釋云，簡車馬於廟也者，何氏不取。本疏云，此不言地者，蓋在國簡閱，未必田獵。昭十八年，鄭人簡兵大蒐，在於城內，此亦當在城內。疏謂大閱在城內，用賈說，而沒其廟中之義。李貽德云，隱十一年傳，授兵於大宮，杜云鄭祖廟，授兵既在太廟，則大閱亦當在廟明矣。按大閱止以簡車與授兵異。杜以大閱是懼鄭忽而畏齊人，非時簡車馬。三傳皆無此義也。

案：《會箋》言「農時閱兵，傳文無譏也。」大閱以檢閱兵車及駕車之馬也，《比義》謂左氏釋大閱爲簡閱車馬，察其可用之爲戰陣者，即是《公羊傳》也以大閱爲簡閱車徒，簡閱車徒，乃屬國家例行之事。爲何書它，這是因爲許久未舉行，故書之。

（3）抄本眉批：「比年簡徒云云，何人註語，宜補明。」按以下數語見《公羊》桓六年注。

桓公六年傳

詩云，自求多福，在我而已，大國何爲，君子曰，善自爲謀。

《疏證》：自求多福，大雅文王文，彼傳云，我長配天命而行，爾庶國亦當自求多福。昭二十八年傳，仲尼聞其命賈辛也，以爲忠。傳曰，永言配命，自求多福，忠也。傳褒鄭忽之忠，杜注言獨絜其身，謀不及國，非傳意。

案：《會箋》曰：「鄭忽求諸己，而不望於人，故曰善自爲謀，猶云善自處也，此美鄭忽之辭，非刺其謀不及國也。」此蓋美鄭忽辭文姜之辭，若譏鄭忽辭婚失援，謀不及於國者不確。

桓公六年傳

固辭，人問其故。太子曰，無事於齊，吾猶不敢。今以君命，奔齊之急，而受室以歸，是以師昏也，民其謂我何，遂辭諸鄭伯。

《疏證》：投壺注，固之言如故也。言如故辭者，重辭也。顧炎武曰，邵氏曰，娶妻必告父母，故告諸鄭伯而辭之。杜氏以爲假父之命，非。

案：此爲十一年鄭忽出奔衛之張本。此乃鄭忽告之於鄭伯而辭之。《會箋》曰：
「忽已自辭於齊侯，遂又辭於鄭伯，次止齊昏。」杜氏以假父之命以爲辭，
其說尚權。

桓公六年傳

不以器幣

《疏證》：《說文》，器、皿也，象器之口大，所以守之。杜注云，幣、玉帛，不釋器
字義。疏引小行人，合六幣，圭以馬，璋以皮，璧以帛，琮以錦，琥以繡，
璜以黼，而謂以幣爲玉帛，則器者非徒玉器，則亦以杜義爲狹矣。服云俎、
豆、罍、彝、犧、象者，以下文以器幣則廢禮知之，蓋辟禮器名也。其云
皆不以爲名，蒙上六者而言，隱疾以上，必皆有注。

案：器指禮器，如服虔以爲俎、豆、罍、彝、犧之屬，尚有鐘、磬、凡器用於
祭祀而言，各有專名，種類繁細，非徒玉器。下文云「以器幣則廢禮」可
證器指禮器，杜注只云玉帛，簡之矣。

桓公七年傳

七年春，穀伯、鄧侯來朝，名，賤之也。

《疏證》：杜注，辟陋小國，賤之，禮不足，故書名。疏引衛翼隆難杜云，傳曰，要
結外援，好事鄰國，以衛社稷。又云，服於有禮，社稷之衛，穀、鄧在南，
地屬衡岳，以越棄強楚，遠朝惡人，卒至滅亡，故書名以賤之。杜駁論先
儒，自謂一準丘明之傳，今辟陋之語，傳本無人，杜何所準馮。知其辟陋，
傳又稱莒之辟陋，而經無貶文。穀、鄧辟陋，何以書名，此杜義不通。秦
道靜釋云，杞桓公來朝，用夷禮，故曰子杞文公來盟，傳云賤之，明賤其
行夷禮也，然則穀、鄧二君，地接荊蠻，來朝書名，明是賤其辟陋也。此
則傳有理例，故杜據而言之，若必魯桓惡人，不合朝聘，何以伯糾來聘，
譏其父在，仍叔之子。譏其幼弱，又魯班齊餽，春秋所善，美魯桓之有禮，
責三國之來伐，而言遠朝惡人，非其辭也。按衛氏難杜，皆用服義，秦氏
則一意祖杜者，杞之來朝，同盟書子，非書名，與此書法異。伯糾，仍叔
之子，卿聘非君朝，魯班齊餽，傳無褒辭，以此難服，未見其可。《公羊》
以名爲失地之君，《穀梁》以名爲失國，則服所稱，確爲左氏義矣。文十
二（1）年傳，以陳、蔡之密邇於楚。注，密邇，比近也。親仁善鄰。隱
五年（2）傳五父語，李貽德云，滅鄧事在莊十一年，滅穀於傳未聞。

案：服云「穀、鄧密邇楚，不親仁善鄰以自固，卒爲楚所滅。無同好之救，桓

又有弒賢兄之惡，故賤而名之。」太炎以「善鄰指楚，親仁指中國。仁，諸侯也，二國所親如魯桓者，惡人，非仁人，無益于救患，此致滅之由也。邾儀父盟隱，親賢君，知尊讓恭順之道，其後卒能附從齊桓以封其國，故傳曰儀父，貴之也。而穀、鄧朝桓，親惡人，昧勢聚利合之情其後卒致同好坐視以滅其國故傳曰名賤之也。」太炎以字與名，貴賤正相反。公羊，穀梁以爲兩國皆失地、失國之君，故書其名，但莊公十六年「楚復伐鄧滅之」，穀之被滅，經傳無文，蓋魯史無由預知而書其名，且州公如曹而來朝，不復其國；紀侯來朝，終滅於齊，亦皆不書名，若以公，穀說法，恐有矛盾。

（1）按應作「十七」
（2）按應作「六年」

桓公十三年經

十有三年，春二月，公會紀侯，鄭伯、己巳，及齊侯，宋公、衛侯、燕人戰，齊師、宋師、衛師、燕師敗績。

《疏證》：杜注，衛宣公未葬，惠公稱侯，次接鄰國，非禮也，是用賈、服說。僖九年傳例，凡在喪，公侯曰子。〈曲禮〉，其在凶服曰適子孤。注，凶服亦未除喪。被疏云，凡諸侯在喪之稱，其左氏之義，出會諸侯采行即位之禮前稱子，其王事出會則稱爵。成四年，鄭伯伐許是也。案桓十三年經書衛。惠公稱侯，成十三年經書宋公、衛侯，此並先君未葬而稱爵者。賈、服注譏其不稱子，杜預云，非禮也。疏稱王事出會稱爵，爲左氏義。見《五經異義》，則賈服之譏衛侯不稱子，違於左氏家說矣。賈服蓋亦用公羊說，詳成四年疏證。顧炎武云，春秋諸侯踰年即位則得稱君，如宣十一年，楚子陳侯、鄭伯盟于辰陵，是時靈公被弒，賊未討，君未葬，已稱陳侯，是踰年稱君，古之常例也。燕獨稱人，其君不在師，按顧說是也，杜注，或稱人，或稱師，史異辭也，未得經義。

案：春秋之例，舊君死，新君立，不論已葬或未葬，當年稱子，踰年稱爵，此例見於僖公九年傳。至於燕獨稱人，實指南燕之君。不稱爵而稱人者，楊伯峻以南燕僻小，亦猶邾人、牟人、葛人、江人、黃人之稱人，實皆指其君而言。故杜注稱人或稱師，其義未揭也。

桓公十六年經

夏四月，公會宋公、衛侯、陳侯，蔡侯伐鄭

《疏證》：魯世家十六年，會於曹，伐鄭、入厲公。杜注，蔡常在衛上，今序陳下，
　　　　蓋後至，傳無此義。

　案：《會箋》言，蔡序陳下，杜云後至者，襄十年齊世子光先至在滕上，襄廿
　　　六年宋向戍後至在鄭下，是杜所據也。然諸侯後而降班，例所無。

桓公十八年傳

是行也，祭仲知之，故稱疾不往。人曰，祭仲以知免。仲曰，信也。

《疏證》：〈鄭世家〉云，鄭子亹往會，高渠彌相從。祭仲稱疾不行。所以然者，子
　　　　亹自齊襄公爲公子之時，嘗會綷相仇。及會諸侯，祭仲請子亹無行，子亹
　　　　曰，齊彊，而厲公居櫟，即不往，是率諸侯伐我，內厲公。我不如往。往，
　　　　何遽必辱，且又何至是。卒行。於是祭仲恐齊拜殺之，故稱疾。子亹至，
　　　　不謝齊侯，齊侯怒，遂伏甲而殺子亹。高渠彌亡歸，是其事也，唯云高渠
　　　　彌亡歸，與傳不合。杜云，仲以子亹爲渠彌所立，本既不正，又不能固位
　　　　安民，宜其見除，故即而然譏者之言，以明本意。杜未知祭仲之避仇不往，
　　　　曲爲之說，非也。

　案：祭仲預料子亹將被殺，己亦可能涉及，遂稱病不往。〈鄭世家〉詳述此事，
　　　可爲參酌。而杜注之言，不明祭仲不往之因，尚慮。

莊公元年經

三月，夫人孫于齊。

《疏證》：《爾雅》，孫、遁也。《廣雅》，孫、去也。《史記・齊世家》（1）云，莊公
　　　　母夫人因留齊不敢歸魯，是文姜本未歸也。洪亮吉云，杜注以夫人此時始
　　　　出奔，非是。當以賈義爲長。按洪說是也。《詩》南山疏，夫人又留於齊，
　　　　莊公即位後乃來也。其來年月，三傳無文。莊元年經，書三月夫人遜于齊。
　　　　《公羊傳》云，夫人固在齊矣，其言遜何，念母也。正月，以存君，念母，
　　　　以首事。何休及賈逵、服虔皆以爲桓公之薨云云。至二年，夫人會齊侯于
　　　　禚，是從魯往之禚，則于會之前已反魯矣。服虔云，蓋魯桓之喪從齊來，
　　　　以文姜爲二年始來。杜預以莊元年歲首即位之時文姜來。公以母出之故，
　　　　不忍即位，文姜于齊感公意而來，既至，爲魯人所尤，故三月又孫于齊，
　　　　謂文姜來而又去，非先在齊。二者說雖不同，皆是莊公即位之後乃來也。
　　　　杜預創爲其說，前儒盡不然也。《詩》疏引服注，疑有脫誤，其謂蓋魯桓
　　　　之喪從齊來。下當云，夫人宜與同反，蓋溯前年四月經文，以申夫人在齊
　　　　未歸之義。以文姜爲二年始來句，亦非原文，疏家隱括其義耳。彼疏又云，

鄭於〈喪服小記〉之注，引《公羊》正月存親之事，則亦同於賈，服，至二年乃歸也，是賈君亦謂文姜二年始來也。傳疏云，公羊穀梁傳意，言文姜往年如齊，至此年三月猶尚不反，三月練祭，念及其母，乃書其出奔，非三月始從魯去也。左氏先儒皆用此說，杜不然者，史之所書，據實而錄，未有虛書其事者也。夫人若逐不還，則孫已久矣，何故至是三月始言孫于齊。公若念及其母，自可迎使來歸，何以反書其孫，豈莊公召命史官使書其母孫乎傳疏申杜以難賈服，與南山疏同出一手，而牴牾如此，期而小祥。《禮記·閒傳》文，《荀子·禮論》，喪禮之凡久而平。楊注，久則哀殺如平常也。顧炎武云，以年有會禓之文，則不久而從還於魯，其不書還，蓋夫子削之。

案：杜注，魯人責之，故出奔，內諱奔，謂之孫，猶孫讓而去。蓋杜說如同文姜始是此年出奔齊。但於桓公十八年載及魯世家所記，可知文姜留齊不敢歸魯，是文姜本未歸也，於傳文「元年春，不稱即位，文姜出故也。」可知桓公之喪至自齊，文姜未隨喪歸，及莊公即位，文姜猶未歸。

（1）按應作「魯世家」

莊公八年傳

初，襄公立，無常。

《疏證》：〈齊世家〉，初襄公之醉殺魯桓公，通其夫人，殺誅數不當，淫於夫人，數欺大臣，此左氏古義，謂改乎常度也。杜注，政令無常，非。

案：此乃史公所解之無常，章太炎云，史公所釋，亦古誼之傳者。殺魯桓，因醉而生怒，是其情性決易，故曰無常。殺誅不當，由其心忽怒忽喜，數欺大臣，由其令忽行忽止，皆無常之說也。故此傳無常，謂言行無準則，使人莫知所措，其意當是，杜說政令無常，非是。

莊公十年傳

劌曰，肉食者鄙，未能遠謀，乃入見，問何以戰，公曰，衣食所安，弗敢專也，必以分人。對曰，小惠未徧，民弗從也。

《疏證》：〈魯語〉，公曰，余不愛衣食於民。注，有惠賜也。又引劌對曰，惠以小賜，賜不咸，民弗歸也。注，小賜，臨戰之賜，是外傳衣食指賜單士也。杜注，分公衣食，所惠不過左右，故曰未徧。非古誼。

案：依〈魯語〉，不愛衣食於民，此傳文，小惠未徧，民弗從也。其所惠當推及於民，不徒指左右而已。《會箋》云。杜云所惠不過左右，恐非公意。

莊公十年傳

公曰，小大之獄，雖不能察，必以情。

《疏證》：〈魯語〉公曰，余聽獄，雖不能察，必情斷之。《陳（1）書·儒林傳》，周
　　　　弘《正義》曰，凡小大之獄，必應以情正言，依準五聽，驗其虛實，豈可
　　　　全恣考掠，以判刑罪。是舊說謂盡訟者之情也，無情者不得盡其詞。杜注，
　　　　謂必盡己情。非。

　案：昭公三十年傳文「明底其情」，情謂情實，其意謂明白致其誠心。《禮記·
　　　大學篇》「無情者不得盡其辭」，鄭玄注云：「情猶實也」。《荀子·禮論》
　　　「文理繁，情用省」，楊倞注云：「情用謂忠誠」。據此傳意，必以情斷之，
　　　乃依實際情況而言，即所謂情實。杜注盡己之情，其意不及情實及《疏證》
　　　引〈魯語〉。《陳書》爲佳。

　（1）原稿「陳書」誤作「梁書」

莊公十一年傳

曰，天作淫雨，害於粢盛，若之何不弔。

《疏證》：月令注，淫、霖也。雨三日以上爲霖。梁履繩云，案先儒皆以淫雨霖，故
　　　　《周禮》大宗伯疏，引隱九年傳例，作雨三日以上爲霖，是也。若之何不
　　　　弔，鄭玄《周禮》注引作如何不弔，此使者述魯來弔意也。杜注，不爲天
　　　　所愍弔。非。

　案：安井衡謂不弔之弔，即使弔之弔，謂問其災。「魯與宋頻年交兵，若宜不
　　　弔然。然淫雨害粢盛，災及先祖，於情不得不弔，故曰，若之何不弔。」
　　　《會箋》曰：「此與上文使弔之弔相應，則臨弔之弔，而非愍弔之弔也。」
　　　故此弔當慰問講。

莊公十一年傳

公右顓孫生搏之

《疏證》：杜注云，搏、取也，不書獲萬，時未爲卿。沈欽韓云，按審其時不爲卿，
　　　　則被獲贖歸，反以卿酬其功乎。以卿賞之，而又斬之，無是理也。蓋史以
　　　　敗其師爲重，故略萬不書，按沈說是也。〈宋世家〉，魯生虜南宮萬。疏云，
　　　　檀弓云，魯莊公及宋人戰於乘丘，縣賁父御，卜國爲右。車右與此不同者，
　　　　《禮記》後人所錄，聞於所聞之口，其事未必實也。

　案：杜注云，此時未爲卿，然于十二年經注爲卿，其矛盾處，正如沈欽韓所言，
　　　被獲贖歸，反以卿酬其功，而宋公斬之，此理不通矣。蓋由十二年經書宋

萬弒其君，則萬本宋卿可知。如《疏證》所言此年不書獲萬，乃經文簡略耳。如萬殺大宰督於東宮之西，督為宋正卿，而經不書，皆此類是也。又十二年經文《疏證》云，洪亮吉云「正義譏賈云，傳曰南宮長萬，則為已氏南宮，不得為未賜族。今考春秋時，族有不由君賜者，如士會之孥處秦者為劉氏，伍員之子在齊為王孫氏。外傳，知果自別其族為輔氏，則南宮之族，或因所居之地以自稱，非由君賜亦未可知，即如襄仲居東門，故曰東門氏，亦非君賜，是其一證，又賈於前年乘丘之役，南宮長萬下即注云，南宮、氏，萬、名，是非不知萬氏南宮，而此云未賜族者，蓋以南宮實非君所賜氏故耳。」文淇案，洪氏申賈難杜，其說極是。

莊公十二年經

秋八月，甲午，宋萬弒其君捷，及其大夫仇牧。

《疏證》：杜注云，仇牧稱名，不警而遇，無善事可褒。焦循駁之云，《公羊傳》，仇牧聞君弒，趨而至，遇之於門，手劍而叱之。萬背撠仇牧，碎其首，齒其于門闔，仇牧可謂不畏彊禦矣。左氏雖不及公羊之詳，而亦未嘗有貶辭。而杜預則以稱名之故，而謂其無善事可褒，又譏其不警而遇賊，觀其趨而至，手劍而叱之，千古之下，英氣猶存，其不勝而死，即李豐根力劣，不能禽滅也。將以不能執賊，遂避匿觀望不出乎。牧之撠而死，亦豐之築於刀鐶也。家氏鉉翁曰，大夫死君之難，乃曰無善可褒，可乎。君前臣名，自是書法應爾，杜氏每以名字為褒貶，曲為之說，其病甚大。按焦說是也。年表，萬殺君，仇牧有義，此褒仇牧，亦左氏古說矣。楊雄反〈離騷〉曰，欽弔楚之湘纍。李奇曰，諸不以罪死曰纍。荀息，仇牧是也。宋閔公不書葬，宋未告葬，故不書。杜以為亂，故用公羊君賊弒不討不書葬義也。疏謂左氏無此義。

案：杜注仇牧稱名，不警而遇賊，無善，事可褒。焦循云，君前臣名，自是書法耳，杜氏每以名字為褒貶，曲為之說。《會箋》言「牧為忠臣，故特筆之，凡殺大夫，必稱其名，史策之常例，非貶也。」

莊公十二年傳

遇太宰督于東宮之西，又殺之。

《疏證》：宋世家，因殺太宰華督。杜注，殺督不書，宋不以告。惠士奇曰，督乃弒君之賊，豈可與仇牧同書，杜之謬也。顧棟高曰，案督相宋公兩世。為國正卿，共二十八年，宋豈有不以告之理，其告亦必先於牧，自是仲尼削之

也。督係弒君逆賊，得逭天討，至晚年乃見殺，幸矣。雖魯史書之，聖人當特削以明春秋之義，杜氏於督無貶，而反以仇牧爲貶，不亦誤乎，按惠顧說是也。

案：公羊云仇牧不畏強禦，其爲君死，故經書之，至於督爲弒君之賊，當不書也。然《左傳輯釋》言，春秋因事示教，必不以舊惡沒其善，而經不書者，其死不爲君也。故傳因事實而釋之。傳文遇太宰督于東宮之西，又殺之，其遇乃偶然也。

莊公十四年傳

且寡人出，伯父無裏言入，又不念寡人，寡人憾焉。

《疏證》：杜注無裏言曰無納我之言，王念孫曰，無裏言，謂不通內言於外，非謂無納我之言也。襄二十六年傳，衛獻公使讓大叔文子曰，寡人淹恤在外，二三子皆使寡人朝夕聞衛國之言，吾子獨不在寡人，古人有言曰，非所怨勿怨，寡人怨矣。對曰，臣不能貳，通外內之言以事君，臣之罪也。不通外內之言，即所謂無裏言也，按王說是也。〈鄭世家〉，厲公讓其伯父原曰，我亡國外居，伯父無意入我，亦甚矣。

案：裏言猶云內言，不通外內之言，即所謂無裏言。蓋裏言者，以國內之情況告於在外之厲公也。王念孫所言爲是。

莊公十六年傳

惠王立而復之

《疏證》：疏云，〈史記十二諸侯年表〉，惠王元年，當魯莊十八年，即位在十八年，而此年傳說惠王之立者，杜云，傳因周公忌父之事，而見惠王，立在此年之末，是杜以周公忌父此年出奔，至惠王立而得復，與《史記》不違。按〈周本紀〉，釐王五年崩，子惠王閬立，釐王五年當魯莊十七年。杜謂惠王立在是年之末，非也。傳終事之辭。

案：據年表惠王元年當魯莊十八年，準踰年改元之例，則惠王之立當在明年。傳於此云，立而復之，蓋終言之爾。

莊公十八年傳

夏，公追戎于濟西，不言其來諱之也。

《疏證》：杜注，魯人不知，去乃追之，故諱不言其來。沈欽韓云，戎狄爲中國之患，故諱言其來。喜其捍禦有素，故書追。魯之疆場，猶能自保，若來而不知，侵而無備，則誰知之，而誰追之乎，杜之此解，同兒戲矣。

案：敵來侵境，豈有不知之理，杜注欠妥。《會箋》以爲戎長驅深入，故諱之
不書。安井衡以戎之來侵，其鋒甚銳，公避不敢出，及去乃出師追之，故
諱不言其來耳。當年實況未知何是，但以沈說近是。

莊公十九年經

夫人姜氏如莒

《疏證》：《穀梁傳》，婦人既嫁不踰竟，踰竟非正也。杜用穀梁說，而曰非父母國而
往，書姦，則穀梁亦無此義也。公羊無傳。

案：文姜兩年之間至莒國二次，經傳未言，不知何因。杜注云書姦，理據亦不
知何在？《會箋》言，杜以爲姦，於義不安。《正義》云，婦人不以禮出
爲姦，故杜書姦，然秦漢以姦爲淫，書姦亦似淫。

莊公十九年傳

夏六月，庚甲，卒，鬻拳葬諸夕室。

《疏證》：夕室，地名，沈欽韓云，夕室非地名。《晏子雜下》，景公新成柏寢之室，
使師開鼓琴，左撫宮，古彈商，曰夕室。公曰何以知之，師開對曰，東方
之聲薄，西方之聲揚。晏子曰，今之夕者，周之建國，國之西方，以尊周
也。《呂覽‧明理篇》，常主爲主，而未嘗得主之實，此之謂大悲，是正坐
於夕室也。注云，夕室，以喻悲人也。玩《呂覽》文，則死者之所，爲夕
室。文淇按《釋文》特爲夕字作音，云朝夕之夕，殆如後世，所謂夜臺。
沈說是也。

案：杜注以夕室爲地名，沈欽韓《補注》及章太炎《左傳讀》，均謂夕室非地
名。《荀子‧禮論》云「壙壟其貌象室屋也。」〈唐風葛生〉云：「百歲之
後，歸于其室。」《箋》：「室，猶家壙。」故即謂壙壟爲室，以其在西方，
故謂之夕室也。《會箋》曰「夕室蓋楚先君冢墓所在，非地名也。」則死
者之所爲夕室，猶後世之夜臺也。

莊公十九年傳

初，鬻拳強諫楚子，楚子弗從，臨之以兵，懼而從之。鬻拳曰，吾懼君以兵，罪莫
大焉，遂自刖也。楚人以爲大閽，謂之大伯。

《疏證》：閽人，掌守王宮中門之禁。鄭注，閽人，司昏晨以啓閉者。刑人墨者使守
門。秋官掌戮，墨者使守門，刖者使守囿，楚以刖者守閽，與周制異。疏
云，大伯、伯長也，門官之長也。沈欽韓云，大閽，若漢之光祿勳也。百
官公卿表，如淳引胡慶曰，勳之言閽也。閽者，古主門官也。光祿主宮門。

古文苑，楊雄光祿勳箴，經兆宮室，畫爲中外，廊殿門闥，限以禁界。艮卦九三屬闍心。虞翻曰，艮爲闍，闍，守門人，古闍作熏字，如虞義，則光祿勳之言闍審矣。杜云若城門校尉，非也。

案：楊伯峻云，《韓非子·內儲說》下篇「倚於郎門，門者刖跪請曰」，又《呂氏春秋·音初篇》「斧斫斬其足，遂爲守門者」是古人常以刖者守門，則《周禮》秋官掌戮，刖者使守囿，非春秋史實，是闍爲守門，哀公十六年傳「石乞尹門」，其官爲大闍，職守尹門也，正是此例。

莊公二十二年傳

山獄則配天

《疏證》：杜注，變而象艮，得大嶽之權，則有配天之功。義殊迂曲。顧炎武云，《詩》云，崧高維嶽，峻極於天，言天之高大。惟山嶽足以配之。按顧說是也。

案：言天之高大惟山嶽足以配之，顧炎武引〈大雅崧高〉之說，是也。杜說不若顧氏所引明朗，義殊迂曲之評是也。

莊公二十七年傳

無眾而後伐之，欲禦我誰與。夫禮、樂、慈、愛，戰所畜也。夫民、讓事、樂和、愛親，哀喪而後可用也。

《疏證》：杜注，上之使民，以義，讓、哀、樂爲本，言不可力強。焦循云，循案、讓事、樂和申言禮樂。愛親、哀喪申言慈愛。注於讓上增義字。《司馬法仁本篇》云，古者以仁爲本，以義治之之謂正，古者逐奔不過百步，縱綏不過三舍，是以明其禮也。不窮不能，而哀憐傷病，是以明其仁也。爭義不爭利，是以明其義也。〈天子之義篇〉云，士庶之義，必奉於父、母，而正於君長，故雖有明君，士不先教不可用也，故之教民，必立貴賤之倫經，使不相陵，德義不相踰，材技不相掩，勇力不相犯，故方同而意和也。按司馬法，言仁、言禮、言義亦兼禮樂慈愛言，而增說以義治仁，傳所未及，杜加義字以解傳，非也。疏云，禮尚謙讓，讓事謂禮也。樂以和親，樂和謂樂也。慈謂愛之深也。愛親謂慈也，愛極然後哀喪，哀喪謂愛也。疏分說四者，視杜注爲明。

案：讓事謂禮，樂和謂樂，愛親謂慈，哀喪謂愛，戰勝之理，畜於此，今虢棄此四者，是不畜戰也，是傳文直云夫禮樂慈愛，戰所畜也，杜增字以說傳意，不確。

莊公二十八年經

春王三月，甲寅，齊人伐衛，衛人及齊人戰，衛人敗績。

《疏證》：杜注，齊侯稱人者，諱取略而還，以賤者告，不地者，史失之。沈欽韓云，按不地者，齊聲罪致封，已薄其國都，城門之外，即爲戰場，可不言地，非史失之。

案：《會箋》曰「稱齊人者，齊侯奉王命以討有罪，霸者之正也，而取略以還，終之不義也，故稱人以貶之。傳云，數之以王命，取略而還，正釋稱人之義也，杜以爲從告，誤矣。」至於未書地，或如沈欽韓所言，或經略之月，非史失之。

莊公三十一年經

六月，齊侯來獻戎捷。

《疏證》：玉府，凡王之獻金玉。注、古者致物於人，尊之則曰獻，通行則曰饋。春秋曰，齊侯來獻戎捷，尊魯也。疏，三傳皆不解獻義。今鄭引者，以齊大於魯，言來獻，明尊之則曰饋，未必要卑者於尊乃得言獻，此鄭說經義存於禮注者，彼疏引申得鄭義矣。傳言非禮，止斥諸侯不相遺俘，非以斥獻。杜注，獻、奉上之辭，齊侯以獻捷禮來，故書以示過，非也。疏引《釋例》，齊侯失辭稱獻，亦誤。《說文》，捷、獵也，軍獲得也。疏云，戰勝而有獲，獻其所獲，故以捷爲獲也。春秋傳曰，齊人來獻戎捷。臧壽恭云，案公、穀經及杜注左氏經，皆作齊侯，而許獨引作齊人，蓋許君親從賈逵受古學，所據者乃賈氏經也。賈、服之例，凡傳言諸侯而經書人者皆是貶。此傳云，齊侯來獻戎捷，非禮也，則經當書人，故知許君所引乃賈經，非字之誤也。

案：據傳文「諸侯不相遺俘」，則此是獻俘。《左傳禮說》「此受王命而討之者也，且無相遺俘之禮，況非王命乎。」《會箋》曰：「稱獻內辭也，杜以爲示過，恐誤。」蓋如傳言非禮，在於止斥諸侯不相遺俘，非以斥獻。凡諸侯討伐四方夷狄有功，就奉獻給周天子，周天子用來警誡四方夷狄，此可與成公二年傳「晉侯使鞏朔獻齊捷于周」文相互印證。

莊公三十二年傳

而以夫人言，許之。

《疏證》：顧炎武云發，以夫人言爲句。公語以立之爲夫人，許之，孟任許公也。文淇案顧說是也。杜注云，許以爲夫人，是謂孟任要立爲夫人，而公許之也，於情事不合。〈魯世家〉，許立爲夫人，約傳文而失其義。

案：莊公許孟任以夫人，如莊八年傳無知謂連稱從妹曰：「捷，吾以汝爲夫人」二者意同，正如顧炎武《左傳補正說》。

莊公三十二年傳

雩，講于梁氏，女公子觀之。

《疏證》：杜注，雩、祭天也。講、肆也。《水經注》，稷門亦曰雩門。門南隔水有雩壇，壇高三丈。沈欽韓云，《方輿紀要》，魯雩壇在曲阜城東南二里，引龜山水爲池。至壇西曰雩水，雩水亦入嶧陽縣，注於泗水。此蓋上年不雨，禱雨之祭，不必爲祭天也。大宗伯職，凡祀大神，治其大禮，注、治猶簡習也。豫簡習大禮。又小宗伯職，肆儀爲位。注，肆、習也，若今時肄司徒府也。《漢書・楊惲傳》，大僕戴長樂嘗使行事肄宗廟，蓋長樂奉詔率百官肄丞相府也。按沈說是也。雩，講於梁氏，猶言習雩禮於梁氏矣。杜注，梁氏、魯大夫。洪亮吉云，梁氏蓋居近雩門，故於此講肄也。《史記》曰，斑長。說梁氏女，往歡，圉人犖自牆外與梁氏女戲，斑怒，鞭犖。《左傳》女公子句，疑有脫文。杜注云，女公子、般妹，亦屬臆解。《史記》所載似近情理，且女公子之稱，別無所見也。

案：《箋》曰「雩是舞女吁嗟求雨，故女公子往觀也。」杜注祭天，其旨不明。至於女公子說，杜以爲莊公女，子般妹，與《史記》說異。太炎云「史公此說必本賈，貫舊訓，而杜預注，乃云，講、肆也。女么公子，子般妹，既已不合，後儒亦無舉《史記》訂正者，蓋古義之湮久矣。」且杜預本《公羊》莊元年傳：「羣公子之舍則以卑矣。」注：「羣公子之舍，謂女公子也。」而非《左傳》之意。

閔公二年傳

歸父乘馬，祭服五稱。牛、羊、豕、雞狗皆三百，與門材。

《疏證》：《史記》劉敬、叔孫通傳，衣一襲。《索隱》，按《國語》謂之一稱，下引賈逵語。今考《國語》無一稱之文，賈氏注無所繫屬。錢泰吉《史記》校語云，疑是閔二年《左傳》祭服五稱注文，今依之，〈喪大記〉，袍必有表不襌，衣必有裳，謂之一稱，此賈所本。杜云，衣襌複具曰稱，本賈義而失之。

案：《釋名》釋衣服云「有裡曰複，無裡曰襌。」《會箋》曰：「衣有裳謂之一稱，然則稱副也，衣裳相副，謂之一稱，杜誤矣。」杜注以衣襌複曰稱，非是。

閔公二年傳

師在制命而已，稟命則不威，專命則不孝，故君之嗣適，不可以帥師，君失其官。

《疏證》：杜注，太子統師，是失其官也。顧炎武云，失官人之道，按顧說是也。傳
言君失其官，是失官斥君。

　　案：君失其官，猶言君失其官人之道，而以太子率師。如《會箋》謂「非太子
之事而命之，是失官也。師在制命，而不可專，是不威也。使不可帥師者
帥師，是失官且不威之本。」

閔公二年傳

衛文公大布之衣，大帛之冠。

《疏證》：《釋文》，衛文公大布之衣，本或作衣大布之衣誤。按定之方中疏，亦云衣
大布之衣。《淮南・齊俗訓》，晉文衣大布之衣。注、大布、麤布也。杜注
用之，而以大帛爲厚繒。按〈雜記〉，大帛冠、緇布之冠皆不緌。鄭注，
大白冠、太古之布冠也。《春秋傳》曰，衛文公大布之衣、大白之冠。疏
云，引《春秋左傳》證大白冠是也。衛文公以國未道，故不充公服，自貶
損，所以大白冠、大布衣也。依被注，則傳文帛一作白。帛、白雖異字，
而冠則以布爲之。〈玉藻〉，年不順成，則君衣布、搢本。注君衣布者，謂
若衛文公大布之衣，大帛之冠是也。疏按閔二年狄入衛後，衛文公大布之
衣、大帛之冠，爲國之破亂，與凶年同，故引之，彼注及疏，大帛皆當作
大白，鄭注，意與雜記注同也。又大帛不緌。注云，帛當爲白聲之誤也。
大帛、謂白布冠也。不緌、凶服去飾，玩鄭意亦以此傳證之，而疏云知帛
當爲白，以〈雜記〉云大白冠、緇布冠不緌，彼大白與緇布冠連文，故知
此大帛爲白布冠也。《左傳》閔二年，衛文公大布之衣、大帛之冠。白、
繒冠也，與大布相對，與此異也，則未達鄭旨矣。沈欽韓云，按諸侯玄端
服用十五升布，爵弁用三十升布，皮弁、玄端皆用布，惟冕與爵弁用絲耳。
今此衣制蓋亦不殊，稍麤沽以示儉也。冠本布，今以帛者，猶諸麻冕而易
以紝也。沈說大布之衣，則是其謂大帛之冠，以絲爲之，則用杜注說與鄭
君誼遠。杜又云，蓋用諸侯諒闇之服。惠棟云，此杜自造之語。服虔曰、
公卒於是年，故杜彌縫其說耳。按惠說是也，然疑服注戴公卒於是年下，
或以此衣冠當喪服，故杜謂諒闇之服異之。定之方中序箋云，戴公立一年
而卒、疏云，杜預云，衛文公以此年多立是也。戴公立未踰年而稱謚者以
衛既滅而立，不繫於君，故臣子成其喪而爲之謚，爲之謚者，與繫世者異
也。

案：《會箋》言「大布大帛特言其儉朴，何必是諒闇之服。」戴公卒在此年，故杜彌縫其說耳。

僖公元年經

齊師、宋師、曹師城邢。

《疏證》：杜注，一事而再劉三國，於文不可言諸侯師。故沈欽韓云，並列三國，各著其勞也。春秋錄纖芥之善，諸侯能帥師以救鄰國之患，以師為重，故不書爵。傳云，諸侯，而杜決其為大夫，舛矣。

案：孔疏云：「先儒以為此役，諸侯身行」，故言此以異之，是杜不用舊說。蓋此是齊桓公，宋桓公，曹昭公親自率師也。

僖公四年經

秋及江人，黃人伐陳。

《疏證》：杜注，受齊命討陳之罪，而以與謀為文者，時齊不行，使魯為主。沈欽韓云，高氏曰，此書及者，非魯及之也。蒙上齊人執轅濤塗，乃齊及之耳。案杜預，乃因穀梁內師之說，然預何以知齊不行也。文淇案，〈齊世家〉云，陳轅濤塗詐齊，令出東方覺，秋，齊伐陳，是齊師行。

案：《史記齊世家》云：「秋，齊伐陳。」是齊師實行。沈欽韓引高氏曰，此書及者，非魯及之也。蒙上齊人執轅濤塗齊及之耳。按杜預乃因穀梁內師之說，然預何以知齊不行也。蓋杜用穀梁義，然據《史記》，沈欽韓《補注》及汪克寬《春秋胡氏傳纂疏》引高氏說，乃齊及之，非魯及之，以證杜說誤也。

僖公四年傳

四年春，齊侯以諸侯之師侵蔡，蔡潰，遂伐楚。楚子使與師言曰，君處北海，寡人處南海，唯是風、馬、牛不相及也。

《疏證》：杜注，楚界猶未至南海，因齊處北海，遂稱所近。閻若璩《四書釋地》云，禹貢，海岱惟青州，故蘇秦說齊宣王，北有渤海，司馬遷言，吾適齊，北被于海，降至漢景帝，猶置北海郡於營陵。營陵、舊營丘地。《左傳》云，君處北海，是也。又《潛邱劄記》云，楚在春秋，地雖廣，不濱於海。楚子曰，寡人處南海。南海，今廣州府治，為當日百越地，雖未屬楚，要為楚兵力之所及。鄭伯謂莊王其浮諸江南，以實海濱，亦見楚號令及於南海。梁履繩云，〈楚語〉韋注云，南海群蠻也。文十六年傳，庸人師群蠻以叛楚，則其前之服屬可知。閻說與韋正合、壽曾曰，《荀子‧王制篇》，北海

則有走馬。吠犬焉，然而中國得而亦使之，南海則有羽、翮、齒革、曾青、丹干焉。然而中國得而財之。注，海謂荒晦絕遠之地，不必至海水也。北海南海不必以實地證之。賈、服訓風爲放。書疏，本疏文同。今合引之，《御覽》八百九十八引注風、放，亦賈、服義也。焦循云，〈費誓〉，馬牛其風。鄭注，訓風爲走逸。《釋名》，風、放也，氣放散也。《詩》北山，出入風議，《箋》亦云，風，猶放也。是風爲放逸之名，馬牛各有羈繫，不越疆界，惟放縱走逸，則可越界而行。上云君處北海，寡人處南海，並不連疆接境，雖放馬牛，使之走逸，斷不相及。言楚之馬牛雖逸，不能入齊地。齊之馬牛雖逸，不能入楚地，言其遠也，故下去不虞君之涉吾地也。何故，至因牝牡相誘而逸，此風之由耳。《呂氏春秋》，乃合壘牛、騰馬游牝放牧。高誘注云，皆將羣游，從牝於牧之野，風合之，風合亦當謂放之使合。杜以馬牛風逸，爲末界做事，未得傳意。二十八年，晉中軍風于澤，說是馬走逸於澤，杜言因風而走，亦未是。壽曾曰，焦駮杜說是也。具謂牛、馬相誘，由風，則與賈服義不合。惠棟亦引《呂氏春秋解》之云，其說與賈侍中蓋同，漢儒相傳有是說也。《尚書》云，馬、牛其風，按惠說是也。《北魏書・崔敬邕傳》，除管州刺史，庫英奚國有馬百匹，因風入境，敬邕悉令送還，於是夷人感謝。因風入境猶言因放入境，正用賈、服說，《廣雅・釋言》亦云，風、放也，朱駿聲云，風讀爲放，聲之轉也。杜注馬、牛風逸，釋爲因風而走，其誤與焦同。蓋與晉中軍風於澤同說。《黃生義府》云，《左傳》楚子云，唯是風馬、牛不相及也，言唯兩國比鄰，或有馬牛逸越竟，相責之事。今地勢遼遠，不虞何以見伐，見小釁亦無，何況大釁。

案：風、放也。牛馬牝牡相誘而相逐謂之風。蓋風馬牛不相及者，謂齊楚兩國相隔遙遠，縱使牛、馬牝特相逐，奔逸雖速而遠，亦不致互相侵入邊界。杜注牛馬風逸，其說未妥。

僖公四年傳

公曰，從筮，卜人曰，筮短、龜長，不如從長。

《疏證》：〈曲禮〉，卜、筮不相襲。疏，時晉獻公卜取女驪姬不吉，更欲筮之。故太史史蘇欲止公之意。託言筮短，龜長耳，實無優劣也。若杜預、鄭云因筮短，龜長之言，以爲實有長短。傳稱卜人，彼疏言大史史蘇，當出舊說，鄭君說見占人注，占人掌占龜注，占人亦占筮，言掌占龜者，筮短、龜長，主於長者。疏、龜長者，以其龜知一、二、三、四、五天地之生數、知本。

易知七、八、九、六之成數，知末。是以僖十五年韓簡云，龜，象也。筮，數也。物生而後有象，象而後有滋，滋而後有數，故象長，如易歷三聖而成，窮理盡性。云短者，以其易雖窮理盡性，仍六經並列，龜之繇辭，譬若讖緯圖書，不見不可測量，故為長短。馬融云，筮史短，龜史長者，非鄭義也。按杜注此傳，即引韓簡語申之云，龜象筮數，故象長筮短。曲禮疏釋杜義云，象所以長者，以物初生則有象，去初既近，且包羅萬形，故為長。數短者，數是終末。去初既遠，推尋事數，始能求象，故以為短也。其釋長短不若占人之精。〈月令〉，命太史釁龜筴占兆，審卦吉凶。注、審省錄之而不釁筮。筮短、賤于兆也，亦與占人注同說。《管子・中匡篇》，守龜不兆，握粟而筮者屢中，注，龜、筮之人言，容亦古義。鄭氏注禮不用師說，當以龜、筮之人，傳所不具也。疏既主杜說，而云聖人瀆筮，以為易所知，豈短於占，卜人欲令公舍筮，從卜，故云筮短，非是龜能實長。杜欲成筮短、龜長之意，故列傳文以證之。若至理而言，卜、筮實無長短，其誤會傳意，與曲禮疏同。

案：僖十五年傳「物生而後有象，象而後有滋，滋而後有數。」楊伯峻認為乃當時人以先有象而後有數，而卜用象，筮用數，故以為龜長於筮，故杜預本此為注。安井衡亦認為，參考諸書，古人實以龜為長，若古無此義，卜人欲以一時權宜，使晉侯舍筮從卜，勢必不能。又云「後儒習於今日所見，因疑龜長之為權辭耳。」如此，則龜，筮實無長短。其於傳意所言，乃卜人欲令公舍筮、從卜，故云筮短之說也。

僖公四年傳

公田，姬寘諸宮，六日，公至，毒而獻之。

《疏證》：《呂覽》，太子祠而膳于公，麗姬易之。注，膳、胙之也。易，猶毒也。〈晉世家〉，獻公時出獵，置胙於宮中，驪姬使人置毒藥胙中。居二日。獻公從獵來還，宰人上胙獻公。《索隱》云，《左傳》云六日，不同，按史遷依傳述世家，此文字小殊。杜注，謂毒酒經宿輒敗，而經六日，明公之惑。案〈晉語〉。公田，驪姬受胙，乃置酖於酒，寘菫於肉，此外傳異說，杜依以釋傳，非也。沈欽韓云，獻公至之日，姬加毒而進之，於事為合。

案：驪姬置毒，蓋有二說，一則如杜注，酒肉在姬手六日，姬已加毒矣；二則如沈欽韓所云，獻公至之日，姬始加毒進之。今二說乃繫之於六日讀句，存疑。

僖公五年傳

公曰，晉吾宗也，豈周我哉。對曰，大伯、虞仲，大王之昭也。大伯不從，是以不嗣。

《疏證》：杜注，太伯、虞仲皆太王之子，不從父命，俱讓適吳。仲雍、支子、別封西吳，虞公其從也。顧炎武云，不從者，謂太伯不在大王之側爾。《史記》述此文曰，太伯、虞仲，大王之子也。大伯亡去，是以不嗣，以亡去爲不從，其義甚明。杜氏誤以不從父母爲解，而後儒遂傅合魯頌之文，謂太王有翦商之志，太伯不從，此與秦檜之言莫須有者何以異哉。按顧說是也。

案：顧說是也，《史記》述此文曰：「太伯、虞仲、大王之子，大伯亡去，是以不嗣。」以亡去解不從，則不從，乃不跟隨在側之義。

僖公五年傳

鶉之賁賁，天策焞焞，火中成軍，虢公其奔。

《疏證》：〈五行志〉，奔作犇掩目捕雀，〈晉語〉韋注，鶉鶉火鳥星也。賁賁、鶉貌也。天策，尾上一星，名曰天策，一名傅說。焞焞、近日月之貌也。火，鶉火也。中，居中也。成軍，軍有成功也。按開元石經引石氏星經曰，傅說一星在尾後。注云，入尾十二度太，去極百二十度半，在黃道外十三度太。項名達云，按天策在析木之次，距鶉火約百度餘。今合言之者，就平旦時，一誌中星一誌月離也，杜注與韋就略同，其云天策傅說星，疏以《史記·天官書》之文，今本《史記》無之，杜又云，近日星微燉燉然無光耀也。焦循云，此時日、月會於尾，尾星伏不見，則尾上之星，亦伏不見，故天策星以近日之故，不見星，而但見日光之明。《說文》焞，明也。〈九歌東君篇〉，暾將出兮東方。王逸注云，謂日始出東方，其容暾暾而盛也。燉燉即暾暾，謂日光出於天策星之閒而盛，非謂天策星近日而微。焞焞屬日，不屬星，杜以爲無光耀，非是。陳瑑云，杜訓焞焞爲近日星，無光耀也，本《玉篇》爲說，韋則曰，焞焞，近日、月之貌也，蓋星有見伏逆留，近日月則伏而無光矣，是亦以無光耀訓焞焞也，按陳說是也。傳言天策焞焞，則焞焞以星光言，韋注，焞焞、近日、月之貌，亦謂尾星光近日、月耳。傅說之星，在尾之末，合朔在尾，故其星近日星微，焞焞然無光耀也。火指鶉火成軍，謂以軍往伐虢也，杜以成爲成功，非。

案：成軍，乃指勒兵整旅，即謂以軍伐虢，是方戰之事，非成功之謂也。

僖公六年經

秋楚人圍許

《疏證》：杜注，楚子不親圍，以圍者告。文淇案傳云，楚子圍許以救鄭，杜何以知其不親圍，且魯亦在伐許之列。楚必不來告也。

案：傳云「楚子圍許以救鄭」則此楚人即楚子，下又明曰「蔡穆侯將許僖公以見楚子於武城」，由此，不得謂楚子不親圍。《會箋》論，楚子稱人略之也。經自僖公二十一年盂之會始書楚子也。

僖公七年傳

作而不記，非盛德也。

《疏證》：杜注，君舉必書，雖使齊使隱諱，亦損盛德，顧炎武云，傳云無國不記，杜乃云，齊史隱諱，非也。不記，言不可記，按顧說是也。子華以子奸父之命，而以鄭屬齊，是不可記也，顧說與惠說可互明。

案：不記，猶言不可記。《會箋》曰：「作而不記，承無國不記，亦以列國而言之，言隱諱其舉，不令諸侯記之，亦是可羞之行，非盛德之事也。」顧說是也。

僖公八年經

八年春王正月，公會王人、齊侯、宋公、衛侯、許男、曹伯、陳世子、欵盟於洮。

《疏證》：公羊、陳世子欵下有鄭世子華，《校勘記》云，左氏，《穀梁》無鄭世子華，故下鄭伯乞盟，此蓋因注言甯用母之盟，鄭遣世子而誤衍，翟方進傳，會北地浩商為義渠長所捕亡，長取其母，與猳豬連繫都亭下，商兄弟會賓客，自稱司隸掾長安縣尉，殺義渠長妻子六人亡。丞相御史請遣掾史，與司隸校尉部刺史并刀逐捕，察無狀者，奏可。司隸校尉涓勳奏言，春秋之義，王人微者序科諸侯之上，尊王命也。臣幸得奉使，以督察公、卿以下為職。今丞相宣請遣掾史，以宰士督察天子奉使命大夫，甚悖逆順之理。案翟方進為春秋左氏學，其後舉奏涓勳，但斥其輕謾宰相賤易上卿，而不及其稱引春秋之失，則謂所述，當為左氏義也。《公羊傳》，王人微者，曷為序乎諸侯之上，先王命也。《穀梁傳》，王人之先諸侯，何也，責王命也。朝服雖敝，必加於上，弁冕雖舊，必加於首，周室雖衰，必先諸侯，是王人序諸侯之上，以尊王命，三傳說同也。杜注云，王人與諸侯盟不譏者，王室有難故。悼詞疏釋例曰，未有臣而盟君，臣而盟君，是子可盟父，故春秋王、世子以下，會諸侯者皆同會，而不同盟，是言王臣正法。又與諸侯盟

也，春秋之義，始於君臣，王官涖盟，正以臣不可盟君，既同會矣，何不可同盟。杜說毫無根據，其注踐土之盟諸條，強經就例，自為曲說，疏之引證，更多糾紛，今亦不辨。疏又云，二十九年翟泉之盟，於時諸侯輯睦，王室無虞，王子虎下盟列國，以瀆大典，故貶稱王人，則三傳無書王人為貶之說也。

案：《會箋》曰「王人貴賤通稱，書王人而不目，義繫於王，非臣所專，而諸侯列序書爵亦不得獨名王臣也，」故莊六年經王人子突救衛，文三年王叔文公卒，來赴，弔如同盟，禮也。此王人與諸侯盟不譏之明徵。成十七年之柯陵，昭十三年之平丘，定四年之皋鼬，傳皆無譏，杜臆斷。

僖公九年傳

秦伯謂郤芮曰，公子誰恃，對曰，臣聞亡人無黨，有黨必有讎。

《疏證》：〈晉語〉，穆公問冀芮曰，公子誰恃于晉。對曰，臣聞之，亡人無黨，有黨必有讎。注，有與為黨，必有與為讎，言無黨則必無讎。文淇案，郤芮言亡人無黨，正對誰恃之問，杜解黨、讎與韋同。又云，易出易入，以微勸秦。疏，由無黨，故往前易出。無讎，故此時易入。非傳意。

案：《會箋》言：「杜云，易出易入者，據〈晉語〉善以微勸也。無黨則易出也，無讎則易入也。」此說尚備參攷。

僖公九年傳

公曰，忌則多怨，又焉能克，是吾利也。

《疏證》：謂既憸差，則不能賊害人也，是吾利，言夷吾不能定難，授秦以隙也。杜注，秦伯慮其還害已，故曰是吾利也，非。

案：晉語二公子縶所謂「若求置晉君以成名於天下，則不如置不仁以猾其中，且可以進退」此說正如疏證言夷吾不能定難，授秦以隙也，勾勒出秦伯之心。忌人者，必多速人怨，雖欲克人，何能得克，是秦利也。

僖公十年傳

晉殺其大夫里克

《疏證》：杜注，奚齊、先君所命，卓子又以在國嗣位，未為無道，而里克累弒二君，故稱名以罪之。顧棟高云，杜此解尤謬。倘若君無首，弒君之賊將稱字以褒之乎。年表，晉惠公夷吾元年，誅里克，背秦約。

案：杜說矛盾，稱名或書字無關褒貶。《會箋》言：「稱晉殺者，罪里克也，大夫其罪而死，則稱某人殺，例也。則固不稱君也。」具稱名常例也。

僖公十五年傳

且曰，盡納群公子。

《疏證》：沈欽韓之，杜云武、獻之族。按獻公之子九人，申生之難，皆被逐者。〈晉語〉，驪姬又譖二公子，乃立奚齊焉，與武公無涉。

　　案：獻公之子九人，所謂群公子，除申生、奚齊、卓子已死，尚有重耳等五人。

僖公十五年傳

晉饑，秦輸之粟、秦饑，晉閉之糴，故秦伯伐晉卜徒父筮之，吉。

《疏證》：〈晉世家〉云，晉用虢射謀不與秦粟，而發兵且伐秦，秦大怒，亦發兵伐晉。顧炎武云，杜解卜人而用筮，不能通三易之占，非也。卜徒父、秦之卜人，兼掌筮者，《周禮》大卜，掌三兆、三易、三夢之法，是古之筮皆兼掌於卜人也。邵瑛云，案《周禮》簭人，掌三易以辨九簭之名。疏，卜用三龜，簭用三易，故顧以太卜掌三易之法。證古之筮兼掌于卜。而僖四年孔疏引崔靈恩以為筮必以三代之法，故大卜掌三兆、三易。《儀禮》特牲，少牢、筮皆旅占，按顧、邵說是也。卜人兼掌筮，則筮亦用三易。杜又謂徒父據所見雜占而言，如疏引劉炫云，案成十六年筮卦遇復云，南國蹙、射其元王中厥目，亦是雜占，不必皆取易辭。顧炎武云，並是夏、商之占、連山、歸藏之類，故不言易，顧說是也。筮用三易，兼夏、商言。惠棟云，此與成十六年，其卦遇復，皆占七八，為夏、商之易。

　　案：杜注卜人而用筮，不能用三易之占，故據其所見雜占而言，《會箋》亦評其非也。云：「今人但知周易，故次傳載占詞，非周易所有者，輒疑為雜占，非也。蓋古連山歸藏中之言，春秋時有其書而後亡之矣，古人非專用周易也。」《會箋》意同顧、惠二說，以明杜注之誤。

僖公十六年經

三月，壬申、公子友卒。

《疏證》：杜注，稱字貴之。疏云，季是其字，友是其名，猶如仲遂、叔肸之類，皆名字雙舉。劉炫以季為氏，而規杜過非也。炫云，季及仲遂，皆生賜族，非字也。邵瑛云，春秋五論云，春秋之初，公之子為大夫，則稱公子，公子之子為大夫，則稱公孫，自僖公以後，則皆書族，且使之世世為卿矣。季友以立僖功之功，生而賜族，俾世其卿也，光伯說皆當，杜以季為字，失之，邵說是也。仲遂、叔肸亦皆賜族，疏謂季友、仲遂、叔肸名字雙舉、謬甚。

案：季，其行次也，友、其名也，以行次配名曰季友。《會箋》亦云：「季其兄弟行也，友爲僖之叔其行次先君之行次也，古者以行配名，配字、配氏、配謚、季友、仲遂皆配名而通行者，非書字與名也，死者人之終，故特書季友仲遂耳。傳不示義，固非褒貶所係，杜誤。是劉炫說以季友，仲遂皆生賜族，顧棟高《大事表》春秋大夫無生而賜生氏論，此例備矣。」

僖公十八年傳

狄師還

《疏證》：杜注，邢留距衛，顧炎武云，解非也。狄彊而邢弱，邢從于狄而伐者也。言狄師還則邢可知矣。下年衛人代邢，蓋憚狄之彊不敢伐，而獨用師于邢也。解云，邢不速退，所以獨見伐，亦非。

案：狄師還，邢師亦必隨之還，杜注邢留距衛，以狄彊邢弱勢論，恐不可信，顧言當是。

僖公二十年傳

隨以漢東諸侯叛楚，冬，楚鬬穀於菟帥師伐隨，取成而還。君子曰，隨之見伐，不量力也，量力而動，其過鮮矣。善敗由已，而由人乎哉。詩曰，豈不夙夜，謂行多露。

《疏證》：〈召南行露文〉，傳云，行、道也，豈不、言有是也。杜注，《詩》召南，言豈不，言有是也，杜注，詩召南，言豈不欲早暮而行，懼多露以濡已，以喻違禮而行，必有污辱，是亦量宜相時而動之義。胡承珙《毛詩後箋》云，傳謂有是早夜而行者，則可謂道中多露，經反言之，傳正言之。左傳僖二十年傳引《詩》，正以夙夜犯露爲不量力之喻，言豈有量力而動，猶至見伐乎。杜注箋意非傳意，按胡說是也。箋主昏期言，讀豈不如，寧不爾思之句（1）與傳異。

案：懼露濡衣，不敢以早夜行，即量力不敢妄動之意。隋所爲，與詩義相反，故引譏之也。杜注亦量相時而動之義，與詩義相較，不若胡說爲佳。

（1）按行露無此類句。

僖公二十二年傳

大司馬固諫曰

《疏證》：〈晉語〉注，固、宋莊公之孫，大司馬固也，杜注用韋說。顧炎武云，大司馬即司馬子魚也，固諫，堅辭以諫也，隱三年，言召大司馬孔父，而屬殤公焉。桓二年，言孔父嘉爲司馬，知大司馬即司馬也。文八年，上言殺

大司馬公子卬，下言司馬握節以死，知大司馬即司馬也。是十年，公若藐固諫，知固諫之爲堅辭以諫也。沈欽韓云，按子魚爲左師，不爲大司馬。下司馬曰杜解子魚非也，即公孫固。〈晉語〉，公子過宋，與司馬公孫固相善，知大司馬、司馬一也，杜、與顧俱失之，按沈說是也。朱鶴齡據《史記》〈宋世家〉，謂前後皆子魚之言。惠棟謂韋、杜皆據世本而言，《史記》疏略不足取證是也，然惠氏謂稱大司馬，所以別下司馬也，則不如沈說之確。顧以大司馬、司馬爲一人，與沈說同。傳文稱官必繫以人，即顧所舉孔父嘉，公子卬皆其例，再舉或繫官、省人，正可按沈說。

案：下文司馬，杜解子魚非也。蓋司馬即大司馬之省文。杜注本僖十九年傳「司馬子魚曰」，而分大司馬、司馬爲二人，而以此爲子魚，謬矣。隱三年言召大司馬孔父而屬殤公焉，桓二年言孔父嘉爲司馬，文八年上言殺大司馬公子卬，下言司馬握節以死，知大司馬即司馬也。宋世家《正義》引《世本》曰：「宋莊公孫名固，爲大司馬」，又晉語曰，公孫固之爲大司馬，正在此時。僖十九年傳之司馬子魚，此時已不爲司馬，可知此年大司馬乃公孫固也。

僖公二十三年傳

九月，晉惠公卒。

《疏證》：杜注，經在明年從赴，按杜說非。詳二十四年疏證。年表，晉惠公十四年，圉立，爲懷公。

案：據傳，晉惠公卒於二十三年九月，而二十四年經，記卒於冬者，杜注謂「文公定位而後告」，此說非也。顧炎武云：「疑此錯簡，當在二十三年冬。」顧棟高《大事表》亦駁之云：「案二十四年，當係二十三年之誤，晉之九月爲周之冬十一月，傳因赴告從晉夏正，而經自用周正耳。經傳所載時日本合，杜氏不解秋冬爲夏正周正之別，又承四字之譌，而不改遂，謂文公定位而後告，惠公之喪世豈有不告，已之即位而先告先君之喪理乎。」二顧說之皆是。文淇以歲閏推之，以證二十四年經爲錯簡耳。

僖公二十三年傳

赴以名，則亦書之，不然則否，辟不敏也。

《疏證》：杜注，赴以名則亦書之，不然則否。上句謂未同盟，下句謂同盟而不以名告。敏猶審也。同盟然後告名，赴者之禮，承赴然後書策，史官之制也。顧炎武云，疑此三句，俱謂未同盟者，蓋恐不審其實而有誤，故不

書名，史氏之禮也。沈欽韓云，此謂未同盟之人，本不審其名，故不赴名，不書也。若已同盟，雖不赴名，策書固已悉之，書其名，無不審之患也。考經中則有未同盟而書名，無同盟而不書名者，杜解此句，謂同盟不以名告，橫生枝節，其謬顯然。按顧，沈說是也。洪亮吉云，釋樂，商謂之敏。《釋文》，敏審也。高誘《呂覽注》，審也。按辟不敏，蓋辟不實耳。

案：未同盟之國，若其赴不以名，則不書名，此乃「不然則否」之解。杜注謂同盟不以名告，與此意不同。隱公七年傳「滕侯卒，不書名，未同盟也。」則杞成公娶魯女，魯必知其名，而其卒不書名者，以其赴告不以名耳。蓋春秋於同盟諸侯之卒皆書名，不書名者，乃避其不審，恐誤書也，故杜謂同盟不以名告，誤矣。

僖公二十四年傳

棄嬖寵而用三良

《疏證》：杜注七年，殺嬖臣申侯。十六年殺寵子子華也，三良，叔詹、堵叔、師叔，所謂尊賢。顧炎武云，解以殺子華未當，古人只是大概言耳，又以用三良爲尊賢，亦未合。《正義》曰，此見鄭伯之賢，王當尊之，按顧說是也。疏亦謂如杜此注，則謂鄭伯尊賢，與上文尊賢乖。

案：嬖寵爲一詞，杜分言之，未當。《會箋》亦云如是，嬖寵兩字，不可分屬，當時別有所指，而今不可考。

僖公二十五年傳

對曰：周禮未改，今之王，古之帝也。

《疏證》：《周禮》，謂周之典。韋、杜謂周德雖衰，天命未改，傳無此意。

案：《周禮》未改，當指典章制度而言，即周室禮制未變。杜之直言周德雖衰，恐義不周詳。《會箋》曰：「《周禮》以制作言之，今之王古之帝者。」以制作言，當亦指典章制度而言，與周德無涉

僖公二十八年傳

且曰獻狀

《疏證》：杜注，故責其功狀，則蒙乘軒而言，惠棟云，獻狀謂觀狀，先責其用人之過，然後誅觀狀之自皋，以示非惡報也。顏籀以爲先責不用負羈，而乘軒者眾，因曰，今我之來，獻騑脅容狀耳。斯蓋蚩弄之言，猶言若云謂秦拜賜之師也，其說亦通。沈欽韓，按〈晉語〉，文公誅觀狀以伐鄭。

注，唐尙書云，誅曹觀狀之罪，還而伐鄭。按謂曹觀公駢脅之狀，獻狀者，責其故猶今言供罪也。杜連上言，非也。按沈說是也，惠氏先一說亦本〈晉語〉，小顏說迂曲。

　　案：獻狀，〈晉語〉四云：「文公誅觀狀以伐鄭」則如惠棟所云。杜注云：「言其無德居位者多，故責其功狀」與且日兩字文義不貫，沈糾之爲是。

僖公二十八年傳

背惠食言，以亢其讎。

《疏證》：書疏引孫炎《爾雅》注，食、言之僞也。〈晉語〉作未報楚惠而抗宋，與傳意同。韋昭注云，抗，救也。文淇案，亢與抗故字通。讎謂宋也，宋爲楚之讎，杜注以亢爲當。讎謂楚，非。王念孫云，亢者扞蔽之義，亢其讎，謂亢楚之讎也。楚之讎，謂宋也。亢楚之讎者，楚攻宋而亞爲之扞蔽也。〈晉語〉日，未報楚惠而抗宋，是其明證矣。凡扞禦人謂之亢，爲人扞禦亦謂之亢，義相因也。昭元年傳日，苟無大害於其社稷，可無亢也。又日，吉不能亢身，焉能亢宗。二十二年傳日，無亢不衷，以獎亂人，皆是扞蔽之意。按王氏以讐斥宋，是也。其釋亢義仍未確。服不氏，賓客之事則抗皮。注，鄭司農云，謂賓客來朝聘布皮帛者，服不氏主舉藏之抗，讀如亢其讎之亢。馬質，綱惡馬。注，鄭司農云，綱讀爲以亢其讎之亢，書亦或爲亢。亢，禦也。禁去惡馬不畜也。先鄭于服不，引傳讀從其音，其義仍爲抗舉，於馬質，則讀從其義。故云，亢御也、禁也。亢其讎者，謂禁楚之讎宋也，亦猶調人令勿讎之讎。

　　案：楚讎即宋也。此謂楚伐宋而晉救之，〈晉語〉可爲明證，如杜注其解不通。

僖公二十八年傳

王怒，少與之師，唯西廣，東宮與若敖之六卒，實從也。

《疏證》：〈晉世家〉，王怒，少與之兵，〈楚語〉，唯東宮與西廣實來。注，東宮、西廣，楚軍營名。若敖氏、子玉同族。杜注，楚有左、右廣，又太子有宮甲六卒，子玉宗人之兵六百人。馬宗璉云，西廣、東宮、六卒，疑是楚之軍政名，杜解東宮爲太子之卒，若敖六卒爲六百人，皆謬。按宣十二年，其君之戎分爲二廣，廣有一卒，卒偏之兩。此楚有西廣之證，韋以東宮爲楚軍營名，則舊說不以爲大子宮甲也。茗敖六卒，杜用韋說。

　　案：據江永《群經補義》云，卒爲車法，非徒法，故一卒三十乘，六率一百八十乘。杜注謂一卒爲百人，六卒則六百人，以徒法釋車，恐誤。

僖公二十八年傳

是以懼，子犯曰，吉。我得天，楚伏其罪，吾且柔之矣。

《疏證》：杜注，晉侯上向，故得天。楚子下向地，故伏其罪。腦所以柔物，杜說得
天，謂晉侯仰面上向也。焦循云，《素問五藏別論》，腦、髓、骨、脈、膽、
女子胞，此六者，地氣之所生也，皆藏於陰而象于地。解精微論，腦者、
陰也，陰柔，故子犯言吾且柔之。彼來齧我用齒，齒，剛也。我以腦承之，
是有以柔其剛，故云柔之，寓柔遠人之義也。杜云，腦所以柔物，未知所
謂。按焦說是也。《論衡·卜筮篇》，晉文公與楚子戰，夢與成王搏，成王
在上而齧其腦。占曰，凶。咎犯曰吉。君得天，楚伏其罪，齧君之腦者，
柔之也。《論衡》，鹽皆齧之誤，是以柔之，申釋齧字。杜謂腦所以柔物，
非也。

案：如焦循所言，柔者，寓柔遠人之義，杜解爲腦，所以柔物，井衡亦言，未
知何謂，如楊伯峻注引，何樂士謂宜讀爲二十五年傳「德以柔中國」之柔。
其說與焦意合。

僖公二十八年傳

公子歂犬，華仲前驅。

《疏證》：杜注，二子，衛大夫。按前驅，謂出衛侯之前。杜謂衛侯遂驅，非。

案：箋曰：「凡君行必有前驅，蓋二子爲衛成前驅也，非爲奄甯子故驅也。」
明杜注之非。

僖公三十二年傳

師勞力竭，遠主備之，無乃不可乎，師知所爲，鄭必知之，勤而無所，必有悖心。

《疏證》：顧炎武云，言師勞力竭而無所用，則所經之國必有背距之心。解云，將害
良善，未當。案杜注害良善，固不合傳意，顧謂所經國背距，則傳已云遠
主備之矣。悖心，似不屬他國言。沈欽韓云，若出師時，示以所爲之事，
則鄭亦自有間諜傳告，患其漏洩。勞師于不知所往，則軍士必將怨漬。朱
駿聲云，所處也，言若令我師知之，則鄭亦必知，若不令我師知之，則勞
師而不知其處，士卒必有悖心，故下文云，且行千里，其誰不知。謂我師
與鄭，實則斷無不知也。沈、朱以悖心屬士卒，並得之，〈秦本紀〉約傳
文云，徑數國千里而襲人，希有得利者，且人賣鄭、庸知我國不有以我情
告鄭者乎，是鄭必知之，不作間諜解。沈謂鄭亦自有間諜，非。

案：必有悖心，當指士卒，非指他國而言，顧言背距之心非，但杜云將害良善，

亦謬矣。

僖公三十三年經

隕霜不殺草

《疏證》：〈五行志〉引此經繫于十二月，則劉歆本正同，亦同證杜十一月之謬矣。歆於此經不言徵驗。《韓子・內儲》，魯哀公問于仲尼曰，春秋之記曰，冬十二月，霣霜不殺菽，何爲記此。仲尼對曰，此言可以殺而不殺也。夫宜殺而不殺，桃、李多實，天失道，草木猶犯干之，而況于人君乎。此當是左氏古義。公、穀之義皆主臣干政，與左氏異也。顧炎武云，九月、十月之交，草木黃落之日，而隕霜不殺草，李梅實，此洪範所謂恆燠也。解曰，霜當微而重，重而不能殺草，非。

案：隕霜不殺草，李梅實，可知其暖，霜微也。杜云霜重，經文未嘗是言。經凡書隕霜者有二，見於此及定公元年「冬十月隕霜殺菽」。此年在冬十二月，楊伯峻云，此年實建亥，冬十二月，乃夏正之九月，故隕霜自不殺草。定公元年冬十月，乃夏正之八月，其不當隕霜，更不當殺菽也。是今年爲夏正九月，而誤以爲冬。

僖公三十三年傳

葬僖公緩，作主。

《疏證》：杜注，僖公實以今年十一月薨，並閏七月乃葬，故傳云緩，劉敞云，杜讀緩以上爲句，非也。僖公以十二月薨，明年四月葬，凡五月，不得云緩。洪亮吉云，繹下釋例所引賈氏說，則緩字亦當連下讀爲是。案劉，洪說是也。文元年經，四月，葬僖公，杜據彼經。又謂當次在經僖公下，簡編倒錯。本疏乃云，杜以此年空說葬事，而其上無經文元年空舉經，而其下無傳，故謂此年之傳，當在彼經之下，杜以傳譏緩葬，故欲繫此傳於文元年，然僖之作主，在文二年二月，明見於經，如杜說簡編倒錯，則將□□（1）作主云云於文二年矣。顧炎武云，此傳經書，文二年二月丁丑，作僖公主之義□（2）本云此傳爲文元年四月，葬僖公至二年二月始作主□（3）非禮。劉炫云，以葬僖公後積十月始作木主，是作主太緩也，傳多附記之例。如閔公末年言成風事，又言邢、衛，皆非其年之事，杜預言此傳當在明年四月下，非也。論當在二年二月下，而彼自有文，知此自是附記，非錯誤，讀本之駁杜說，與下賈注作主陵遲。此係僖公篇義合，其引炫說見本疏。如炫說則緩字亦屬下讀。

案：杜注「文公元年經書四月葬僖公，僖公實以今年十一月薨，並閏月，七月
乃葬，故傳云緩」，杜預注以緩一字爲句說實誤。洪亮吉《左傳詁》及萬
斯大《隨筆》皆以三字爲句。《隨筆》云：「杜氏讀緩以上爲句。劉侍讀以
緩作主爲句，因譏杜氏，遷僖公薨月以就葬緩之說，爲非。愚按經傳所書
月日，杜氏每以長曆推校或言緩誤，或言傳誤，甚不然之，獨是經言誤不
可謂，非文元年書二月癸亥日有食之此二日也。從癸亥逆推正月朔，非壬
辰則癸巳，乙巳距壬辰癸巳四十八九日，則在十一月明矣，所謂以經證經
也」。萬氏以經證經，言葬非緩。又於文公元年云：「僖公薨于去年十一月，
今年傳有閏三月，實七月而葬也。故杜注以爲緩，而前年葬僖公，緩作主
之，傳讀緩字屬上句，以此也，不知七月葬之，緩明者自見，不必明言，
而既葬即虞，既虞即作主，而祔此必不可緩者，乃僖公之主作于明年二月，
則緩甚，而非禮矣。傳因葬僖公而言緩作主，見作主當于葬後，不當在明
年也。合從劉氏讀若從杜氏葬僖公緩，固非禮矣，作主不言緩，又何以見
禮而並言于此乎。」如萬氏所言，則僖公非葬之晚，乃作主緩也。見文公
二年傳「丁丑作僖公主，書不時也」《疏證》云，讀本云，所謂緩作主非
禮也，則傳明作主之緩，與葬禮無涉。並於文公元年傳「夏四月，丁巳葬
僖公」，《疏證》引讀本云，此五月葬，常禮也。閏月不計，杜預並閏月計
之爲六月，又以僖公卒，十二月無乙巳，當是十一月十二日，至此爲七月
葬，因讀緩作主爲葬僖公緩。今檢傳云緩作主，不言葬緩，則閏月本不計，
其十二月乙巳日轉寫誤，非月轉寫誤也。主言傳皆不虛載經文，此傳自與
二年二月傳前後相引，非虛載經文，按讀本說是也。蓋以經證經，可知其
端倪。經傳記述分明，杜氏據長曆謂乙巳爲十一月十二日，經書十二月爲
誤，此乃杜氏推算之誤，非經之誤。

（1）無原稿，抄本闕文
（2）同前
（3）同前

文公二年經

二年春王二月甲子，晉侯及秦師戰於彭衙，秦師敗績。

《疏證》：杜注，孟明名氏不見，非命卿也。沈欽韓云，按上傳云，復使爲政，則孟
明實正卿矣，不書其名者，秦僻在西戎，初交中國，春秋之記，由略而詳，
故孟明晦於前，西乞著於後，不緣貴賤也，若謂非天子之命卿，則屈完、
宜申詎是天子所命。若謂卿禮乃成爲卿，秦之卿禮不備，自非浮屠氏通宿

命者，無由知之，按沈說是也。

案：文公元年傳「孤實貪以禍夫子，夫子何罪？復使爲政」，夫子當指孟明。此段當與二年傳，秦孟明視帥師伐晉以報殽之役連讀，此先述其所以。蓋孟明已在僖三十三年復位，非文公元年事也。《會箋》言：「秦大夫將不書例也，且書戰者，書法固當如此。城濮、柏舉楚命卿稱人亦同。前年傳曰，復使爲政，則孟明實正卿矣。若謂非夫子之命卿，則屈完、宜申詎是天子所命，杜誤。」蓋由傳文釋惑，孟明實正卿，杜注非。

文公二年傳

書士縠，堪其事也。

《疏證》：《釋文》，書士縠或作書曰晉士縠。沈欽韓云，杜預謂士縠非卿，以士縠能堪卿事，故書。按莊二十六年士蔿爲大司空，杜云卿官，此言司空，猶宋之大司馬、大司寇。亦單稱司馬、司寇。魯孟孫爲司空，于當時皆爲卿官，非一矣。晉之法，用三軍帥，皆以次升，六年夷之蒐，將使士縠將中軍，使士縠尚不爲卿，何能越次爲中軍帥。傳言堪其事者，發士縠見于經之故，亦對上處父盟，言其事與處父異也。杜橫加臆說以誣傳，按沈說是也。讀本云，縠、士蔿後，蓋世司空之官。

案：杜注，晉司空非卿也，然於士縠素非卿，何能越次爲中軍帥，杜云士縠非卿，臆說也。《會箋》言：「方苞曰自文以前，會盟侵伐，內大夫以名見，而外大夫悉稱人。蓋大夫未張，奉君命以行事，第稱爲某國之人，而不必詳其名氏也。文二年晉士縠盟諸侯于垂隴，是外大夫盟，會書名之始也。由是而衡雍新城之趙盾，承筐之郤缺，皆以名見矣。至宣十五年無婁之盟，而齊高固亦以名見矣。文三年晉陽處父伐楚以救江，是外大夫侵伐書名之始也。由是而郤缺之伐蔡，趙盾之救陳，趙穿之侵崇，皆以名見矣。由是而宋華元，鄭公子歸生，衛孫免亦以名見矣。然自宣以前，盟會書名者，不過霸國之大夫而已，侵伐書名者，不過霸國之大夫與一國二國之大夫而已，會伐會盟而列序大夫名氏者無有也。自成二年戰于鞌，內大夫四人並列，而晉郤克衛孫良夫曹公子首皆列序焉，自是以後，不以名見而稱人者，惟曹許邾莒滕薛杞鄫小國之大夫而已。夫始皆稱人，繼而霸國之大夫以名見。繼而列國之大夫皆以名見，而小國之大夫終春秋無以名見者。以是知大夫漸張，則舊史書之亦漸詳也。秦雖強而比於小國者，譬晉而遠於東夏也。自文以前，外大夫盟會皆稱人，而僖二十五年公會衛子莒慶盟于洮，二十六年公會莒子衛甯速盟于向。蓋莒慶吾姻也。」蓋文公以前，會盟侵

伐，內大夫以名見，外大夫多稱人，故沈駁爲是，《會箋》引方苞之言可
爲互證。

文公二年傳

陳侯爲衛，請成于晉，執孔達以說。

《疏證》：元年傳，衛孔達帥師伐晉，陳共公之謀也，故陳爲衛請成于晉。杜注，陳
始與衛謀，謂可以強得免，今晉不聽，故更執孔達以苟免也。顧炎武云，
此即上所謂我辭之者也，杜解不合。

案：文公元年傳「衛人使告於陳。陳共公曰，更伐之，我辭之。」辭之者，爲
之請和於晉也，即二年傳「陳侯爲衛請成於晉，執孔達以說」之事，非因
晉不聽而然。安井衡《輯釋》云：「衛之不敵晉，夫人而知之。而陳侯使
之伐晉，則執孔達以說，乃其本謀也，顧說可從。」

文公三年傳

封殽尸而還

《疏證》：《水經注》引傳，殽作崤。李貽德云，〈樂記〉，封比干之墓。注，積土爲
封識，讀爲故以其旗識之之識。《史記孝武紀索隱》，識、猶表也。按杜云，
埋藏之，不用賈說。惠棟云，殽尸多，不能用葬禮，故杜云埋藏之。朱駿
聲云，按殽敗在僖三十三年四月，封尸在文三年五月，閱三載之久，豈尚
有可以埋藏之尸，惟表識其地而已。賈是、杜非。按朱說是也。〈秦本紀〉，
封殽中尸，爲發喪，哭之三日。

案：據〈秦本紀〉《集解》引賈逵說解爲封，識之。且戰之時日至封尸，爲時
數年，恐封尸惟其表識其地而已，朱說可信。

文公四年經

夏，逆婦姜于齊。

《疏證》：杜注，稱婦、有姑之辭。按傳謂卿不行，貴聘而賤逆之，是經書婦姜之義，
與二傳異說。穀梁傳曰，婦、有姑之詞也，杜用穀梁說左氏，非。

案：《穀梁》，「其曰婦姜，爲其禮成乎齊也。其逆者誰也？親逆而稱婦或者公
與？何其速婦之也！曰：公也，其不言公何也？非成禮于齊也。曰婦，有
姑之亂也，其不言氏何也？貶之也。何爲貶之也？夫人與有貶也。」依穀
梁稱婦不稱女，認爲婦是姑的相對稱呼，因此時文公之母尚在，姜氏身份
爲媳。但毛奇齡謂：「若稱婦姜，則並無貶例，凡娶，在家稱女，在途稱
婦，兩皆可稱，此與莊十九年公子結媵陳人之婦，宣元年夫人婦姜至齊例

同。」（詳其《春秋傳》）故穀梁之說，杜用之亦非也。

文公四年傳

大夫諫公曰，同盟滅，雖不能救，敢不矜乎，吾自懼也。

《疏證》：杜注，秦、江同盟，不告故不書。沈欽韓云，續志，汝南安陽縣有江亭故國，嬴姓。按此，則江與秦是同姓，故秦伯矜之過數。同盟猶言宗盟也，杜解非也。

案：秦、江爲同姓之國，乃是宗盟也，或亦爲同盟之國也。

文公四年傳

昔諸侯朝正於王

《疏證》：朝正如本年曹伯如晉會正之正，以正月朝京師也。杜注，朝而受政教也，非。

案：襄公二十九年傳「春王正月，公在楚，釋不朝正於廟也。」朝正猶言朝正於廟，此乃朝正於王，謂以正月朝賀京師也。故《會箋》云，杜與會正混，誤矣。

文公五年傳

德之不建，民之無援，哀哉。

《疏證》：《水經》決水注，引傳建作逮。李富孫云，二字形近易淆，作逮義亦通。杜注，傷二國之君，不能建德，結援大國，忽然而亡。顧炎武云，德之不建，言二國不能自強於爲善，民之無援，言中國諸侯不能恤小寡，解非。

案：《會箋》曰：「德謂有德之後，與昭八年傳，寘德於遂之德同。德之不建，即指二賢之後滅亡也。民之無援，言中國諸侯不恤小寡也。」如是解，杜注未然。

文公六年傳

八月乙亥，晉襄公卒，靈公少，晉人以難故，欲立長君。

《疏證》：杜注，立少君，恐有難。顧炎武云，非也。謂連年有秦、狄之師，楚伐與國。按顧注與服義合。李貽德云，數、屢也。此常訓，患難謂奚齊、卓子、惠、懷之難。李所說皆襄公以前之事。顧舉秦、狄之師，是也。年表，晉襄公卒，趙盾爲太子少，欲更立君。〈晉世家〉，襄公卒，太子夷皋少，晉人以難故，欲立長君。

案：晉國當時有何患難，傳未言及。然顧炎武《補正》謂連年有秦、狄之師，楚伐與國之事。如《會箋》言：「今春夷之蒐，八卿皆死而舍二軍，此皆

國之難也。服虔云，晉國數有患難也，得之。」顧說可信。

文公六年傳

損怨益仇，非知也。

《疏證》：杜注，宣子將復怨己，非。

案：損怨者，欲減除我之怨氣也，然而因盡殺賈氏，祇以增加他人對我之仇恨耳。《會箋》亦云，仇，賈季也，則仇非謂宣子怨己也明矣。杜謂賈季之外，別益一仇，故爲宣子怨己，不知益與損對言。下文釋此三者，何以事夫子，益明非宣子怨已，故杜注恐非其詞。

文公七年傳

宣子與諸大夫皆患穆嬴，且畏偪。

《疏證》：皆患穆嬴，杜無注，服以爲患顧命之言者，以傳蒙上文知之。李貽德云，〈顧命〉、書篇名。《史記集解》引鄭書注，臨終出命，故謂之顧命。將去之意也，迴首曰顧，顧命之名，施於天子，而諸侯亦得稱顧命者，禮緇衣，葉公之顧命是已。彼注云，臨死遺書曰顧命。今襄公顧命，即上此子也才數語，按李說是也。杜注，畏國人以大義來偪已，於服兩說皆不用。顧炎武云，畏穆嬴之逼也，以君夫人之尊故，杜說非。今詳服說畏逼迫無置太子，則正蒙穆嬴言之，顧特未引服說。〈晉世家〉，趙盾與諸大夫皆患穆嬴。且畏誅。〈趙世家〉，趙盾患之，恐其宗與大夫襲誅之，與服引或說合。

案：〈晉世家〉云：「趙盾與諸大夫皆患繆嬴，且畏誅。」〈趙世家〉云：「趙盾患之，恐其宗與大夫襲誅之。」蓋所畏者穆嬴之黨也。如《御覽》一四六引服虔注：「畏他公子之徒來相迫也。」則《會箋》亦云：「畏偪者，穆嬴君夫人之尊，宗族盛多，群臣有爲竭力者，其生變不難也。」故此偪如僖二十四年傳呂、郤畏偪同也。據服虔二云，一言諸大夫患穆嬴以君顧命之言責已，畏偪無置太子；一云，畏他公子徒來相迫也。二說，於理當是，杜預注畏國人以大義來偪已，不近傳意。

文公七年傳

義而行之，謂之德禮，無禮不樂，所由叛也。

《疏證》：行，行六府三事也。前引〈夏書〉，蒙上務德言之。讀本云，以義行此德，則曰德禮。杜以德爲正德、以禮爲制財用，厚民生，非。本疏，在上爲政無禮，則民不樂，是叛之所由。

案：行之，謂行六府三事也。謂之德禮，亦謂之德，亦謂之禮，是兩詞，如僖

公七年傳「德、禮不易」德與禮是兩事。是義者，宜也，《會箋》曰：「因謂六府三事之爲九功，又舉六府三事之目，至此乃云，義而行之，謂之德禮。言六府三事之事，皆合於宜而行之，謂之德禮也。德者即九功之德，而又添禮字成辭，遂合禮樂以說，及勸以九歌之義。僖七年管敬子曰，臣聞之，招攜以禮，懷遠以德，德禮不易，無人不懷，德禮自是古言。」於是德禮非如杜注所言，無禮不樂，無禮即無德也。下文，「若吾子之德，莫可歌也，其誰來之。」此只言德，亦見德即禮，故依傳意，誠如讀本所云，以義行此德，則曰德禮，而德禮自是古言矣。

文公八年傳

書曰，公子遂，珍之也。

《疏證》：《文選》薛綜〈東京賦〉注，珍、貴也。杜注，大夫出竟有可以安社稷、利國家者，專之可也。杜用莊十九年公羊傳文。按僖三十年經，冬，公子遂如京師，傳云，大夫無遂事，則左氏義不與大夫遂事，此傳珍之，古誼無考，杜用公羊義非。

    案：大夫出竟云云，乃《公羊傳》十九年傳文，以《公羊》釋《左傳》，不知合《左傳》旨意否？

文公十二年傳

公以諸侯逆之，非禮也。

《疏證》：郤太子未爲君，不當以諸侯禮逆，傳意止如此，杜注，非公寵叛人，非。

    案：郤太子實非君，而魯文以諸侯之禮待之，故傳曰，非禮。然無叛人之說，杜乃以太子叛人，不亦甚乎。

文公十二年傳

襄仲辭玉，曰，君不忘先君之好，照臨魯國，鎮撫其社稷，重之以大器，寡君敢辭玉。

《疏證》：杜注，不欲與秦爲好，故辭玉。沈欽韓云，按〈聘禮〉，賓襲執圭，擯者入告，出辭玉。注云，圭贄之重者，辭之，亦所以致尊讓也。傳言襄仲辭玉，正合禮文，杜乃以固陋之見亂文。文淇案。沈說是也。〈聘禮〉，擯者入告，出辭玉。鄭注，擯者，上擯也。襄仲辭玉，則襄仲爲上擯可知，彼疏引此傳，而云彼主人無三辭者。文不具，亦當三辭。按《左傳》下文明云，主人三辭賈疏誤。

    案：據《儀禮·聘禮》「賓襲執圭，擯者入告，出，辭玉」文，則使者至于所

聘國廟門內之中庭，必舒其上服之袡以掩其中衣，執圭，上擯者乃入以告
其君，然後出，辭不受圭，則辭玉爲聘禮中應有之儀節。

文公十二年傳

宣子曰，秦獲穿也，獲一卿也。

《疏證》：杜注，僖三十三年，晉侯以一命命郤缺爲卿，不在軍帥之數，然則晉自有
散位從卿者。(2)沈欽韓云，以趙穿爲公壻，其貴重如卿，故以見獲爲憂，
趙穿此時非卿，按沈說是也。

　案：趙穿非卿也，然穿貴寵於晉國，秦獲之，如獲軍帥均功也。此句意解是趙
盾說，秦國要是俘獲趙穿，就是俘虜一個卿了。其貴重如卿是也。

　（1）抄本鉛筆旁注「《御覽》同。」

文公十三年經

邾子蘧蒢卒

《疏證》：《公羊》邾曰邾婁。公、穀蘧蒢曰籧篨。李富孫云，案《說文》云，籧篨，
粗竹席也。草部蘧蒢爲二物，是經文當从竹，从草，隸體通。杜注，未同
盟而赴以名。疏，蘧蒢、邾子瑣之子也。僖元年與魯同盟于犖，而云未同
盟，蓋據文公爲言。劉炫以犖盟規之，非也。案傳例，同盟則赴以名。先
君同盟，例無區別，杜說非。

　案：《箋》曰，邾入春秋，隱元年既同盟矣，而蘧蒢僖元年與魯盟于犖，杜據
文公爲未同盟，此誤解左氏所謂同盟者也。

文公十四年傳

趙宣子平王室而復之

《疏證》：年表，趙盾平王室，復，謂復改之，所屬仍歸王孫蘇也。杜注，使復和親，
未得傳意。讀本時周弱，依晉自立。

　案：復謂使復其位，趙宣子平王室，調停其間，使其和協，各復其位。

文公十五年傳

書曰，單伯至自齊，貴之也。

《疏證》：單伯，王臣，爲魯請子叔姬，適齊被執，得請而還，故書其至以貴之，
杜謂貴而告廟，則王臣不當用公行例，傳無其義，是妄說也。

　案：箋言「齊人赦單伯使來致命之意，而書法乃如是，責王使故也。」此與貴
而告廟無涉，春秋記載「單伯至自齊」表示尊重之故

文公十八年傳

歸，舍爵而行。

《疏證》：杜注，飲酒訖，乃去。沈欽韓云，告奠于廟而去也。定八年，子言辨舍爵
　　　　　于季氏之廟而出，與此同，杜預謂飲酒訖者，鄙詞也。

　　案：定公八年傳「子言辨舍爵於季氏之廟而出」，舍爵者，謂告奠于廟，此舍
　　　　爵義同。杜注以飲酒訖釋之，其說恐不足。

文公十八年傳

乃入，殺而埋之馬矢之中。

《疏證》：沈欽韓云，《說文》，薗、糞也。韻會云，通作矢。《莊子・人間世》，夫愛
　　　　　馬者以筐承矢。杜注，史畏襄仲，不敢書殺惠伯。文淇案，殺惡既諱，則
　　　　　惠伯之死，自不得書，杜說非也。

　　案：《會箋》言，自公子結以前，我大夫見經而不書卒者四人，以後則難不見
　　　　經者亦書卒，既見經而不書卒者，惠伯一人而已。仲殺三人皆一時之事，
　　　　既諱殺惡，則視及叔仲，亦不得不諱，杜乃言史畏仲不敢書，誤矣。

文公十八年傳

父儀、母慈、兄友、弟共、子孝、內平外成。

《疏證》：已說於上，內平、外成，言家治而國亦治也。杜注，內諸夏、外夷狄，傳
　　　　　無其義。

　　案：《會箋》云，此一家言，內謂家，外謂鄉黨，杜以外爲夷狄，非也。

宣公二年傳

宣子未出山而復

《疏證》：杜注，晉境之山。王引之云，〈晉語〉，陽處父如衛，反過甯，甯嬴從之，
　　　　　及山而還。韋注曰，山、河內溫山也。傳曰，及溫而反，然則未出山，亦
　　　　　謂未出溫山也。注未詳考。且是時，晉境南至河，而山在其內。僖二南五
　　　　　年傳，晉于是始啓南陽。杜彼注曰，在晉山南河北，故曰南陽，據此，則
　　　　　出山尙未越竟，不得以爲晉境之山也。《家語・正論篇》作未及山而還。
　　　　　王肅注曰，山、晉之境，誤與杜同，按王說是也。〈晉世家〉，盾遂奔，未
　　　　　出晉境。〈晉世家〉，盾復位。趙世家，趙盾復反，任國位，則復謂復正卿
　　　　　矣。

　　案：《輯釋》言「杜以大史言亡未越竟，故云晉竟之山耳，未必有所據，晉國
　　　　多山，然大行恆山皆在其北，晉北無與國，趙盾之出，蓋欲南奔魯衛，王
　　　　以溫山當之，洵是。」《輯釋》言參酌之。

宣公二年傳

使屏季以其故族，爲公族大夫。

《疏證》：杜注，以其故官屬與屏季。沈欽韓云，按故族、謂趙衰以來之族屬也。大
宗有收族之誼，故統率之，非謂趙盾室內之事。盾爲中軍帥，亦自爲小宗，
何能以中軍官屬與室老貴臣益屏季乎。按沈說是也。傳止云故族，不云衰
之官屬。年表，趙氏賜公族。〈晉世家〉，成公元年，賜趙氏爲公族，蓋左
氏舊義，譏晉立卿族爲公族也。讀本，趙氏使欲卿族強盛，乃請於成公，
假公族之官以與卿族，與古義合。

案：適子爲宗，有收族之誼，宜統其族人，故族趙衰以前之族人皆是也。以其
故族，謂將領其族人，非官屬也，杜注解故族爲故官族，誤。

宣公八年傳

晉胥克有蠱疾

《疏證》：讀本，胥克、胥甲之子，昭元年，晉侯求醫於秦，秦伯使醫和視之，曰，
疾不可爲也，是謂近女室。疾如蠱，非鬼、非食，惑以喪志，其云疾如蠱。

（1）則晉侯非蠱疾，與此傳言有蠱疾異。蠱疾之義，據彼傳，非鬼、非
食，則蠱爲鬼疾、食疾也。梁履繩云，按漢張仲景云，狐惑之病，狀如傷
寒，默默欲眠，目不得閉，起臥不安，此與今俗所云色暈相類，按梁說是
也。狐惑猶鬼病矣。其蠱由食者，今有食蠱之稱，杜注但云惑以喪志，未
分明。

案：《會箋》曰「杜解本昭公元年傳義」，其傳意言病非由于鬼神，非由于飲食、
而是迷惑于女色，以喪失心志，與此傳之蠱疾異。蠱，《說文》云：「腹中
蟲也。」段玉裁注云：「腹中蟲者，謂腹內中蟲食之毒也。」又引正義曰：
「以毒藥藥人，令人不自知。今律謂之蠱。」楊伯峻言，古之所謂蠱疾者
即食物中毒，或以爲鬼神所迷，其現象爲神經錯亂。

（1）原稿眉批：「查皿蟲爲蠱義」按昭元年傳皿蟲爲蠱注云：「器受蟲害者謂
之蠱。」

宣公十年經

齊人歸我濟西田

《疏證》：無年經，齊人取濟西田，杜注不言來，公如齊因受之，用穀梁說，傳無在
齊歸田義。

案：左氏云「齊侯以我服故，歸濟西之田」乃是記實。蓋宣公爲報齊惠公授立

之德，以濟西田賂齊，又會齊侯於平州。據五年春，公如齊。七年公會齊侯伐萊，九年春公如齊，十年春公如齊等，以見其殷勤。穀梁文「公娶齊，齊繇以爲兄第，反之，不言來，公如齊受之。」《三傳比義》謂穀梁以爲經言歸不言來歸，是宣公往齊接受的，此乃見於經上言「公如齊」，而臆斷。如是公在齊受田，經文「公至自齊」，當置於歸田之後，明是公歸後齊始來歸田，故趙匡有駁：「但言歸我，則足知其來也，省文爾。哀八年歸讙及僤，豈是公受乎？」公、穀不合經義，杜用之，見其謬矣。

宣公十年傳

斲子家之棺，而逐其族。

《疏證》：杜注，斲薄其棺，不使從卿禮。本疏，〈喪大記〉，上大夫大棺八寸，屬六寸，然則子家上大夫。棺當八寸，今斲薄其棺，不使從卿禮耳。不知斲薄之，使從何禮也。疏蓋疑杜說非傳意，斲薄其棺，誠非典禮，杜注甚謬，然疏亦未明斲棺何解。案《三國魏志・王凌傳》，朝議咸以爲春秋之義，齊崔杼、鄭子家皆加追戮，陳尸斲棺，載在方策，凌愚罪應如舊典。《晉書・劉牢之傳》，牢之喪歸丹徒，桓玄令斲棺斬首，暴尸于市，《魏書・韓子熙傳》，元義害清河王懌，子熙等上書，謂成禍之末，良田劉騰，騰合斲棺斬骸，沈其五族，遂剖騰棺，詳王凌傳稱春秋之義，則此傳舊說，謂陳子家之尸，追戮之也，以陳而斲棺，斲謂剖也。《晉》、《魏書》說斲棺皆同。今律猶有戮尸之條。〈鄭世家〉，子家卒，國人復逐其族，以其弒靈也。

案：斲棺謂剖棺見屍也，據魏、晉、六朝皆以斲棺爲剖棺，杜解迂。

宣公十一年傳

使封人慮事，以授司徒。

《疏證》：大司馬、大役與慮事，注，大役、築城邑也。鄭司農云，國有大役，大司馬與謀慮其事也，玄謂慮事者，封人也，于有役，司馬與之，疏按宣十一年，楚令尹蒍艾獵城沂，使封人慮事，以授司徒。注，封人、司徒之屬官，是封人慮事，司馬與在謀慮中也。據彼疏，則後鄭說與左氏舊注同。杜注，封人其時主築城者，不取司徒屬官之說。按封人，凡封國，封其四疆，造都邑之封域者亦然，此城沂，蓋斥造都邑封域，封人官卑於司徒，而先慮事者，蓋如今土木之役，屬官估計工需，上於所司也，杜又云，慮事，無慮計功。顧炎武云，慮、籌度也，解非。惠棟引大司馬先鄭說，以釋慮事，

杜釋慮爲無慮，用十二年傳前茅慮無義，詳彼傳疏證。

案：《周禮》地官有封人，「凡封國，設其社稷之壝，封其四疆；造都邑之封域者亦如之。」則是掌建築城郭。土功之事。杜注封人，其時主築城者，僅得其大意。慮事，此謂籌度工事，估計工程築作之事，杜解爲無慮說，恐作。

宣公十一年傳

分財用

《疏證》：計財用之多寡也，築城工役，四面各有主之者。分財用，便於事也，杜謂築作具，下板榦、畚築當之，杜說非。

案：財通材，用、用具也。計其材料工具之多少而分與之，杜謂築作具，僅得其一。

宣公十二年傳

施有施舍

《疏證》：孟子載葵邱之盟云，三命曰，無忘賓旅。趙注，賓客羈旅，無忘忽也。按旅、謂它國之臣來朝聘，或寓公也，旅以饒言，舍以館言。杜注，施之以惠，舍不勞役，亦誤。

案：王引之《經義述聞》云：「古人言施舍者有二義，一爲免繇役，地官小司徒，凡征役之施舍。鄉師，辨其可任者，與其施舍者，注曰，施舍謂應復免不給繇役是也。一爲布德惠，蓋古聲舍、予相近，施舍之言賜予也。宣十二年《左傳》旅有施舍，謂有所賜予使不乏困也。若地官遺人野鄙之委積以待羈旅，委人以甸聚待羈旅是也。成十八年傳施舍已責、襄九年傳魏絳請施舍，輸積聚以貸、三十一年傳施舍可愛、昭十三年傳施舍寬民、又施舍不倦、又十九年傳王施舍不倦、二十五年傳喜有施舍、《周禮》縣無施舍、又聖人之施舍也議之、又布憲施舍於百姓、〈晉語〉施舍分寡、〈楚語〉明施舍以道之忠，皆謂賜予之也。」是《左傳》之施舍皆有賜予之義。《會箋》言此傳、言旅有所賜予使不乏困，是杜以施爲施惠，舍爲不勞役，分施舍爲二，非也。

宣公十二年傳

宵濟，亦終夜有聲。

《疏證》：杜注，言其兵眾，將不能用。顧炎武云，言其軍囂，無復部伍，杜解非。

案：《箋》曰：「終夜有聲四字，描繪如見紛亂喧囂之狀。」《輯釋》云：「上文

云晉之餘師,是其兵不眾,又云不能軍,是無復部伍。」顧說是也。

宣公十二年傳

潘黨曰,君盍築武軍。

《疏證》:翟義傳,莽下詔曰,蓋聞古者伐不敬,取其鯨鯢,築武軍,討以為大戮,于是乎有京觀,以懲慝。乃者,反虜劉信、翟義詩逆作亂于東,而芒竹群盜趙明、霍鴻造 逆西土,遣武將征討,咸令其辜,惟信、義等始發自濮陽,結姦無鹽,殄滅于圉,趙明依阻槐里環隄,霍鴻負倚螯屋、芒竹,咸用破碎,亡有餘類,其取反虜逆賊之樂不鱷鯢,聚之通路之旁。僕陽、無鹽、圉、槐里、螯屋、凡五所,各方六丈,高六尺,築為武軍,封以為大戮,薦樹之棘,建表木高丈六尺,書曰,反虜逆賊鱷鯢在所,長吏常以秋循行,勿令壞敗,以懲淫慝焉,據莽詔書,其築武軍封,當釆劉歆說,京觀即在武軍之上也。杜注,築軍營以章武功、分武軍,京觀為二,非古義。

案:王莽劉歆之武軍京觀,其制或與春秋時相近,以此觀之,武軍、京觀蓋是一事,收晉尸而封土,即謂之武軍、建表木而書之,即謂京觀。杜注武軍云:「築軍營以章武功」,注京觀云:「積尸封土其上」分為二事,恐非。《疏證》云「按《漢書・翟義傳》注,師古曰,京、高邱也。觀、謂如闕形也,單言之亦曰京。《呂覽・不廣篇》,齊攻廩邱,趙使孔青將死士而救之,與齊人戰,大敗之,齊將死,得車二千,得尸三萬,以為二京。《准南・覽冥訓》,掘墳墓,揚人骸,大衝車,高重京,則京觀亦可止稱京。據杜注謂積尸封土,准南謂掘墳墓、揚人骸者,唐太宗令諸州劖削京觀。詔云,季葉馳競,恃力肆威,鋒刃之下,慾情窮殺,血流漂杵,方稱快意,尸如亂麻,自以為武,露骸封土,多崇京觀,族見安忍之心,未宏掩骸之禮,靜言念此,憫歎良深,但是諸州有京觀處,無問新舊,宜悉劖削,加土為墳,掩蔽枯朽,勿令暴露,是京觀之制,露骸封土也,杜注未盡其義。」當是。

宣公十四年傳

衛人以為成勞

《疏證》:杜以成勞為平國之功,疏云,《釋詁》以平為成,則成亦平也。馬宗璉云,載記正義云,《左傳》孔達無相衛成公復國之事。璉案孔悝鼎銘云,叔舅乃祖莊叔,左右成公,成公乃命莊叔隨難於漢陽,即宮於宗周,奔走無射。鄭注,莊叔、悝七世之祖,衛大夫孔達也。據鼎銘,是孔達實有佐成公復

國之勞，故衛人雖告其背盟之罪于諸侯，而復使其子得闔叔穀爲卿，杜注平國之功，未詳佐成之事，夫亢大國之仇，豈反以爲功乎，按馬說是也。成勞，猶言佐成公而有勞。

案：據《禮記‧祭統》孔悝之鼎銘，孔達實有佐成公復國之勞，杜云平國之功，未及佐成公之事。

宣公十四年傳

華元曰，過我而不假道，鄙我也。鄙我，亡也。

《疏證》：杜注，以我比其邊鄙，是與亡國同。顧炎武云，鄙我、猶輕我。文淇案，顧說非也。《呂覽‧行論篇》，楚莊王使文無畏于齊，過於宋，不先假道，還反。華元言于宋昭公曰，往不假道，來不假道，是以宋爲野鄙也。高注，欲以宋爲鄙邑，是也。杜解爲邊鄙，亦非。壽曾謂，顧氏用陸粲說，用傳遜辨誤。陸云，鄙當作薄之意。昭十六年傳，夫猶鄙我，注云，鄙、賤，是也。傳云，此當從杜無疑，下云亡也可見。傳又引《呂覽》，謂與杜說同，按傳駁陸說極諦，《呂覽》鄙野義異，傳氏謂與杜說同，非也。昭十七（1）年傳，是晉之縣鄙也，何國之爲，縣鄙即野鄙義，故高云鄙邑也。傳謂申舟往齊。宋即止之，《呂覽》謂往不假道，來不假道，是宋止申舟在聘齊還後，此別采異說。

案：《疏證》謂鄙爲鄙邑之說，《會箋》曰：「過他國當借道，今過我而不借道，是以我爲楚國鄙邑也。以我楚國鄙邑，則國非我國，故下承之云，鄙我亡也。言雖未亡與亡同。昭十九年是晉之縣鄙也，何國之爲，語意正同，襄八年親，我無成鄙我是欲，昭十六年吾且爲鄙邑，則失位矣。成十八年大國無厭，鄙我猶憾，皆爲鄙邑之義。」顧炎武解鄙與杜解，非傳意。

（1）「七」查曾作「九」

宣公十五年傳

古人有言曰，雖鞭之長，不及馬腹。

《疏證》：杜注，言非所繫。《北魏書‧李沖傳》，別詔安南大將軍元英，平南將軍劉藻，討漢中，召、雍、涇、岐三州兵六千人，擬戍南鄭，剋城則遣，沖表諫曰，西道險阨，單徑千里，今欲深戍絕界之外，孤據群賊之口，敵攻不可卒援，食盡不可運糧，古人有言，雖鞭之長，不及馬腹，南鄭於國，實爲馬腹也。據李沖引傳意，馬腹喻宋，距晉遠，中隔大河、太行也，杜說非。

案：此蓋譬晉國雖強，亦不能與楚爭。是雖鞭之長喻晉之強，不及馬腹言力有
　　所不及，喻不可違天與楚爭也。

宣公十七年傳

獻子先歸，使欒京廬待命于齊曰，不得齊事，無復命矣。

《疏證》：杜注，欒京廬，郤克之介，使得齊之罪，乃復命，按杜說非也。郤克未致
　　　　徵會之命而行，故留介待命，事、即謂會之事。年表、克怒歸。

　　案：不得齊事者，謂不能完成來齊之使命也，杜注謂「使得齊之罪」，誤。

成公二年傳

臣辱戎士，敢告不敏，攝官承乏。

《疏證》：〈檀弓〉，冉子攝束帛乘馬而將之。注，攝猶貸也。攝官承乏，謂以戎士行
　　　　殞命禮。杜注，言欲以已不敏，攝承空乏，從君俱還，非傳義。

　　案：攝者，代也，承乏亦表謙詞，其義表由於缺乏人手，遂由自己承當。依情
　　　　況而言，實際意爲將執行任務，執齊候之辭，不必說俱還。

成公三年傳

若不獲命，而使嗣宗職。

《疏證》：杜注嗣其祖宗之位職。洪亮吉云，宗職、父職也。荀首之父未爲卿，故營
　　　　止，言嗣宗職，杜注疑誤。沈欽韓云，宗職，言宗子之事，下次及於事，
　　　　乃是以次序而當晉之事，杜預言嗣祖宗之位職，非也。按此時荀首方佐中
　　　　軍未請老，不得言嗣父職，沈說是也。

　　案：洪亮吉以宗職，父職也之說，但此時荀首正佐中軍，未告老退休，而沈注
　　　　以次序面當晉之事解之，較妥。

成公五年傳

既而告其人

《疏證》：沈欽韓云，按其人，嬰齊所使之人，自以私意告之，亦如衛出公問於子貢，
　　　　而子貢乃私于使者，古人使問之禮如此，杜預謂自告貞伯從人，謬。

　　案：其人是指趙嬰所遣問于士渥濁之使，士渥濁答以不識，旋即與使者私言，
　　　　以已意告之。此傳情況與哀公二十六年傳，衛出公使人問子貢事相同，沈
　　　　說爲是。

成公五年傳

降服

《疏證》：〈晉語〉注，降服，縞素也。杜注，損盛服，不用韋義。沈欽韓云，司服

職，大栽素服。注云，君臣素服縞冠，若晉伯宗哭梁山之崩。按韋說與《周禮》合，杜注非也，沈說是也。鄭君既引此哭梁山爲文，則左氏舊說亦以絳服爲素服縞冠。僖三十三年傳，秦伯以師敗于殽，素服郊次。

案：據傳，國以山川爲主，所以山崩川竭，國君爲其減膳撤樂、穿素服、乘坐沒有彩繪的車子，不奏音樂，離開寢宮，太祝陳列獻神之禮。是降服者，即著白色衣，戴白絹帽。杜注損盛服，意謂不著平常華麗衣服，其釋不若鄭玄注，降服爲素服縞冠佳，並據僖三十三年傳素服郊次之證，〈晉語〉，沈說爲是。

成公五年傳

祝幣，史辭以禮焉。

《疏證》：祝以幣、史以辭禮山、川也，杜分爲三事，非。〈晉語〉，記重人之言，有降服、出次、乘縵不舉四事，其多於內傳者，策於上帝，國三日哭也。

案：據傳意太祝陳列獻神的禮物，太史宣讀祭文，以禮祭山川之神。是杜注分三事，史辭自罪責，恐是臆辭。

成公八年傳

四方諸侯，其誰不解體。

《疏證》：杜主，言不復肅敬於晉，本疏，謂事晉之心皆疏慢也。復《漢書·楊彪傳》，操奏收下獄，孔融往見操曰，〈周書〉，父子、兄弟罪不相及。今橫殺無辜，則海內觀聽，誰不解體。詳融引傳，則解體爲渙散義，杜說非（2）。

案：其誰不解體，言誰能不離心渙散，是解體猶言渙散瓦解。

（2）原稿眉批：「解詁」

成公十年傳

鄭公子班聞叔申之謀

《疏證》：九年傳，公孫申謀之曰，我出師以圍許，爲將改立君者，則叔申謀出緩晉，非實欲改立。杜注，改立君之謀，非。

案：九年傳「鄭人圍許，示晉不急君也。是則公孫申謀之，曰，我出師以圍許，爲將改立君者。」其爲者僞也，依《釋文》作僞，今從之。句意乃僞裝將另立一君，乃權宜之辭也，以紓晉使。是杜注改立君之謀，臆辭也。

成公十一年經

晉侯使郤犨、來聘，已丑，及郤犨盟。

《疏證》：犨、公羊曰州，臧壽恭云，犨，州同音相假。李富孫云，《潛夫論志》氏

姓作讐。讐又雙之譌。本疏,《世本》,郤豹生冀芮,芮生缺,缺生克也。
又云豹生義,義生步揚,揚生州,州即雙也。如彼文,則雙與克俱是豹之
曾孫,當爲從祖昆弟,服虔以爲從祖昆弟。杜云從父昆弟,或父當是祖字
誤耳。洪亮吉據《世本》,則雙與克共曾祖,故服云從祖昆弟,杜改云從
父,誤矣。

案:據孔疏引《世本》,郤雙與郤克皆郤豹之曾孫,兩人爲從祖兄弟,杜注云
從父,誤。

成公十三傳

王以行人之禮禮焉

《疏證》:〈周語〉,王使私問諸魯,魯人云,請之也。王遂不賜,禮如行人。注,如
使人之禮,無加賜。本疏引孔晁云,行人,使人也。以使人之禮禮之,不
從聘者之賜禮也,韋用孔說。杜注,不加厚,未解行人、聘者之別。

案:《會箋》曰:「行人,使人也。以使人之禮禮之,不從聘者之賜禮也。〈周
語〉,王遂不賜,禮如行人。韋注,如使人之禮無加賜。〈周語〉上曰先聘
且告,下曰禮如行人,則不如聘者而如告者也。」是杜解不詳。

成公十二年傳

敬在養神,篤在守業。

《疏證》:皆謂納身於禮,養神,即上文養之以福也。守業,謂安業而不遷。疏云,
朝庭百官,事神必敬,草野四民,勿使失業。下文祀與戎,乃明事神之節,
疏說非。

案:養神,供奉鬼神也,是慕敬在於供奉神靈;篤實則在於各安本分,謂安業
而不遷。疏云,草野四民,勿使失業,乃不明守業誠指本分之故。

成公十三年傳

俾我惠公用能奉祀于晉

《疏證》:僖九年傳,冬,齊隰朋帥師會秦師納晉惠公。杜注,僖十年,秦納惠公,
非。

案:據僖公九年傳載:「晉郤芮使夷吾重賂秦,以求入。曰,人實有國,我何
愛焉。入而能民,土於何有,從之。齊隰朋帥師會秦師納晉惠公。」年表
列此事於明年,蓋用周正。

成公十六年傳

鄭子罕伐宋

《疏證》：杜注，滕，宋之與國，鄭因滕有喪而伐宋，故傳舉滕侯卒，侵伐經、傳異文，經從告，傳言實。沈欽韓云，大國有喪，或可乘間以侵小國，滕小宋大，有喪何妨宋事，而因滕喪伐宋乎。杜以傳文不虛出，而強傳其事，殊不思道理也。

案：《會箋》謂「此傳滕文公卒，亦明滕子之爲文公與鄭伐宋毫不相涉。且滕小國，與宋同屬於晉，未必爲宋竭力以禦鄭，何必因其有喪而伐宋哉。又侵伐之例，大軍旅對文則義例可論，其經傳異文者，亦是侵猶伐，伐猶侵故也，杜注俱誤。」參酌之。

成公十六年傳

國有大任，焉得專之。

《疏證》：杜注，大任，謂元帥之職。按大任，猶言大事，欒書將中軍，已是元帥，杜說非。

案：大任，大事也。意謂國有大事，爾何能一人專之。《會箋》曰：「元帥有元帥之大任，戎右有戎右之大任，凡國所建之官，皆有職任，非指一官言之。」是職有專司，國有大任，非徒元帥一人之責是也。

成公十六年傳

爲事之故，敢肅使者。

《疏證》：杜注，言君辱命來問，以有軍事不得答，故肅使者。王念孫云，杜以事爲軍事，非也。事謂楚子使人來問之事。晉語曰，爲使者故，敢三肅之，是其明證矣，按外傳注云，禮，軍事肅拜。肅拜、下手至地也。大祝，九曰肅拜。注，鄭司農云，肅拜、但俯下手，今時撎是也。介者不拜，故曰爲事之故，敢肅使者，疏，成公十六年，郤克至見客，免胄承命文云，不敢拜命。注云，介者不拜，軍中有此肅拜。據先鄭引傳證禮之肅拜，則注此傳，亦謂肅爲俯下手。杜注亦云，肅、手至地，若今殯，韋、杜並云先鄭說。禮疏引上文拜命者，明肅異於拜。本疏，《說文》，撎，舉首下手也，其勢如今揖之小別。晉宋儀註，貴人待賤人，賤人拜，貴人撎。

案：爲事之故之事，是指楚子使人來問之事，以晉語六作「爲使者故，敢三肅之」，可曉，王引之《述聞》明之。

成公十六年傳

子在君側，敗者壹大，我不如子，子以君免，我請止。

《疏證》：杜注，敗者壹大，謂軍大崩也。言石首亦君之親臣而執御，與車右不同，

故首當御君以退，己當死戰，顧炎武云，敗者壹大，恐君之不免也，我不如子，子之才能以君免也，杜解非。

案：楊伯峻引陶鴻慶別疏，意謂戰敗之軍應一心保護其君，《會箋》：「言敗者壹大，恐君之不免也，我才不如子，子宜在君側守護以免，我當止禦敵也。」二說與顧氏合。

成公十六年傳

周書曰，惟命不于常，有德之謂。

《疏證》：引《書》康誥文，有德之謂，文子釋書詞也。襄二十三年傳，君子謂慶氏不義，不可肆也。下亦引此書，德，猶義也。杜注，言勝無常命，惟德是與，誤作二句皆書詞，非。〈晉世家〉，晉由是威諸侯，俗欲以令天下求霸，並未能用文子之言。

案：「惟命不于常」直是《尚書》康誥文，杜連下句誤合，不審矣。

成公十六年傳

若有罪，則君列諸會矣。

《疏證》：杜注，諸侯雖有篡弒之罪，侯伯已與之會，則不復討。前年會于戚，曹伯在列，盟畢乃執之，故曹人以為無罪。按篡弒之人與會則不討，傳無其說。十五年，晉侯為戚之會，有曹成公者，乃誘於會而執之，故彼傳云，會于戚，討曹成公也。以討曹見幾，不以盟戚見義，曹人此言，明既有罪，而列于會，乃強辭相詰，杜執為討例，非也。疏引宣元年，會于平州，以定公位為證。按齊以妨晉討魯為會，示有（3）魯有聲援，彼傳亦不謂列會不復討也。

案：會，指宣公十七年斷道之會盟。列之於會者，是指先君曹宣公，杜注誤以為指曹成公。《箋》曰：「諸斥先君也，宣公立三年，與諸侯同盟于斷道，最善事大國，每諸侯之會必與焉，遂卒於秦之戰，以是曰先君無罪，不宜大泯社稷也。杜以戚之會說之失考。傳曰，會于戚討曹成公也，為討故會諸侯而執之。諸侯之會，安得曰免於討乎，又以是為既會則不討之微最誤。」是篡弒之人與會則不討，傳無此說。

（3）上「有」字疑衍。

成公十六年傳

為食於鄭郊，師逆以至。

《疏證》：謂為食以待所逆晉師也。杜謂聲伯戒叔孫，須逆師至乃食，非。

案：此二句是記事之文，非聲伯戒叔孫之辭。

成公十六年傳

郤犫曰，苟去仲孫蔑而止季孫行父，吾與子國親於公室。

《疏證》：杜注，親魯甚於晉公室。沈欽韓云，言親聲伯甚於魯也，若如杜言，郤犫
顯露其背慢之跡於敵國之使，不辭甚矣。

案：杜注解「親於公室」爲「親魯甚於晉公室」誤也，因聲伯外妹嫁與郤犫，
故郤犫以利誘之，沈說是也。

成公十七年傳

有黨而爭命，罪孰大焉。

《疏證》：此命，亦謂君命，爭命、猶拒命也。杜以命爲死命，非。

案：僖公二十三年傳，重耳「保君父之命而享其生祿，於是乎得人。有人而校，
罪莫大焉」義與此同，是君命，非死命。

成公十八年傳

欲無犯時

《疏證》：此蒙上文，謂不奪民時也。杜注，不縱私欲，非。〈晉世家〉，修舊功，施
德惠，收文公入時功臣後，犖栝命百官以下傳意。

案：「時用民，欲無犯時，」上時指農隙，下時指農時。是欲無犯時，不縱私
慾以犯農時。晉文公初即位時如此，悼公則效而行之，杜注時用民，謂使
民以時，則下句亦承其意耳，然言不縱私慾，語焉不審。

《四庫提要》論其杜注多強經以就傳，不能不謂之一失。（卷二十六，經部）是
如丁晏《杜解補正》云：「杜氏阿附經驗經文，於春秋本經之旨，實全不理會。」（卷
一）又朱子曰：「杜預《左傳解》不看經文，自成一書」。黃澤曰：「杜元凱說春秋，
雖曲從左氏，多有違背經旨。」（見於丁晏《杜解補正》卷一引）是杜氏多強經以就
傳，或曲說經傳之旨意者。再則征南雖專修丘明之傳，然有隱襲公、穀二傳之說也。
杜預《春秋序》嘗評，今可見之十數家左氏學者，膚引公、穀二傳，自亂其是非者：
「預今所以爲異，專修丘明之傳以釋經，經之條貫必出於傳，傳之義例，揔歸諸凡，
退變例以正褒貶，簡二傳而去異端，蓋丘明之志也。」征南雖專修丘明之志，然孔
穎達《左傳正義》云：「若左氏不解，二傳有說，有是有非，可去可取，如是則簡選
二傳，取其合義而去其異端。」亦如申叔先生就其隱襲二傳而駁難之，故《春秋左
氏傳例略》：「杜說隱襲二傳，厥論尤繁。隱元年，及宋人盟于宿。注云，客主無名，
皆微者也。又曰，凡盟以國地者，國主亦與盟。二年，莒人入向。注曰，將卑師少。

紀裂繻來逆女。注曰，逆女或稱使，或不稱使，昏禮不稱主人。夫人子氏薨。注云，
隱讓桓以為大子，或其母喪，以赴諸侯。審繹詞旨，均本公羊，是其膚引二傳，雖
劉、賈、許、穎，亦弗若是之過也。顧云，簡二傳而去異端，夫豈然哉。」是此，
亦為孟瞻退杜注膚引公、穀二傳之論，乃申辨兩漢左氏先師詮解經文，即與二傳偶
合，亦係經例相同，而資取二傳者。如申叔《春秋左氏傳注例略》所論，明漢儒左
氏傳經之旨，蓋如：「子駿以前，本傳師說未備，尹更始，尹咸、翟方進之倫，均通
穀梁；張敞之屬，兼治公羊，師承派別，輾轉相傳。至於東漢則先鄭父子並通公羊，
賈氏亦為穀梁大師。職此之由，要非強附二傳比也。若以兼采二傳為異端，則杜氏
之私言，奚可執為定論哉？」是杜氏襲用二傳者，自亂其是非。

五、經傳國名、地名解說方面

隱公元年傳

惠公之季年，敗宋師于黃，公立而求焉，九月及宋人盟于宿，始通也。

《疏證》：杜注，黃、宋邑，陳留外黃縣東有黃城。沈欽韓云，〈漢志〉，山陽郡有黃
縣，王應麟《地理通釋》，春申君傳正義，故黃城在曹州考城縣東二十四
里，此河南之黃城也。按此即山陽之黃，惠公敗宋師宜在此，不當遠在陳
留之外黃，考城今屬歸德府。

案：江永《地理考實》云：「今外黃故縣在開封府杞縣北。」《河南通志》載「杞
縣東北六十里，有外黃城。」《會箋》言黃有三，此黃宋邑也。桓公八年
黃隨不會乃黃國也，十七年公會盟于黃，齊地也。《春秋左氏傳地名圖考》
（以下簡稱圖考）從沈欽韓說，言現於考城縣東，增設民權縣，劃歸民權。
《春秋要領》云「今屬河南省，考城縣東二十四里」至於陳留縣，《讀史
方輿紀要言》，在河南開封府東五十里，春秋為留地，屬鄭，後為陳所并，
故曰陳留。

隱公經二年

夏五月，莒人入向。

《疏證》：沈欽韓云，于欽齊乘，今沂州西南一百里有向城鎮，《方輿紀要》，春秋向
之名四見，杜預解為二地，承縣在今繹縣境內，龍亢今鳳陽府懷遠縣，寰
宇紀在莒州南，說皆未核，惟沂州之向城為近之，蓋向先為國，後並于莒，
而或屬莒，或屬魯，以攝乎大國聞也，按莒亦小國，南至沂州二百二十里，
去沂州尚遠，知向國非沂州之向城鎮也。寰宇記，向城，在密州莒縣南七
十五里，當從之。

案：向爲國名，姜姓，據《寰宇記》，莒縣南七十里，有向城。《地理考實》：「傳載莒人入向，以姜氏還，此必近莒。」以近莒言，當即此向。顧棟高《大事表》春秋入國滅國論云：「莒人入向，而宣四年伐莒取向，則向已爲莒邑，而隱二年向爲莒滅明矣。」孔穎達《左傳疏》云：「莒已姓，或云嬴姓，少昊之後，周武王封嬴茲輿於莒，初都計斤城，後遷莒。」《一統志》載莒，在今山東省莒縣且治，故杜注譙國龍亢縣東南有向城，則在今安微懷遠西四十里，距莒甚遠，非也。顧炎武《日知錄》卷三十一亦言杜氏注爲二地，然其實一也，先爲國，後並於莒，而或屬莒，或屬魯，則以攝　乎大國之聞耳，其說亦言杜注非。

隱公三年經

多十有二月，齊侯，鄭伯盟于石門。

《疏證》：《水經注》引京相璠云，石門、齊地。今濟北盧縣故城西南六十里，有故石門，去水三百步，杜注石門、齊地，或曰濟北盧縣故城西南濟水之門。洪亮吉云，濟北盧縣，春秋時即齊地，杜注分爲二地誤。一統志，石門在濟南府長清縣西南，今圮于河。

案：《彙纂》及《清一統志》皆載盧縣故城所在，在今山東省長清縣西南，《續山東考古錄》云：「石門邑，在今平陰縣西南，杜氏所稱或曰，即指京氏所引，似有脫文，其地古在盧城與臨邑分界處，今在平陰與東阿分界處。」蓋《彙纂》、《一統志》未釋石門所在，今從《考古錄》。

隱公五年傳

四月，鄭人侵衛牧。

《疏證》：杜注，牧、衛邑。惠棟云，《詩》靜女云，自牧歸荑，王質以爲即春秋之牧邑。沈欽韓云《續漢志》衛公國有河牧城，《水經注》，浮水故瀆東逕河牧城。洪亮吉云，《爾雅》、郊外謂之牧，非邑名，與下伐宋入其郛同。前年伐鄭，圍其東門，故鄭亦侵其牧地以報之，又衛地無名牧者，若云朝歌之牧野，則亦不可僅名爲牧，明杜注非也。按靜女毛傳，牧，田官地，亦兼用《爾雅》義，河牧亦不可僅名爲牧，洪說是也。

案：江永引《彙纂》，衛牧今汲縣地也，屬河南衛輝府，即今牧野也。高士奇《地名攷略》云，牧即商之牧野，亦謂坶野，如《水經注》「倉水出上山西倉谷東南，流歷坶野，自朝歌以南，暨清水土地平衍，據皋跨澤悉坶野矣。《郡國志》曰朝歌縣南有牧野。《竹書紀年》曰周武王率西夷諸侯伐殷

敗之于坶野詩，所謂牧野洋洋者也。」又「司馬彪曰牧野去朝歌十七里，戰國爲汲，秦紀莊襄三年蒙驁攻魏汲扳反復研究這又始皇七年驁還兵攻汲是也。漢置汲縣，晉置汲郡，治焉東魏置義州，後周改衛州，杜佑曰沒郡古牧野地，宋白曰衛州蔧城，隋以前謂之陳城，賈耽《縣道記》云，武王伐紂于此列陳，故名陳，俗作陣，隋改伍城爲汲縣，移于今衛輝府治，古汲城在郡西南二十五里。」《圖考》言「鄭人侵衛牧」，乃專指牧邑，故如《春秋大事表》云，「牧邑在汲縣西南二十五里」乃從其說。《方輿紀要》亦以牧野爲河南衛輝府汲縣是也。

隱公七年經

戎伐凡伯於楚邱，以歸。

《疏證》：杜注楚邱、衛地，在濟陰成武縣西南。顧炎武云，此非僖二年所城之楚邱，解曰衛地，非也。其曰在濟陰成武縣西南，則是也，春秋時爲曹地。沈欽韓云，此爲曹之楚邱。《紀要》，楚邱城在曹州曹縣東南四十里，《水經注》亦誤以成武之楚邱爲文公所居。徐公說春秋分紀曰，戎州已氏邑，在今拱州楚邱縣，天王使凡伯聘魯，由雒邑道楚邱至仙源，楚邱在河南，宜爲周魯往來之地，以其逼近宋都，故漢晉屬梁國。文公徙居楚邱，在澶之衛南，地在河北，凡伯安有踰河北道衛而南，使於魯耶。欽韓按，〈漢志〉云，山陽郡成武縣有楚邱亭，齊桓公所城，遷衛於此，由此展轉致誤，江永曰，《彙纂》，今天兗州府曹縣東楚邱亭是也。今按曹縣今屬曹州府，二年戎城，亦在曹縣，則此楚邱爲戎邑，非衛邑也。按顧、沈之說是也。春秋時，戎入處中國，曹亦可有戎，第江氏徑指楚邱爲戎邑，非。虎賁氏、若道路不通。注，不通，逢兵冦，若泥水。春秋隱七年冬戎伐凡伯於楚邱以歸，《淮南子・泰族訓》，周之衰也，戎伐凡伯於楚邱以歸，注，凡伯，周大夫使於魯，而戎伐之楚邱。

案：蓋楚邱有二，據《一統志》載，一爲僖公二年之衛楚邱，在今河南滑縣之東六十里。一爲曹楚邱，今山東曹縣東南四十里，古戎州已氏之邑，戎伐凡即此，今名楚邱集。本傳之楚邱即指曹楚邱，杜注以爲衛地，非。高士奇亦言，實有兩楚邱，而後世混之也。說詳《地名攷略》。

隱公八年經

秋七月，庚午，宋公，齊侯，衛侯盟于瓦屋。

《疏證》：杜注，瓦屋、周地，沈欽韓云，《一統志》，瓦屋頭集在大名府清豐縣東三

十五里，或謂盟於瓦屋即此。紀要，瓦岡在滑縣東。《水經注》，濮渠東逕滑臺城南，又東南逕瓦亭南，當是此瓦屋，杜預謂周地，非也。

案：周、鄭、衛均有瓦屋。沈欽韓據《一統志》言，瓦屋在大名府清豐縣東三十五里，乃屬衛地之說。江永依《彙纂》說，今開封府洧川縣南二十里，瓦屋里是其地，當為鄭地，非周地。「蓋此會此盟三國本欲就鄭，是時莊公為周卿士，故先會于河內之溫，猶欲盟於近鄭之瓦屋，鄭竟不至，三國遂自為盟，蓋鄭怨宋衛深陽許而實不欲平也。」《正義》謂「瓦屋既闕知是周地者，以其會于溫，盟于瓦屋，會盟不得相遠，溫是周了，知瓦屋亦周地也。」《地名考略》，高氏言「傳稱會于溫，盟于瓦屋，瓦屋距溫當不遠，故杜注言周地也。」《河南通志》載瓦屋在溫縣西北三十里，今天依傳文，杜說可从。

隱公十年傳

十年，春王正月公會齊侯、鄭伯於中丘癸丑，盟于鄧，為師期。

《疏證》：杜注云，鄧、魯地。沈欽韓云，與桓二年會於鄧同，非魯也。

案：《會箋》言鄧有三，此鄧魯地也。桓二年蔡侯、鄭伯會于鄧，蔡地也。九年巴子請與鄧為好，鄧國也。江永引《彙纂》言「路史黃帝臣，鄧伯溫國當在兗州府境。」《紀要》兗州府，春秋時屬魯，戰國初屬魯，後屬楚，亦為齊宋之疆。若此，鄧為魯地無疑。

隱公十一年傳

隰郕

《疏證》：《郡國志》，河內郡，懷，有隰城。洪亮吉云，按僖二十五年傳作隰城，劉昭引此傳亦作城，按洪說是也。杜但注隰云在懷縣西南，而不及郕，是郕非邑名。王引之云，古城字多用成，蓋古本作隰成，後人因與上文溫原絺樊連讀，而誤以隰成為二邑名，遂於成旁加阝不知成為城之借字，隰成猶言京城、亳城，非邑名也。《校勘記》云，郕省作成，成誤為城，是也。沈欽韓云，隰城在武陟縣西南十五里。紀要，期城在府城西三十里，故隰城也，今名覆背邨

案：據王引之《經義述聞》考證，本作隰成，後人誤改為郕。《會箋》曰，成為城之省文「史記高祖功臣侯年表曲城圉侯蟲達，漢表城作成。《漢書·地理志》勃海郡阜城，司隸校尉魯峻碑城作成。《續漢書》郡國地隰城，注云，《左傳》王與鄭隰城，是也。僖廿五年取大叔于溫，殺之于濕城，

亦此邑也。」攢古城字多作成。江永《地理考實》引《彙纂》,今懷慶府
武陟縣西南十五里隰城是也。《一統志》同。

隱公十一年傳

攢、茅

《疏證》:《釋文》云,攢木,官名。沈欽韓云,《一統志》,攢城在修武縣西北二十
里。《地理通釋》,攢茅今爲大陸村。按《正義》引《括地志》,有茅亭在
懷州獲嘉縣東北二十里,則攢、茅本兩邑,而杜預誤合之也。

案:杜注以攢茅爲一邑,《括地志》及《一統志》,以攢茅爲二邑。《彙纂》以
攢茅爲今屬懷慶府縣北二十里,大陸村即其地。《後漢書·郡國志》言修
武有攢茅田,而攢茅又爲大陸村,《圖考》以爲似非二地,舉《商子·賞
刑篇》「昔湯封于贊茅,文王對于歧周」則贊茅與歧周並舉,以明非二地
之證,故杜注未可厚非,姑兩存之。攢茅又見傳文僖公二十五年,《疏證》
引〈晉語〉注八邑,則以攢茅爲一地;又見宣公十一年傳,沈欽韓以攢函
即攢茅之邑。

桓公十一年傳

將與隨、絞、州、蓼伐楚師。

《疏證》:《釋文》、隋、絞、州、蓼四國名。洪亮吉云,《春秋地圖》,絞在漢水之北,
《說文》鄝,地名、從邑,翏聲。《釋文》、蓼或作鄝。鄭氏《詩箋》,亦
引作鄝。《地理志》,南陽郡湖陽,故廖國。郡國志南陽郡棘陽有湖陽邑,
杜同此。圖經,監利縣東三十里有州陵城,春秋時州國。沈欽韓云,大事
表郿陽府治,西北爲絞國地,蓼、杜以爲南陽之廖,誤也。昭二十九年傳
作飂,非此蓼也。前志,六安,蓼故國,皋陶後。《一統志》,蓼縣故城在
光州固始縣東北,與潁州府霍邱縣接界,古蓼國,今有蓼城岡,在縣東北
七十里。

案:蓼有二,一爲己姓古國,春秋屬楚,古爲飂國,見昭廿九年。地在今河南
省唐縣南九十里,詳高士奇《春秋地名考略》,梁履繩《補釋》及《大事
表》說同。二爲偃姓國,滅于楚,地在今安徽霍邱縣西北,見文五年「楚
公子燮滅蓼」,此蓼與桓十一年傳蓼同名而異國,《禮記·坊記》,《淮南》
氾論俱云「陽候殺蓼候」〈坊記〉蓼作繆,王引之《述聞》謂聲相近而假
借。《疏證》文五年亦云蓼候,皋陶之後,偃姓之候國也,今在廬江。《彙
纂》,今河南汝甯府固始縣東北有蓼城岡,其地即古蓼國。哀十七楚武王

「以克州蓼，服隨唐，大啓群蠻」，此蓼亦同文五年之古蓼國。蓋隨爲姬姓國，今湖北隨縣。絞州據《路史》云，皆爲偃姓國，與古蓼國同，屬今湖北省，以蓼皆在楚北，伐楚師者不知何者，尚姑存二說。

桓公十八年經

十有八年春，王正月，公會齊侯于濼。

《疏證》：《說文》，濼、齊、魯間水也。杜注，濼水在濟南歷城縣西北入濟。洪亮吉云，案宋陸友仁云濟水自王莽時不能至河西，而濼之所入者清河也，杜注失之。沈欽韓云，《水經注》，濼水出歷城縣故城西南，泉源上奮，水涌若輪，春秋桓公十八年，公會齊候於濼，是也。北爲大明湖，《方輿記要》，小清河在濟南府城北，即濼水也。

案：《大事表》八上「濼即今之小清河，志云，濟之南源也，源發趵突泉在濟南府城西南，濟水伏流重發處經城北，而東大明湖自城北水門流入焉，又東北經華不注山陽，合華泉又東北入大清河，即濟瀆也。宋南渡時濼水分流，入章邱縣界，謂之小清河，行五百餘里至馬車瀆入海，明永樂後屢濬屢塞，今小清河仍自華不自東北入大清河。」按大清河亦曰清河，即古濟水，《戰國策·齊策》「蘇秦說齊宣王曰，齊西有清河，北有渤海。」是清河即濟水也。今濟水上游發源處尚存，而下游爲黃河及大清河所奪，故近世言濟水者多謂發源於大清河之南支而入黃河。

莊公四年傳

莫敖以王命入盟隨侯，且請爲會於漢汭而還。

《疏證》：杜注，汭、內也，謂漢西。鄭玄《尚書注》，汭之言內也，杜注本之。說文，汭、水相入也，亦同鄭義。《釋文》，水曲曰汭。顧棟高云，漢汭乃襄陽以南至安陸之漢水也。自襄陽至安陸府七百里，自安陸至漢陽府沔陽七百里，安陸爲楚之郊郢，是時王卒於樠木之下，在安陸府治東一里。莫敖懼隨人邀襲，故以王命詣隨侯爲會於此，時楚尚未有漢，隨在漢東，楚在漢面，故杜解爲漢西，按顧說是也。

案：蓋兩水相入，必有限曲處，名曰汭，如《詩》公劉箋云，水之內曰隩，水之外曰鞫。按公劉所居故豳城，正在涇芮二水相會內曲之處，此傳曰漢汭，與閔二年曰渭汭，宣八年曰滑汭，昭元年曰雒汭，四年曰夏汭，五年曰羅汭，廿四年曰豫章之汭，廿七年曰沙汭，定四年淮汭，哀十五年曰桐汭同，水名下繫以汭者眾矣。江水云：「漢汭者，漢水入江之處，今漢陽府漢陽

縣是也。」杜注謂漢西,乃廣義之漢汭也。此時楚尚未有漢水,與下文「濟漢而後發喪」可知。

莊公十年經

公敗宋師于乘丘

《疏證》:〈檀弓〉疏,乘丘、魯地,杜注同。〈地理志〉,濟陰郡乘氏,應邵曰,春秋敗宋師於乘丘,是也。惠棟云,應劭《地理風俗記》曰,濟陰乘氏縣,故宋乘立,杜以齊、宋次於郎,故指為泰山之乘丘縣,但轉戰所及,追奔逐北,豈必盡屬魯地,杜氏望文生義,非遂實有所據。洪亮吉云,按張華《博物志》亦云,齊陰乘氏,侯國,古乘丘,杜注以為泰山郡乘丘,恐非。小顏注〈地理志〉,亦駁杜說誤。沈欽韓云,《一統志》,乘丘故城在袞州府滋陽縣西北,又以為漢濟陰之乘氏縣,乘氏故城在曹州府鉅野縣西南,按前志乘氏注應劭曰,敗宋師於乘丘是也。續志劉昭注亦曰乘民,古乘丘。按惠,洪、沈說是也,馬宗璉云,魯師自雩門竊出,則敗宋師必在魯之近郊,括地志云,乘丘在瑕邱縣西北,《水經》泗水注。泗水西南逕魯縣北,又西過瑕邱縣東,瑕邱縣與魯縣接界,則乘丘為魯近郭地,故元凱直斷為魯地。馬蓋以泰山之乘丘當之,而謂應劭未言魯敗宋師於濟陰乘丘,又斥小顏注不足據,則顛倒疎舛甚矣,江永用小顏說,又云公子偃自雩門竊出,蒙皋比先犯宋師,可知乘丘去魯城不遠,傳題魯師所出之門,無由決宋師之遠近。江、馬說皆非,宋微子世家,潛公十年,夏、宋伐魯,戰於乘丘,徐慶曰,乘一作勝。

案:杜注乘丘為魯地,《方輿紀要》「乘丘在今山東滋陽縣西北三十五里。」郎為魯地,在曲阜西郊,與乘丘為近,在今曲阜滋陽之間。高士奇《地名攷略》云,乘丘在瑕丘縣西北三十五里,為今袞州府西北二十五里,有古瑕丘城,曲阜在袞東三十里,以是計之乘丘去魯都不及百里。時公子偃自雩門竊出,敗宋師秘寇在門庭,故能出不意,薄之也。若乘丘在曹縣,則相去三百里無用奇之法,故應說為誤,當從顏氏說為優。劉文淇以傳題魯師所出之門,無由決宋師之遠近,以駁江馬,此說尚慮。蓋傳明言公子偃自雲門竊出,蒙皋比而先犯之,是欲不令公知,竊出以速戰。若以率師將眾,跋涉長途迎攻遠敵,恐非上策。

莊公十一年經

夏五月,戊寅,公敗宋師于鄑。

《疏證》：洪亮吉云，按即莊元年邢、鄏，邿之鄏。《說文》云，鄏，宋魯間地，杜直言魯地，亦誤。

　　案：莊公元年之鄏，爲春秋紀邑，在今山東昌邑西北卅里，洪氏言此鄏爲紀邑之鄏，非也。《圖考》云此鄏，與宋相近，《釋地》謂在今山東金鄉東北滿家營。如《說文》云，宋魯間地，故杜直言魯地，爲誤。

莊公十三年經

夏六月齊人滅遂

《疏證》：《世本》，遂、嬀姓。〈地理志〉，泰山郡蛇丘隧鄉，故遂國，隧、遂間同，杜注，遂國在濟北蛇丘縣東北。水經沇水注，京相璠曰，隧在蛇丘東北十里，杜預亦以爲然。然縣東北無城以擬之。今城在蛇丘西北，蓋杜預傳疑之，非也。洪亮吉云，東北當作西北，杜注承京相璠之誤也。沈欽韓云，《一統志》，遂城在泰安府肥城縣南。

　　案：據《彙纂》，其地當在今山東省寧陽縣西北，與肥城縣接界，《會箋》亦主今袞州府寧陽縣西北三十里有遂部。北杏今東阿境，遂在寧陽西北，接濟南府肥城縣界，相去最近。杜注云東北，非也。

莊公二十三年經

蕭叔朝公

《疏證》：杜注，蕭附庸國。疏云，無爵而稱朝，知是附庸國也。邾儀父貴之，乃書字，此無所貴，知叔爲名也。洪亮吉云，〈地理志〉，沛郡蕭，故蕭叔國，宋別封府庸也。按蕭、宋附庸，杜注以爲魯附庸，非。

　　案：蕭爲宋之附屬國。見莊公十二年傳，因蕭叔大心討南宮萬有功，故宋封以蕭使爲附庸，蕭即今徐州蕭縣。〈地理志〉補注引吳卓信曰：「唐世系表：宋載公生子衎，字樂父。裔孫大心平南宮長萬有功，封於蕭，以爲附庸，自是遂爲國。左莊二十三年蕭叔朝公，宣十二年楚伐蕭，蕭潰，後還爲宋邑。定十一年宋公入弟辰入於蕭以叛是也。」蕭既爲宋邑，非魯附庸矣。

莊公二十八年傳

使言於公曰，曲沃，君之宗也，蒲與二屈，君之疆也。

《疏證》：〈晉語〉韋注，宗、本宗也。曲沃桓叔之封，先公宗廟在焉，猶西周謂之宗周也。疆、竟也。二屈有南北，今河東有北屈州也，則是時復有南屈。按〈地理志〉，河東郡有蒲子，北屈二縣。韋昭彼注云，蒲今蒲坂，屈、北屈皆在河東。沈欽韓云，《水經注》，蒲川水南逕蒲城東，即重耳所奔邑

也。汲郡古文曰，魏襄王三十一年，翟章救鄭，次於南屈，應劭曰，有南故稱北。《一統志》，蒲城在隰州西北，北屈廢縣在吉州東北。《紀要》，東北二十一里，是二屈指南屈、北屈也。南屈今地闕。洪亮吉云，杜注二當爲北誤，文淇案，〈晉世家〉，曲沃吾祖先宗廟所在，而蒲連秦，屈邊秦，屈邊狄，不使諸子居之，我懼焉，所言約與傳同，唯以此爲獻公語爲異。

案：二屈指北屈、南屈，兩屈蓋毗鄰，故夷吾一人鎮之。而北屈在今吉縣東北，南屈當在其南。《會箋》曰，二未必字誤，韋昭注國語二屈云，屈有南北，今河東有北屈，若依杜說則屈有北無南，依韋昭說屈有南北，但不言南屈所在。據《水經注》引汲郡古文，是有南屈，蓋屈分爲南北，而實惟一地，南屈者北屈之南也，故傳云，夷吾居屈。且太子處曲沃，重耳處蒲，而獨夷吾一人處二邑，於理說不合。

莊公三十年經

秋七月，齊人降鄣。

《疏證》：二傳云，鄣、紀之遺邑。《說文》，鄣、紀邑也，即用賈說。杜注，鄣、紀附庸國，東平無鹽縣東北有鄣城、段玉裁《說文》注云，東平距紀大遠，非許意也。古紀國在今青州府壽光縣西南三十里，紀城鄣邑當附近，即昭十九年《左傳》之紀鄣也。紀鄣者，本紀國之鄣邑，猶〈齊語〉紀鄣也。杜云紀鄣在東海贛榆是也，莊三十年之鄣即此，杜分爲兩地非。今江蘇海州贛榆縣北七十五里有故紀鄣城，亦曰紀城，案段說是也。洪亮吉云，紀在春秋時甚微，疑不得有附庸國，又紀候去國至此已二十七年，不得有附庸獨行存，杜注蓋非也。文淇案，《釋例》云，計紀侯去國至此二十七年，紀侯猶不堪齊而去，則邑不得獨存，此蓋附庸小國若邾，鄣者也。洪氏用杜語以駁杜，不足以折杜。

案：段說以今之鄣地，當在江蘇海州贛榆縣北七十五里有故紀鄣城。但江永云：「紀小國，不得有附庸，此因昭十九年傳有紀鄣而誤也。紀鄣莒邑，與此鄣非一地。」按江說爲是。高士奇《地名攷略》，記鄣屬莒邑也，東海贛榆縣東北有紀城，此即昭十九年，齊高發代莒，莒子奔紀鄣。莊公三十年之齊人降鄣，依世本爲任姓之國，姜太公之後，今鄣城在東平州東六十里有鄣城集，《水經注》鄣城在無鹽東五十里。按紀鄣莒邑，與此鄣非一地。依地理位置而言，古紀國在今青州府壽光縣，屬山東省，如杜說鄣在東平無鹽縣。若爲紀附庸國，亦必相鄰如魯之於顓臾，而紀在齊東，鄣在齊西南，中間所隔，皆齊南魯北，鄣安得越齊魯數百里，而爲紀附庸哉，故如

昭十九年傳有紀鄣而誤也。《會箋》云杜注以東平無鹽縣東北鄣城當之原無可疑，獨以爲紀之附庸則失之矣。

僖公元年經

八月，公會齊候、宋公、鄭伯、曹伯、邾人于檉。

《疏證》：檉，公羊曰朾（1）沈欽韓云，《水經注》，澇波水（2）自陳城西北而東流，謂之谷水，東逕澇城北。王隱曰，犖北有谷水，是也。犖即檉矣，杜預謂在陳縣西北，非也。檉，小城，在陳郡西南。《方輿紀要》，犖城在陳州西北，按沈說是也。杜注以檉爲宋地。江永云，檉在陳州，則地其當屬陳，非宋地。

案：《彙纂》以檉爲今河南開封府陳州州境有犖城，即檉城也。檉又名牢，《水經注》又謂之勞城，乃一地二名也。依《彙纂》，檉爲陳邑，《紀要》亦同：「古庖犧氏所都，曰大昊之墟，周初麗舜後嬀滿於此，爲陳國。」在今河南省淮陽縣。圖考云當爲西南，北字誤。

（1）檉朾二字古聲同部位雙，古韻同在十一部，同音通假也。

（2）沈欽韓《春秋左氏傳地名補注》作「澇水」劉氏原稿增「波」字。《水經注》原句作「谷水注之，水源上承澇陂。陂在陳城西北，陂水東流，謂之谷水。」

僖公四年經

遂伐楚，次于陘。

《疏證》：〈郡國志〉，汝南召陵有陘亭，杜注本〈漢志〉。馬宗璉云，《爾雅》，山絕、陘。郭注，連中斷絕，是山之中斷絕者，皆可謂之陘。沈欽韓云，楚世家作陘山。《括地志》，山在鄭州西南一百十里。《方輿紀要》，陘山在開封府新鄭縣財三十里。蘇秦說韓曰，南有陘山。說楚曰，北有陘塞。《史記》，魏襄王十六年，伐楚。敗之陘山，又，秦攻陘，使人弛南陽之地。徐廣曰，陘，山絕之名，今自陘山而西，南達於襄、鄧，皆群山線亘，故昔以陘山爲南北之險塞。按陘山延袤甚廣，注家注陘者不一。徐廣曰，密縣有陘山，杜預謂召陵之陘亭，或謂在許州鄢城縣南，皆與傳文進次于陘不合。韓策，秦攻陘，韓因割南陽之地，是陘已近南陽，當在今汝州南，按沈說是也。〈年表〉，齊桓公三十年，伐楚，責包茅貢，楚成王十六年，齊伐我至陘，使屈完盟。

案：據杜注陘在今河南省偃城縣南，然蔡在今河南省上蔡縣，由蔡伐楚。而次

于鄭，反而北行，與傳文「師進，次于陘」意恐不合。王夫之《稗疏》曰：「既言伐楚，則已叨楚境，故楚曰，涉吾地，召陵之盟。傳曰，師退次于召陵與上言師進次于陘相應，則陘不在召陵明矣。」故蘇秦說韓曰，南有陘山，則陘爲楚塞之山，其地應在應山之北。《會箋》言，齊伐楚，先歷許，然後至蔡，過蔡然後及楚，陘當在蔡之前，不當在蔡之後，故潁川去蔡州三百里，不應退師，如此之遠，則杜指潁川召陵之陘亭，非也。

僖公五年經

楚人滅弦，弦子奔黃。

《疏證》：〈地理志〉，江夏郡西陽，又軑下注云，本弦子國。馬宗璉云，酈元曰，江水東逕西陽郡南，即西陽縣也。《晉書‧地道地》，以爲弦子國。《通典》，光州光山縣，漢西陽縣也，春秋弦國之地，仙居縣本漢軑縣，今縣東有弦亭。據《水經注》、《通典》，漢之西陽，軑縣皆弦子地。元凱第解弦國在軑縣東南，是乃《元和郡縣圖志》所云，弦子之都也。沈欽韓云，《水經注》，巴水南流注於江，謂之巴口，又東經軑縣故城南，故弦國也。《方輿紀要》，軑縣城在黃州府蘄水縣西北四十里，故弦子國弦城在光州西南。按馬、沈說是也，滅弦蓋盡得其地，杜止及弦國都，非。

案：《水經注》「江水東合巴水爲巴口，又東逕軑縣故城南，故弦國也，春秋僖公五年釋楚滅弦，弦子奔黃者也。」《一統志》，今湖北浠水縣西四十里有軑縣故城，即弦子國，《彙纂》於蘄水光州，均有弦國。《圖考》云，弦國初封地在浠水，及楚滅弦，弦子奔黃時則居潢川之弦。

僖公五年傳

楚鬭穀於菟滅弦，弦子奔黃，於是江、黃、道、柏方睦於齊，皆弦姻也。

《疏證》：〈地理志〉，汝南郡陽安，應劭曰，有道亭，故道國，西平，應劭曰，故柏子國也。杜注，道國在汝南安陽縣南。柏國，汝南西平縣有柏亭，洪亮吉云，按杜本陽安，今作安陽，蓋傳寫誤。汝陽別有安陽縣，應劭曰，故江國也。沈欽韓云，《元和志》，道城在蔡州確山縣東北二十里，《大事表》、道，今河南汝甯府確山縣北二十里有道城。《一統志》，柏亭在汝甯府西平縣西。

案：《方輿紀要》，道爲春秋時國名，都河南省，息縣西南十里，故陽安城。《會箋》言安陽當從漢志作陽安屬汝南郡，即今河南汝甯府確山縣東北有陽安故城，其南即道國也。

僖公二十二年傳

秋秦晉遷陸渾之戎於伊川

《疏證》：匈奴傳（2）初襄王欲伐鄭，取翟女爲后，與翟共伐鄭，已而黜翟后。翟
后怨，而襄王繼母曰惠后，有子帶欲立之，于是惠后與翟后，子帶爲內應，
開戎翟，翟以故得入，破逐襄王而立子帶爲王，于是戎狄或居於陸渾，東
至于衛，侵盜尤甚。師古注，今伊闕南，陸渾山川是其地，此爲陸渾戎古
說，小顏謂在伊闕，與《水經注》合，《漢書》不著陸渾之姓，杜注據昭
九年傳，允姓之姦居於瓜州，謂允姓之戎居陸渾，非也。瓜州爲漢敦煌，
疏謂陸渾是敦煌之地名，敦煌在西域，故得云，東至於衛，地道不相通矣。
十一年傳揚、拒、泉、皐、伊、雒之戎，同伐京師，四戎即陸渾戎，居伊、
雒之間者，其時尙未遷伊川，詳彼傳疏證，疏據彼傳謂伊、洛先有戎，今
之遷戎，始居被髮祭野處，則以陸渾部落距伊川太遠爲疑，惑於杜注，瓜
州之說耳。

案：陸渾之戎蓋其本名，本居於瓜州，晉惠公始誘而遷之于伊川。如昭公九年
傳文「先王居檮杌于四裔，以禦螭魅，故允姓之姦居于瓜州。伯父惠公歸
自秦而透以來，使偪我諸姬，入我郊甸」是也。蓋陸渾之戎爲西戎種類之
一，滅於晉，原居於甘肅敦煌，即瓜州，後遷於陝西涇北，再遷於今河南
嵩縣東北卅里（見於《中國上古國名地名辭彙及索引》）。其名一作「陰戎」
見昭公九年傳「晉梁丙、張趯率陰戎伐潁。」陰戎，杜注謂陸渾之戎。《後
漢書・西羌傳》「齊桓公徵諸侯戍周。後九年，陸渾戎，自瓜州遷於伊川，
允姓戎遷於渭汭，東及轘轅，在河南山北者號曰陰戎。」江永《地理考實》
則謂陸渾近陰地，故曰陰戎。《紀要》，陸渾爲蠻夷名，其陸渾城在河南省
嵩縣北三十里。《圖考》引《水經注》疏，謂陸渾廢縣，要縣北三十里，
秦置，即秦晉遷戎之地，在今河南省嵩縣東北五十里，故陸渾城，杜氏以
允姓之戎居陸渾，不知原居於瓜州，孔疏又以陸渾爲敦煌地名，又僖十一
年傳之伊雒之戎或爲其地之土著，或先至其地者，以其遷陸渾之戎以前十
一年，其時陸渾戎未移主此，以知孔疏誤矣。

（2）所引與《史記・匈奴傳》原文多小異。

僖公二十四年傳

師退，軍於郇。

《疏證》：《說文》，郇以邑旬聲，讀若泓，在晉地。〈晉語〉注，郇晉地，退歸聽命
也。〈地理志〉，〈郡國志〉，解並屬河東，《續志》劉昭注，《左傳》，郤犯

與秦，晉大夫盟于郇，然不言郇在解之何方，杜注，解西北有郇城。《水經注》，涑水又西逕郇城，注引服說，又云，案《竹書紀年》云，晉惠公十有四年，秦穆公率師送公子重耳，圍令狐。桑泉，臼季皆降于秦師，狐毛與先軫禦秦，至於廬柳，乃謂秦穆公使公子縶來與師言，退，舍次於郇，盟於軍。京相璠《春秋土地名》曰，桑泉，臼衰並在解東南，不言解，明不至解可知，春秋之文與竹書不殊，今解故城東北二十四里有故城，在猗氏故城西北鄉，俗名之爲郇，考服虔之說又與俗符，賢于杜氏單文孤證矣，則京氏已不用杜說矣。洪亮吉云，按《蒲州圖經》，郇城在猗氏縣西南，正漢解縣之東，杜注云在西北，非也，披洪說非也。《方輿紀要》，郇城在蒲州臨晉縣東北十五里。

案：郇城，其地在今山西省臨晉縣東北十五里，一稱郇瑕氏。乃入晉後所稱，見成公六年傳。晉人謀居故絳，諸大夫皆曰，必居郇瑕者也。地名攷略云「服虔曰郇在解縣東，酈道元蟲曰，今解故城東北二十四里有郇城，在猗氏故城西北。寰宇記城在猗氏縣西南四里，皆似有誤。」故洪說猗氏縣西南及杜說解縣西北，皆誤矣。

僖公二十四年傳

邘、晉、應、韓、武之穆也。

《疏證》：江永云，韓、杜無注，似以十年之韓、十五年之韓原爲古韓國。被注云，晉地也。《史記正義》引《括地志》云，同州韓城縣南十八里爲古韓國，說詩韓奕者，亦以爲韓國在此，王肅則謂今涿郡方城縣有韓侯城，王符《潛夫論》曰，昔周宣王時有韓侯，其國近燕，故《詩》曰，溥彼韓城，燕師所完，考《水經注》云，聖水逕方城縣故城北，又東南逕韓侯城東。《詩》，溥彼韓城，燕師所完，又《魏書·地形志》亦云，范陽郡方城縣有韓侯城。方城今爲順天府之固安縣，在府西南百二十里，與《詩》之王錫韓侯，其追其貊，奄受北國者正相符，使韓國在關中，豈役燕師爲之築城，又何能受追貊北國乎。按江說是也。杜注謂韓國在河東境，則誤以爲晉之韓矣。江氏說杜無注非，杜云，四國皆武王子，亦與《御覽》引舊注略同。

案：邘、晉、應、韓四國，皆武王子，韓，武王子始封，滅於晉，其地原在今陝西韓城南十八里，爲古韓城，北韓國與三家分晉之韓，都韓原者不同，韓城在河西，韓原在河東，雷學淇之《竹書紀年義證》謂韓之初封近燕，後遷韓城。顧炎武《日知錄》於韓城之說，同《水經注》爲定，亦謂平王十四年，晉人滅韓民，按左傳僖公十五年，晉侯及秦伯戰于韓，上言涉河，

下言及韓，又曰寇深矣，是韓在河東，亦非今之韓城，故杜解云韓爲晉地。文公十年晉人代秦，取少梁，始得今韓城之地，益明戰于韓非此也。

僖公二十九年經

夏六月，會王人、晉人、宋人、陳人、蔡人、秦人、盟于翟泉。

《疏證》：公羊翟曰狄。〈地理志〉，河南雒陽，注周公遷殷民，是爲成周。春秋昭公二十二年（2）晉合諸侯于狄泉，以其地大成周之城居敬王。郡國志，河南雒陽，周時號成周，有狄泉在城中，注，或曰本在城外。定元年，城成周，乃繞之，漢之雒陽即晉之洛陽。杜注，翟泉，今洛陽城內太倉西南池水也。與〈郡國志〉合，然據〈兩漢志〉注，則春秋盟會時，翟泉自在城外，〈郡國志〉亦據東周以後言之，〈郡國志〉合。沈欽韓云，按周是時都于王城，漢河南郡之河南縣，故得盟于翟泉，迨敬王遷成周後，即漢之洛陽，翟泉在城中，非可爲會盟之地也。〈水經注〉，晉永嘉元年，洛陽東北步廣里地陷，有二鵝出，蒼色者飛翔沖天，白色者止焉。陳留孝廉董養曰，步廣，周之翟泉，盟會之地，今色蒼，胡象矣。後五年，劉曜、王彌入洛。陸機〈洛陽記〉曰，步廣里在洛陽城內宮東，是翟泉所在不得于太倉西南也，按沈說是也。〈郡國志〉又引〈帝王世紀〉，狄泉本殷之墓地，在成周東北，與陸氏洛陽記合。《晉書‧隱逸傳》，言鵝出翟泉事，與《水經注》略同。董養語云，昔周時所盟會狄泉，即此地也。顧棟高云，成周在今河南洛陽縣城東二十里。

案：翟泉又名狄泉，春秋狄地，據《彙纂》在今河南洛陽東北二十五里，紀要洛陽故城內。杜注：「今洛陽城內太倉西南池水也。」疑未確也。按翟泉於周時本在王城外，定公元年城成周，乃繞入城內。

（2）百衲本及其他本《漢書‧地理志》俱作昭公二十二年，考之《春秋左氏傳》應作昭公三十二年。

僖公三十年經

且君嘗爲晉君賜矣。許君焦、瑕。朝濟而夕設版焉，君之所知也。

《疏證》：杜注，焦、瑕，晉河外五城之二邑。按〈地理志〉陝縣有故焦城，《水經注》，陝城中有小城，故焦國也。武王以封神農之後于此。焦城在陝州陝縣東北百步。洪亮吉云，焦城在今州南，皆與杜謂焦在河外合，惟河外之瑕，則無證。江永云，杜以焦、瑕爲河外五城之二，非。惠公賂秦以河外列城五，東盡虢略，南及華山，內及解梁城，既而弗與，在河外者，焦固

其一，然內及解梁城，則亦有河北之邑。《水經注》，河東，解縣西南五里有故瑕城，晉大夫詹嘉之故邑，則瑕在今之解州，非河外也。此文於河外邑舉焦，內及解梁者，舉瑕以後所許之邑耳。瑕在解，與河南之桃林塞亦相近，故詹喜處瑕，亦可守桃林之塞。又成六年，晉人謀去故絳，諸大夫曰，必居郇、瑕氏之地。郇與瑕皆在解，杜并爲一地亦非。又瑕呂飴甥，亦曰陰飴甥，蓋飴甥當食采於瑕，兼食於呂，呂即陰，故曰瑕呂飴甥，杜以瑕呂爲姓亦非是，皆不考解有瑕城而失之者也。河外無瑕，顧炎武求之不得，謂瑕有乎音，以漢宏農郡之湖縣爲瑕，謬矣。按江說吳也。江永所引《水經注》，見涑水篇京相璠說，解縣今山西蒲州府臨晉縣東南十八里。

案：晉有二瑕，其一在成公六年，諸大夫皆曰必居郇瑕氏之地，杜氏曰郇瑕，古國名。《水經注》涑水又西逕瑕城，京相璠曰，今河東解縣西南五里明故瑕城是也，按杜氏以郇瑕爲一地，酈氏以爲二地。其一在僖公三十年，燭之武見秦伯曰，許君焦瑕朝濟而夕設版焉，按《漢書地理志》湖，故曰胡，胡武帝建元年更名湖水經河水又東逕湖縣故城北，酈氏注云《晉書‧地道記》太康紀，並言胡縣。漢武帝改作湖，其北有林焉名曰桃林，古瑕胡二字通用，《禮記‧表記》瑕、胡音同，故記用其字，是瑕轉爲胡又改爲湖，而瑕邑即桃林之塞，即今河南陝州閿鄉縣治，而成公十三年，伐秦成肅公卒于瑕亦此地也。酈氏以郇瑕之瑕爲詹嘉無加之邑誤矣。（說詳梁履繩《左通補釋》），顧棟高，高士奇皆云，晉使詹嘉處瑕以曲沃之官守之，故瑕亦名曲沃。《戰國策》每以焦曲沃並稱，如傳之言焦瑕即曲沃矣。至於瑕邑，是否爲河外之邑，《地名考略》同杜說。《圖考》引春秋分記謂：「文公十二年傳，秦師夜遁，復侵晉入瑕。遁復入瑕，則是既遁而入其河外之邑也。文十三年詹嘉處瑕，以守桃林之塞，桃林在河外，則瑕當在河外。」《圖考》以傳文爲證，是瑕在晉之河外，則江永及《水經注》說皆不足據矣。沈欽韓亦主河外之說，說詳《地名補注》及文公十三年傳疏證。

文公八年傳

且復致公壻池之封，自申至于虎牢之境。

《疏證》：韓非子亡徵，公壻公孫，與民同門，是公壻蒙公爲稱也。杜注，公壻池，晉君女壻，又取衛地以封之。今并還衛也。申，鄭地。本疏云，杜以上言歸匡、戚之田于衛，又言且復致，則晉亦致于衛。劉炫云，服虔以爲致之于鄭，以服言是規杜。顧炎武云，傳氏曰，自申至於虎牢，皆鄭田也，故杜于上年解云，爲晉歸鄭，衛田張本，而此則專言歸衛，此杜氏之闕漏耳。

按自申至午虎牢、鄭地，晉取之以封公壻池，今乃歸之。傳文不言鄭，言申、虎牢，則鄭可知矣。按顧說是也。傳氏謂上年杜注鄭、衛田，衛田即指此申、虎牢，非傳不言田也，杜稱鄭田，自謂匡田，於此傳不用服注，非闕漏。洪亮吉云，按杜注既言申、鄭地，則服說云致之于鄭，方得事實，豈以有鄭地轉致于衛者乎。劉炫以服說規杜得之。沈欽韓云，按申與虎牢皆是鄭地，衛之國于帝丘，在東郡濮陽，安得其境至虎牢。傳言歸衛地，遂并及鄭，不言鄭者以申、虎牢易明也。服虔謂致之于鄭者，是左二說皆申服誼。顧棟高云，申當在今氾水縣界。按虎牢亦在氾水境內，詳□□（1）年傳疏證。

案：據俞樾《平議》，成公十四年傳云：「許人平以叔申之封」，叔申之封者，鄭公孫申所定許田之疆界也。此公壻池之封，當與彼叔申之封同義。故自申至于虎牢之竟即公壻池之封。《彙纂》，申當在今河南省鞏縣東，滎陽西之氾水境。虎牢即今氾水西北之成皋故城。《輯釋》云：「陸粲云，據傳文以是致之於衛耳，然申至虎牢皆鄭地，何緣乃以歸衛，杜注於上年云，爲晉歸鄭衛田張本。此云今并還衛立文不明，孔疏強解，義終難通，劉炫從服虔說，以爲致之於鄭也，更詳之。」依井衡之意，仍以申與虎牢皆鄭地，則還鄭已明。衛案，晉侯使解揚歸匡戚之田于衛，承七年郤缺之言也，郤缺不言鄭田，然趙盾感盍使睦者歌吾子之言，並還侵地於鄭，故傳變文云，且復致申與虎牢二邑，大都以名通者，故不繫之於鄭，傳意甚明。《會箋》曰：「匡戚句是晉歸所取衛地，下二句則晉歸所取鄭地，申虎牢皆鄭地，蓋晉嘗取之，使公壻池定其封疆者。因戚是晉取，匡是鄭取，晉自以戚歸衛，亦令鄭以匡歸衛，遂復以其所取于鄭者，致之于鄭也。」故箋曰，注中兩衛字，皆當作鄭，以服言是規杜，則隋時杜注本已誤作衛。

（1）原稿闕又，按應作「莊二十一。」

文公十二年經

季孫行父帥師城諸及鄆

《疏證》：公羊鄆曰運，地理志，琅邪郡東莞注，師古曰，春秋城諸及鄆者（2）孟康曰，故鄆邑，今鄆亭是也。水經沂水注引京相璠曰，琅邪姑幕縣南四十里員亭，故魯鄆邑世變其字，非也。與孟康說異。杜注，城陽姑幕縣南有員亭，員即鄆也。用京相璠說，沈欽韓云，非也。〈郡國志〉東莞有鄆亭，今在團城東北四十里，猶謂之故東莞城，山東通志，鄆亭城在沂水縣東北四十里。十三州記云，魯有東西二鄆，昭公所居爲西鄆，在東平。莒、魯

所爭者爲東鄆，即此縣也，按沈說是也，〈郡國志〉與孟康說同，顧棟高亦謂此爲東鄆。

案：魯有二鄆，此爲東鄆，其地在今山東沂水縣東北四十里。沈欽韓言莒、魯所爭者爲東鄆昭公元傳云：「莒、魯爭鄆爲日久矣。」後入於莒，成公九年楚伐莒入鄆，襄公十二年莒人圍台，季孫宿救台遂入鄆，則其時鄆在莒矣。昭公元年三月，魯復取鄆。西鄆見成公四十六、昭公二十五、二十六、二十九，定公六、七、十年諸鄆，皆是也，其地在今山東鄆城縣東十六里，故西鄆爲昭公所居。地名之鄆，據《說文》當作鄆，公羊作運，假音字也，蓋鄆、運皆以軍聲，同王問切十三部。杜注員即鄆也。《釋文》，鄆音運，員音云，一音運，本文作鄖，音同。

（2）師古曰在「琅邪郡諸」下，孟康曰在東莞下。

文公十八年傳

夏五月，公游于申池。

《疏證》：杜注，齊南城西門名申門，齊城無池，唯此門左右有池，疑此則是。案《水經》淄水注，時水出齊城西南，世謂之寒泉，東北流，直申門西。京相璠，杜預並言申門，即齊城南面西第一門矣。今池無，復有髣髴尚有竹木遺生，詳酈氏引京、杜說，止辨申門所在，京氏亦未云，此傳之申池即在申門。惠棟云，杜氏依京相璠說，言申池在齊城南，非也。申池在海隅，齊之藪多竹木，故云納諸，竹中若近在城南，不須言歸舍爵也。惠氏辨申池在海隅，最諦，然誤認爲京、杜同說。馬宗璉云，此齊海濱之藪，《淮南子》可證，酈元亦知焚申池之笨，非在海隅，故其淄水注不言北極于海，惠定宇不知申池有二，專以京、杜之說爲書，未見明晰，按馬說是也。其以京注爲說，襄十八年之申門，尤確，杜乃誤會京說。〈齊世家〉，五月，懿公游於申池，《集解》，左思〈齊都賦〉注，申池，海濱齊藪也。此惠說所本。馬氏引《淮南子》，見墬形訓，又案《晉書・慕容德傳》，德以晏謨从至漢城陽景王廟，讌庶老于申池北，登社首賢山，東望鼎足，因目牛山西歎曰，古無不死，愴然有終焉之志，遂問謨以齊之山、川丘陵、賢哲舊事，此尤申當在海濱之證。

案：馬宗以申池有二，一爲海濱之申池，齊藪也。一爲齊西門之申池，則襄十八年傳焚之申池。高士《奇地名考略》云，「左思《齊都賦》註申池，左海濱齊藪也，蓋誤。《晉書・慕容德》宴庶老于申當，左太沖云，昭華池也。」《會箋》言「《韓詩外傳》，齊景公出弋昭華之池，顏涿聚主鳥而亡

之。〈郡國志〉謂之左右池。」《圖考》亦同杜說，謂申池在今臨淄縣城西北，謂襄十八年傳敘晉率諸侯之師伐齊，「焚申池之竹木」，又「焚東郭、北郭」，則申池為齊都之城外之池無疑。劉文淇從馬說，今尚存二說。

文公十八年傳

莒紀公生大子僕

《疏證》：杜注，紀、號也。莒夷無諡，故有別號，紀是地名，詳成八年疏證，今地闕。

案：俞樾《平議》云：「紀乃莒邑名，紀公蓋以邑為號」《會箋》言「昭公十九年莒子奔紀鄣，杜云東海贛榆縣東北有紀城，是也。紀公蓋以邑為號，成八年傳與渠丘公立於池上同」，莒於其時為夷國，國君無諡號，遂以地名為號，如襄三十一年之黎比公，昭四年之著丘公，昭十四之莒郊公，定四年之茲平公。故如成公八年疏證云「渠丘，邑名，莒縣有蘧丘里。本疏十四年，莒子朱卒，知渠丘公即是朱也。渠丘，莒之邑名，夷不當有諡，或作別號，此朱以邑名為號，不知其故何也。案韓奕汾王之孫箋云，汾王、厲王也。厲王流于彘，彘在汾水之上，故時人因以號之，猶言莒郊公，黎比公也。彼疏云，莒在東夷，不為君諡，每世皆以地號公，此外猶有茲丕公。著丘公之等，以二者足以明義，不復遍引之也。彼疏以郊公，茲丕公，著丘公皆以地為號，則渠丘公義當亦然。文十八年傳，莒紀公生大子僕，杜彼注謂紀為別號，非也。」蓋杜氏注紀，號也，不知解為別號或以地為號，其說不詳。

文公十六年傳

唯裨儵，魚人實逐之。

《疏證》：杜注，裨、儵、魚占三邑，魚，魚復縣。洪亮吉云，〈郡國志〉，巴郡魚復古庸國。馬宗璉云，《水經》，江水又東逕魚復縣故城南，酈元曰，故魚國也。是魚乃群蠻之一，非庸也。劉昭猶沿元凱之誤，按馬說是也。沈欽韓云，《方輿紀要》，魚復故城在夔州府奉節縣城東五里。裨儵，今地闕。

案：裨、儵、魚恐是庸人所帥之群蠻部落名，《地名考略》云群蠻指，湖南辰州沅州諸境，故黔中郡也。《圖考》云，按當時庸人能率之群蠻，以近庸為是。魚，依《大事表言》，即今四川奉節縣，古謂之魚復縣。裨儵二地無考，然圖考疑或由巫山大寧（巫溪）至竹山之地，與上庸為近。

文公六年傳

改蒐于董，易中單。

《疏證》：《水經》涑水注，董澤東西四里，南北三里，古池也。文六年蒐于董，即
　　　　此澤。杜注河東汾陰縣有董亭。馬宗璉從酈氏說，謂元凱汾陰之解誤，不
　　　　若酈注之簡明易曉。〈郡國志〉，河東臨汾有董亭，聞喜邑有董池陂。古董
　　　　澤。洪亮吉云，劉昭注兩處皆引此傳，雖本杜、酈二說，然非也。今考董
　　　　澤，當以涑水所經者爲是。杜注反舍此而從彼，失之。如洪說，是謂董即
　　　　董澤矣，董澤、董亭非一地。沈欽韓云，酈氏與劉昭誤合爲一，杜注，汾
　　　　陰當作臨汾，一統志，董亭在蒲州府榮河縣東。

　　案：杜注，河東汾陰縣有董亭，其地在今山西省河縣東，酈道元《水經》涑水
　　　　注之董澤，則在今聞喜縣東北四十里，劉文淇以楊守敬《水經注》疏據《續
　　　　漢志》謂杜注，汾陰爲臨汾之誤。據其說臨汾去聞喜東北不遠，是劉昭之
　　　　董澤董亭爲一地，與酈注合，若杜注董亭在汾陰，去聞喜西北甚遠，是杜
　　　　注汾陰爲臨汾之誤無疑。《圖考》謂楊氏以後志之臨汾，距聞喜爲近，遂
　　　　武斷以杜之汾陰，爲臨汾之誤，實則聞喜至臨汾約一百四十里，至汾陰約
　　　　九十里，汾陰距離較近。以聞喜近絳都，行蒐禮爲便，故各家多採酈氏之
　　　　說，而以董澤爲董。今從其說。

宣公二年傳

舍於翳桑

《疏證》：翳桑，《呂覽・報更篇》作繄桑，《淮南・人間訓》作委桑。畢沅云《後漢
　　　　書・趙壹傳》注云，骫古委字。〈晉世家〉作見桑下有餓人，又改傳翳桑
　　　　之餓人也爲我桑下之餓人。則史公以翳桑爲桑樹。杜注，翳桑，桑之多蔭
　　　　翳者。馬宗璉云，疑首山近地，杜注爲桑下，意本《史記》。王引之云，
　　　　翳桑，首陽近地，此說是也。《公羊傳》云，子某時所食活我於暴桑下者
　　　　也。案左氏、公羊、傳聞各異，公羊氏云暴桑下，謂桑樹下也，其左氏云
　　　　舍于翳桑，又云翳桑之餓人也，皆但言翳桑，不言翳桑下，則翳桑似是地
　　　　名。《史記・晉世家》用左氏文，而改翳桑爲桑下，則已誤以公羊之說爲
　　　　左氏說矣。杜氏之誤，亦與《史記》同，按馬說是也。〈趙世家〉亦云，
　　　　嘗所食桑下餓人，亦采公羊說。江永云，翳桑當是首山間地名。沈欽韓云，
　　　　〈一統志〉，哺飢坂在絳州北六里，即食翳桑餓人處。

　　案：翳桑爲春秋晉地，江永《考實》以翳桑爲首山間地名，王引之《述聞》亦
　　　　云下文「翳桑之餓人也。」翳桑當是地名。謂：「僖二十三年傳曰，謀於

桑下，以此例之，若是桑樹下，則當曰舍於翳桑下，翳桑之餓人。今是地名，故不言下也，且傳凡言舍於者，若成十五年出舍於睢上，襄二十六年甯子出舍於郊，哀十四年成子出舍於庫，僖二十九年舍於昌衍之上，成十六年退舍于夫渠，定八年舍於五父之衢，哀八年舍於蠶室，舍於庚宗，句末皆地名。」按馬宗璉說與王說同，今此是地名，故不言下也。馬說春秋時地名，或取諸草木，若宣二年經，戰於大棘，僖二十四年傳晉師軍於廬柳，哀八年傳，吳師克東陽而進舍於五梧，又僖八年晉里克帥師以敗狄於采桑，昭二十九年遂濟窮桑，《史記・秦本紀》張儀與齊楚大臣會齧桑皆地名也。《會箋》論其春秋地名取草木者，不可枚舉，如隱十年公會齊侯鄭伯於老桃，襄十七年師逆藏孫至於旅松是也。以此推之，翳桑之為地名益明，《公羊傳》、《呂氏春秋・報更篇》，《淮南・人間世篇》，《史記・晉世家》，其說皆誤，杜預又沿為之說。

宣公三年傳

晉侯伐鄭，及郔，鄭及晉平，士會入盟。

《疏證》：〈晉世家〉，成公元年伐鄭，鄭倍晉故也，此史公采舊說。郔，今通行本作延。杜注郔、鄭地。未詳其所在。江永云，今按十二年，楚子北師以于郔，杜注，鄭北地，與此一地也。邲，在鄭州。沈欽韓云，郔即廩延，《水經注》，廩延邑，下有延津，今滑縣。嚴可均謂字當从延。又云，鄭地之延，以延津得名。遍檢史傳有延津，無郔津矣。洪亮吉亦云，郔即廩延，被沈嚴諸說是也。晉在鄭南，不當繞道出鄭北境。十二年傳之郔，當為楚地，詳彼傳疏證。

案：朱梁補刊石經及宋本郔俱作延，沈欽韓《補注》，洪亮吉云《傳詁》及嚴可均石經校文均謂延即延津，亦即隱公元年之廩延，是此即今河南省滑縣，鄭地。《左傳校勘記》云，宋本郔作延，非也。《說文》郔字注云，鄭地。顧炎武云，石經誤作延也。江永《考實》則云：「十二年楚子北師次于郔，杜注，鄭北地，與此一地也，近邲，在鄭州」。蓋郔地有二，一為春秋鄭地，二為楚地，據《彙纂》，在今河南項城縣境。高士奇《考略》言「宣三年晉侯伐鄭，及郔，杜注鄭地。又宣十二年楚子北師次于郔，杜注鄭北地，或云鄭州之南，或云即廩延也，未知孰是。」但宣十一年楚左尹子重侵宋，王待諸郔，杜注郔楚地，士奇言是時楚子與陳鄭盟于辰，當是近陳州地，或曰在陳州項城縣界，可知道十一年之郔，即為楚地無疑。宣三年之郔，當是鄭地也，與十一年之楚郔有別。然宣公十一年傳，《疏

證》以杜注郊爲楚地，非也，按文淇仍以《說文》、武億說鄭地爲主。

宣公八年經

楚人滅舒蓼。

《疏證》：穀梁蓼曰鄝，年表，楚莊王十三年，滅舒蓼，杜傳注云，舒蓼二國名。疏云，舒蓼二國名，蓋轉寫誤。當云一國名，劉炫以杜爲二國而規之，非也。陸粲云，羅泌云，蓼與舒蓼別。蓼、皋陶之後，偃姓，若舒又是一國，僖之三年滅矣。杜氏分舒蓼爲二國名，孔氏以爲即文五年楚所滅之蓼，皆臆說也。文淇案，陸氏引羅泌之說，固未足信，然《正義》謂與文五年滅蓼同，滅後更復，楚今更滅之，說亦無據。壽曾曰，顧炎武亦引羅泌說，又引傳遜云，此蓋群舒之一，如舒庸，舒鳩之屬，傳氏以舒爲大名，穎容《釋例》謂舒有五名舒庸，舒龍、舒蓼、舒鳩、舒城（1）則傳說可據。此年傳云，楚爲眾舒叛故，伐舒蓼，滅之，明舒蓼乃群舒之一也。杜於此經舒蓼，成十年舒庸，襄二十五年舒鳩，皆不明在何地，止文十二年群舒叛楚，釋爲舒城，而文十四年舒蓼，則注云即群舒，亦不能實指舒蓼在群舒中當晉（2）何地，但此經注謂二國則非耳。江永云，此舒蓼與文五年之蓼不同，被蓼在安豐，此蓼在舒城，疏合爲一，誤，邵瑛云，按文五年傳，楚子燮滅蓼，不冠以舒者，別自是蓼國，亦如文十六年滅庸，與舒無涉也。按江、邵說是也。江謂文五年之蓼在安豐，據杜注，顧棟高云，安豐在今河南汝甯，府固始縣東北，與吳越地懸隔，又桓十一年傳之蓼，江氏亦謂在河南南陽府也。

案：舒蓼爲群舒之一，偃姓，其地在今安徽舒城，後分舒蓼、舒庸、舒鳩、舒龍、舒城。文公十中年傳云：「子孔，潘崇將襲群舒，使公子燮與子儀守，而伐舒蓼」，即爲明證，杜注謂舒蓼爲二國，疏誤也。蓼與舒蓼別，蓼是皋陶之後，偃姓，文公五年已滅於楚，此年復安得滅乎？且舒自爲一國，僖三年已爲徐所滅，故杜分爲二，非也，且孔疏誤以文公五年與此舒蓼相混，亦陋矣。

（1）原稿眉批：「穎容《釋例》有說五舒者，當查。梁氏說舒，當引入彼傳下。」按穎容《釋例》云：「舒有五名，舒庸、舒龍、舒□、舒鳩、舒城，其實一也」。（《太平御覽》一百六十九）其說「舒有五名其實一也。」與他說異。參者梁履繩《左通補釋》卷十一。

（2）原稿字跡不清，抄本作「晉」疑誤。

宣公十五年傳

六月，癸卯，晉荀林父敗赤狄於曲梁。

《疏證》：馬宗璉云，杜注，曲梁在廣平，蓋沿晉侯弟亂行於曲梁而誤。彼曲梁在廣平，有雞澤可證。此曲梁近潞，不得遠引廣平之曲梁爲據。洪亮吉云，赤狄潞子國，即在潞縣，晉即伐赤狄，必不東走五六百里，至廣平之曲梁，況又隔太行一山，杜注可云全不計道里矣，皆駁杜說。惠棟云，杜注廣平曲梁縣，迴遠，非也。劉昭〈郡國志〉注，引上黨記曰，潞濁漳也。縣城臨潞，晉荀林父伐曲梁，在城西十里，今名石梁。沈欽韓云，曲梁當近潞、城，若廣平之曲梁在山東，去潞遠矣。〈元和志〉，斷梁城在潞州銅鞮縣東北三十里，下臨深壑，東西三面阻澗，廣袤二里，俗謂之斷梁城，疑即此處。惠、沈皆謂曲梁在潞縣。按潞縣今山西潞安府潞城縣東北。銅鞮，今山西沁州治，沁州在潞安東北，沈說與郡國志合。

案：曲梁有二，均在晉。一在今山西省潞城北四十里。一在今河北永年縣境。杜注曲梁在廣平，蓋沿襄三年，晉侯弟楊干亂行於曲梁而誤，而此曲梁在潞國，不得遠在河北，杜注誤會兩地爲一。

成公二年傳

師從齊師于莘。

《疏證》：杜注，莘、齊地。高士奇云，桓十六年，衛公子伋使于齊，盜待諸莘，或謂即此，今之莘縣也。蒙上文晉師自衛來理亦相近，但杜注一云衛地，一云齊地。豈莘地原跨兩境，齊衛皆得有之乎，考是役齊侯親逆晉師，而莘去鞌而始戰也。由是推之，莘亦當爲近鞌之地耳。按高氏不言鞌之所在，而云莘去鞌四百里，今以鞌在平陰、在歷城兩說校之，平陰距莘東百餘里，歷城距莘東二百餘里，無四百餘里之遠。莘之齊師，當是游軍。無戰爭，齊侯逆晉師，在師次靡笄之後，不得以晉師不戰深入爲疑也。沈欽韓云，此衛之莘也。杜說謂齊地，非。今東昌府莘縣與高氏引或說合。

案：莘有四：一是春秋蔡地，見莊公十年之莘。二爲衛地，見桓公十六年之莘。三是虢地，見於莊公三十二年。四爲齊邑。此傳之莘當是桓公十六年之莘，爲從衛至齊要道，傳文「師從齊師于莘」，蓋齊師伐魯，勝衛而歸，晉師追蹤而至，其傳云文明，晉師救魯、衛，季文子帥師會之及衛地，韓獻子將斬人，欲獻子馳將救之云云，下遂云，師從齊師于莘，以知莘是衛地，其地在今山東省莘縣。

成公六年傳

晉人謀去故絳。

《疏證》：杜注，晉復命新田爲絳，故謂此爲故絳。按莊二十六年，士爲城絳以深其宮，即此傳故絳也。絳爲今絳州之北境，平陽府太平縣之南境，杜彼注謂在平陽絳邑，非。詳彼年疏證。何□□（1）讀書記，晉因梁山崩而懼，故遷都以厭之。

案：莊公二十六年「士蒍城絳，以深其宮」。杜注，絳晉所都也，今平陽絳邑縣也。《會箋》曰，「〈地理志〉云，河東郡聞喜縣，故曲沃也，晉成侯自晉陽徙此，則曲沃爲晉都矣。至昭侯之時，分曲沃以封桓叔則正都不在曲沃，明昭侯以前已徙絳矣。絳即翼，杜此注與成六年新田同，未確。」《疏證》言莊公二十六年傳，晉獻公命士蒍城絳，以深其宮，明定武公徙絳也。依〈地理志〉河東郡絳，江永云，今絳州之北，平陽府太平縣之南二十里上。故杜氏只言平陽絳邑，未詳。《疏證》不如新田謂：「江永云，按晉既遷新田，又命新田爲絳，水經注謂之絳陽，在絳、澮之陽，南對絳山，面背二水。《括地志》，新田在絳州曲沃縣南二里，今之曲沃縣南也。近世太原閻若璩考之曰，余親往其地，土人呼王官城，距故晉城五十里。杜氏長於地志之學，乃於莊二十六年城絳，及此年新田，皆注云平陽絳邑縣，豈竟爲一地乎，果爲一地，不應將遷新田之時名獻公所居曰故絳，此說是。今考晉之絳縣，其城故在今曲沃縣南，昭八年杜注，虒祁宮在絳西四十里，臨汾水，今虒祁在曲沃縣西，則新田在晉時之絳邑，此年注本不誤，誤在莊二十六年之注未確。」隱公五年傳：「曲沃莊伯以鄭人，邢人代翼」《疏證》云：「《世本》，曲沃武公稱者，穆侯曾孫，穆侯生桓叔成師，始封曲沃。桓叔生曲沃莊伯鱓，鱓生曲沃武公稱，伐晉侯緡，滅之，更號曰晉武公。〈地理志〉，河東郡聞喜，故曲沃，晉武公自晉陽徙此，河東絳，晉武公自沃徙此。〈郡國志〉，河東郡絳邑有翼城，〈晉世家〉，翼、晉君都邑也。沈欽韓云，《元和志》，故翼城在絳州翼城縣東南十五里，《方輿紀要》，故翼城在平陽府翼城縣東南。」顧炎武日知錄卷三十一謂康叔之計在翼，故絳即翼，絳本晉國都城，自成公六年，晉景公遷都新田，此後命新田爲絳，而以舊都爲故絳。

（1）原稿闕文。

成公六年傳

晉欒書救鄭，與楚師遇於繞角。

《疏證》:〈年表〉,晉景公十五年,使樂書救鄭,杜注,繞角,鄭地。沈欽韓云,《方
　　　　輿紀要》,繞角城在汝州魯山縣東。江永云,當是蔡地,非鄭地。

　案:《彙纂》引杜佑《通典》云「汝州魯山縣東南有繞角城。」江永以繞角在
　　　魯山,當是蔡地而非鄭地,《會箋》同江永說。高士奇《考略》繞角屬鄭。
　　　《圖考》云「按傳文晉師救鄭,與楚師遇於繞角,楚師還,晉師遂侵蔡,
　　　則繞角應爲鄭楚境上邑,如非鄭地,則晉師不應書救,楚師不應書還。待
　　　楚師還,而晉師遂侵蔡,證明繞角非蔡地矣。就今地域言,魯山之東爲襄
　　　城舞陽郾城諸縣,皆鄭國境上邑,距新蔡尚還,江說似有誤。」《方輿紀
　　　要》載汝州,春秋時爲戎蠻子邑,亦楚鄭二國之境,其魯山縣,春秋時屬
　　　鄭,戰國時屬楚。

成公六年傳

諸大夫皆曰,必居郇瑕氏之地。

《疏證》:洪亮吉云,《說文》,郇、周武王子所封國,在晉地,按即郇瑕氏之地,杜
　　　　注郇瑕古國名,不知郇瑕即郇國也。僖二十四年,咎犯與秦,晉大夫盟于
　　　　郇,文十二年,秦侵晉及瑕,郇瑕二地相接,亦可作一地,司馬彪《郡國
　　　　志》,解縣有瑕城,杜注解縣西北有郇城。《水經注》引京相璠曰,故瑕城
　　　　在解縣西南,是其證也,二地通稱,春秋時多有,如解梁、郇邵等,皆取
　　　　便俗耳。《水經注》古水又西徑荀城東北,古荀國也。汲郡古文,晉武公,
　　　　滅郇,以賜大夫原氏,按僖二十四年傳,師退,軍于郇,洪氏引誤,洪氏
　　　　於彼傳據《水經》及《蒲州圖經》謂郇城在猗氏縣西南,當漢解縣之東,
　　　　以正夫杜注解縣西北之誤,極諦,此乃沿杜誤,非也。其文十二年之瑕,
　　　　洪氏以爲在陝州,此傳謂在解縣西南,是僖三十年許君焦,瑕亦即此瑕,
　　　　詳僖二十四年、三十年、文十二年疏證,郇瑕二邑皆在今蒲州臨晉縣境。

　案:郇已見僖公二十四年傳注,服虔云「郇國在解縣東,郇瑕氏之墟也。」江
　　　永云,「郇瑕二邑,在解縣故曰郇瑕。」《水經注》:「河東解縣西南五里有
　　　瑕城,晉大夫詹嘉之故邑。」《紀要》謂郇在山西臨晉縣東北十五里,瑕
　　　在縣東南。按杜氏以郇瑕爲一邑,《水經注》爲二邑。顧棟高謂古國曰郇,
　　　入晉後曰郇瑕。《圖考》以爲郇瑕原爲二城,以相距伊邇,得連稱之。如
　　　成公七年之取於申呂,又解縣一臨晉,壤地相接,古時臨晉,曾隸於解縣
　　　故耳,蓋瑕有數處,在晉者二,一爲今河南陝州,即僖三十年許君之焦、
　　　瑕之瑕;一在今蒲州臨晉縣境,故《左通補釋》引《大事表》言二地說者
　　　易混爲一,誤。

成公十年傳

子然盟於修澤。

《疏證》：杜注滎陽卷縣東有修武亭。沈欽韓云，《水經注》，北濟自滎澤東逕卷縣之
武修亭南，《春秋左傳》成公十五年，鄭子然盟于修澤者也（1）按《水經
注》引杜預此注，亦作武修。《一統志》，武修亭在懷慶府原武縣東，亦名
修魚。按沈說是也，江、酈注引傳作十五年誤。（2）

　　案：《會箋》曰：「脩澤在河南懷慶府原武縣北，《水經注》，濟水自滎澤東逕滎
陽卷縣之武脩亭，《左傳》鄭子然盟于脩澤者也，宋本注武脩作脩武，誤
倒。」

（1）沈欽韓《左傳地名補注》此句作「春秋之原圃也。」劉稿眉批「沈注誤引
原圃爲改之，不加駁矣。」

（2）四庫校定本無此誤。

成公十三年傳

伐我保城

《疏證》：杜注，伐保城，誣之。本疏於時輕行襲鄭，不得在道用兵，故知是誣之也。
高士奇云，保城非地名，猶言焚我郊保耳。

　　案：《會箋》言：「保，小城也，又都邑之城，謂之保，見〈月令〉鄭注及〈晉
語〉韋注，保城蓋近滑之城也。滑小而屬晉，其滅也，晉之邊人當有支吾
之者，故秦師伐之，彼得偶不言耳，杜何用知其爲誣也。」《左通補釋》
云，杜氏不言保城何地，益非地名，不過爲完守入保之城也，同《考略》
說。蓋此保城，保即堡，小城也，而保城仍同義詞連用。

　　《左傳》國名、地名繁雜，重複出現者多，有一地數名者，或同名而異地，名
異實同，乃滄海變遷，古今沿革所致，江永謂：「古今稱謂不同，隸屬沿革不一，有
文字語音之譌，有傳聞解說之誤，欲一一校實無差，雖博洽通儒猶難之。」（《地理
考實序》）是春秋以前之上古中國，小國林立，通常一邑便是一國，致春秋後國名可
包括部落名與氏族名。地名又涵蓋山、水、城門等類，故欲明瞭輿地概況，如士奇
所言：「嘗謂求通於後世之史志，不若讀經疏，又不若潛玩經傳之本文，誠能貫通全
經，而求其理，當必有迎刃而解者。」（《地名考略原序》）。

　　杜氏嘗謂「地有山川之名尚矣，與人倫並，今其遺文禹貢及山海經載其大略，
而春秋經國邑之名又詳，然書契以來，歷代七百餘年，數千其名號，處所因緣改變，
加以四方之語音，聲有楚夏，文字有異同，或一地二名，或二地一名，或他國之人
錯得他國田邑縣以爲己屬，既難綜練且多謬誤，疑闕。……非書無以志古，非圖無

以志形，坐于堂宇之內，瞻天下之廣居，究古今委曲，……雖千載之外，若指諸掌，圖書之謂也。」（見《土地名釋例》）程旨雲先生精研地志之學，其《春秋左傳地名圖考》，於杜氏多所推許之辭，《圖考》云：「杜氏窮研經籍，必左圖右書，並列案前，故對於山川都邑，道途關津，用能瞭若指掌。」惜古今盟會地圖，梁時已亡。高士奇於杜氏亦多推崇，《地名攷略原序》云：「蓋左氏之學，莫賾於地名，得其解者，惟杜元凱氏，在前雖有應沖遠，賈景伯諸家，不及之也，元凱既作《經傳集解》，又爲長麻，以上閏朔，爲《世族譜》，以紀統繫，爲《釋例土地名》以求會盟在伐之跡，亦綦備矣，鄭夾漈有言，杜預解左氏，顏師古解漢書，爲左班功臣，顏氏所通者在訓詁，杜氏所通者在星歷地理。」然前代諸儒於杜氏言地理之說，或加稱揚，或加貶抑，殊有不同。

　　江永謂《集解》外有《釋例土地名》別爲部，「地志之學，號爲專家，然闕略不審者已多，所指紕繆者亦間有。後出地理諸家，隨代加詳，視當陽孤守漢晉記載，宜有增擴。」（《地理考實序》）孫星衍重刊《春秋釋例序》言：「其土地名則合於班固〈地理志〉所採周地圖書古文及桑欽禹貢山水澤地之說。劉昭注《郡國志》，多取其言，雖杜注所缺，考之京相璠，酈道元，不無可補。」杜氏於地理之學評論者優劣各半，其與先儒相較，杜氏之特長，其成就遠超於漢儒。蓋漢時尚少地志之學，故漢儒釋春秋地理，僅能概略。魏晉之世，地志之學頗盛，如裴秀，京相璠、司馬彪等，皆專精地學，且公家圖籍，亦較前優渥，而杜氏生於魏晉之際，釋春秋地理，自遠勝於前；再者杜氏又親歷戎行，帥師作戰，道途遠邇，於山水形勝，自所悉熟，其釋春秋地理，遂能遠邁前儒。（杜預及其《春秋左氏學》）。

　　今考文淇於地理，亦有所精，據《史記秦楚之際月表》，知項羽曾都江都，核其時勢，推見割據之跡，成《楚漢諸侯疆城志》三卷。又據《左傳》、《吳越春秋》、《水經注》等書，謂唐、宋以前揚州地勢南北高下，且東西兩岸未設隄防，與今運河形勢迥不相同，成《揚州水道記》四卷。（《清史稿》卷四百八十二，儒林三）亦爲岑紹周從事輿地紀勝校勘，故《疏證》於杜氏地理有誤者，有所糾正，有所闕者，亦有所補；且杜氏引用前人者，疏證亦詳加指明，不爲所專美。

　　文淇地理疏證特色，蓋凡有四：杜預失檢者，經加考訂，予以補正，如黃（隱元傳）向（隱經）楚邱（隱七經）鄑（莊十一經）遂（遂十三經）蕭（莊二十三經）二屈（莊二十八傳）鄐（莊三十經）樨（僖元經）陘（僖四經）弦（僖五經）道（僖五傳）陸渾之戎（僖二十二傳）郇（僖二十四傳）韓（僖二十四傳）翟泉（僖二十九經）瑕（僖三十經）莒紀（文十八傳）裨儵、魚（文十六傳）翳桑（宣二傳）舒蓼（宣八經）曲梁（宣十五傳）莘（成二傳）絳（成六傳）郇瑕（成六傳）修澤（成

十傳）保城（成十三傳）。杜預《集解》直言地闕，或只言某屬，或無注者，文淇補
之，使之更詳，如隰郕（隱十一傳）惡曹（桓十一經）生竇（莊九經）鄑（莊二十
八經）逵泉（莊三十二傳）牡丘（僖十五經）淮夷（僖十三傳）獻（僖十八經）祝
邱（桓五經）夷儀（閔二傳）華不住（成二傳）。杜預引諸家者，文淇亦一一指明。
文淇除糾正杜預之誤外，并詳引諸家，疏通證明；或所引諸家有疏陋者，亦詳證之。

　　今方志流通，文字聲韵，掘地考古，超越前人，物澄昭彰，俱有助於地名之考
定。且有清一代，眾集前代精粹，文淇搜羅愈精，於考正之詳，必能正杜氏之疏略。
《圖考》云，杜預畢生精研《春秋左氏傳》，而於土地名有待補正者，尚有百餘處，
誠是也。

六、人名解說方面

隱公六年傳

翼九宗，五正，頃父之子嘉父，逆晉侯於隨。

《疏證》：杜注云，唐叔始封，受懷姓九宗，職官五正，遂世爲晉強家。五正五官之
　　　　　長，九宗，一姓爲九族也。頃父之子嘉父、晉大夫。《正義》云，周成王
　　　　　滅唐，始封唐叔不懷氏一姓九族，及前先伐五官之長子孫賜之。言五官之
　　　　　長者，謂於殷時爲五行官長，今褒寵唐叔，故以其家族賜之耳。按嘉父自
　　　　　係翼大夫，非晉大夫，杜注誤。

　　案：「翼九宗五正頃父之子」以說明嘉父之所自出。翼爲地名，蓋頃父，嘉父
　　　　所居。《會箋》言，頃父或係當時極著聲望之人，故敘其子嘉父，冠以其
　　　　名位，與桓二年「靖侯之孫欒賓」爲例，是敘一人耳，而詳其地，詳其族，
　　　　詳其官，詳其父，以見晉之有強宗耳，故嘉父係屬翼大夫，非晉大夫明矣。

莊公十二年傳

冬十月，蕭叔大心。

《疏證》：杜注，叔、蕭大夫名。顧炎武云，按大心當是其名，而叔其字，亦非蕭大
　　　　　夫也。二十三年，蕭叔朝公。解曰，蕭附庸國，叔名。按《唐書宰相世系
　　　　　表》云，宋載公生子衎，字樂父，裔孫大心。平南宮長萬有功。封於蕭，
　　　　　以爲附庸，今徐州蕭縣是也。按顧說是也，杜謂蕭大夫，據此時未封附庸
　　　　　而言。疏云以此年有功，宋人以蕭邑別封其人爲附庸，與唐書合。

　　案：蕭本宋邑，叔則其行第，大心其名。因叔大心討南宮萬有功，故宋封以蕭
　　　　使爲附庸，即二十三年經書「蕭叔朝公」是也。顧炎武云「亦非蕭大夫也，
　　　　乃針對此時」，叔未封于蕭，杜以爲蕭大夫，安井衡言，亦未爲不可，據

後封于蕭，而追書之，顧說是也。

莊公三十年傳

鬭射師諫，則執而梏之。

《疏證》：杜注，射師、鬭廉也。疏云，杜此注與譜並以射師與鬭廉爲一人，不知何
據也。服虔云，射師若敖子鬭班也。射師被梏，不言舍之，何以得殺子元
也。知射師與班必非一人也，杜譜以爲鬭射師，若敖子。鬭班，若敖孫。
李貽德云，子元伐鄭，傳在二十八年，歸處王宮，而射師諫之，當在是時。
越至三十年秋，始殺子元，將及兩棋矣，豈猶梏而不舍乎。傳敘執梏事於
此，以見子元見殺之由，非一時事也。其間不書舍之，蓋傳所略也。烏見
殺子元者必非鬭班乎。按李說是也。疏謂杜注射師、鬭廉爲一人，不知何
據，則疏知杜說無顯證矣。

案：《會箋》曰：「子元歸自伐鄭在二十八年之秋，其執鬭射師而梏之，亦當在
是年，傳不書舍之者，其事不足書也，且言鬭班殺子元其舍之，不書自明。
鬭班諫而被梏，亦不足書，而傳載之者，原鬭班所以殺子元，明鬭射師即
鬭班也。班蓋居射師之官，服虔云，射師若敖子鬭班也，確不可易。杜以
射師與鬭廉爲一人，不知何據。宣四年又有鬭般，班與般雖同出若敖，非
是一人。《漢書》敘傳曰，穀於檡字子文，楚人謂虎班，其子以爲號，師
古注云，子文之子鬭班亦爲楚令尹，蓋班般字通，後人遂混二人爲一耳。」
是射師與班非同一人，可明矣。

僖公十五年傳

晉侯使郤乞告瑕呂飴甥

《疏證》：〈晉語〉注，郤乞，晉大夫。杜注用韋說，又云，瑕呂飴甥，即呂甥也。
蓋姓瑕呂名飴甥。字子金。顧炎武云，呂，氏也。瑕其邑名，如成元年瑕
嘉之類，蓋兼食瑕、陰二邑，非姓也。顧謂瑕非姓，可證杜誤。洪亮吉云，
呂飴甥，《竹書紀年》作瑕父呂甥。考呂甥先食采於瑕，故稱曰瑕父。〈郡
國志〉，河東郡解有瑕城是也。後又食於呂，故人稱瑕呂。劉昭《補注》
引張華《博物志》，河東郡永安有呂鄉，呂甥邑也，是瑕呂皆所食采地。
杜注云姓瑕呂，名飴甥，非矣。下傳云，陰飴甥，陰亦采邑名。按洪說是
也。沈欽韓亦云，瑕當爲其采邑。〈晉語〉有瑕城，呂甥誅後地空，使詹
嘉處之，傳於下皆言呂、郤，明瑕非姓。沈說與洪說同，而不釋呂、其引
呂、郤。蓋亦以呂爲姓。

案：呂甥亦稱瑕甥，或併稱爲瑕呂飴甥，或稱爲陰飴甥。蓋呂、瑕、陰皆爲其
采邑，飴乃其人之名；甥則是晉侯之外甥，故配名以稱之，如魯父終甥、
宋公子穀甥、說參梁履繩《補釋》。杜注謂姓瑕呂，名飴甥，其誤明矣，
故《疏證》所引沈、洪二說皆可信。文公十三年傳「晉侯使詹嘉處瑕」，
杜注：「詹嘉，晉大夫，賜其瑕邑。」成公元年傳謂詹嘉爲瑕嘉，是瑕爲
詹嘉采邑，故瑕非姓可知。《會箋》謂瑕呂皆飴甥所處之邑，既舉瑕復舉
呂者，並食二邑。

僖公二十二年傳

大司馬固諫曰

《疏證》：〈晉語〉注，固，宋莊公之孫，大司馬固也，杜注用韋說。顧炎武云，大
司馬即司子魚也。固諫，堅辭以諫也。隱三年，言召大司馬孔父，而屬殤
公焉。桓二年，言孔父嘉爲司馬，知大司馬即司馬也。文八年，上言殺大
司馬公子印，下言司馬握節以死，知大司馬即司馬也。定十年，公若藐固
諫，知固諫之爲堅辭以諫也。沈欽韓云，按子魚爲左師，不爲大司馬，下
司馬曰杜解子魚非也，即公孫固。〈晉語〉，公子過宋，與司馬公孫固相善，
知大司馬、司馬一也。杜與顧俱失之，按沈說是也。朱鶴齡據《史記‧宋
世家》，謂前後皆子魚之言。惠棟謂韋、杜皆據《世本》而言，《史記》疏
略不足取證是也。然惠氏謂稱大司馬，所以別下司馬也，則不如沈說之確。
顧以大司馬、司馬爲一人，與沈說同，傳文稱官必繫以人，即顧所舉孔父
嘉，公子印皆其例，再舉或繫官、省人，正可按沈說。

案：沈欽韓《補注》言，杜注本僖公十九年傳「司馬子魚曰」，而分大司馬、
司馬爲二人，而以此司馬爲子魚不確。《宋世家正義》引《世本》曰：「宋
莊公孫名固，爲大司馬」，又〈晉語〉曰，公孫固之爲大司馬，正在此時，
則此大司馬公孫固也。

文公七年傳

樂豫爲司馬

《疏證》：《世本》，戴公生樂甫術，術生碩甫澤，澤生李甫，甫生子僕伊與樂。樂豫，
杜注戴公玄孫，用《世本》說。文十八年傳使樂呂爲司寇，樂呂即樂豫，
杜注戴生之曾孫，誤。

案：據《世本》，戴公生樂甫術，字樂父。術生碩甫澤，澤生夷父須，子孫以王
父字爲氏，須生大司寇樂呂，此樂呂於戴公爲五世玄孫，杜於十八年注曾

孫，誤也。且以世系言，樂豫、樂呂當同一人。文公十八年傳蒼舒、隤凱。

《疏證》：洪亮吉云，隤敳、索隱作隤皚，王符《潛夫論》作隤凱，檮戴、王符作檮演（1）古今人表作檮戴，尨降、王符作龍降，皆異文。《廣雅·釋詁》，臨，巨、大也。王念孫云，左傳高陽氏有才子八人，自庭堅以上，皆以二字為名，尒戌，龐，洪、大也。洪與降古同聲。大臨、尨降或皆取廣大之義與。杜注，此即垂、益、禹、皋陶之倫，庭堅即皋陶字。杜於服注外增出益，皋陶二人，疏申之云，司馬遷采帝系《世本》以為《史記》，其〈夏本紀〉稱禹是顓頊之後（2）〈秦本紀〉稱皋陶是顓頊之後，伯益即皋陶之子，垂之所出，史無其文，舊說相傳亦出顓頊，故云此即垂、益、禹、皋陶之倫也。五（3）年傳，臧文仲聞六與蓼滅云，皋陶庭堅，不祀忽諸，知庭堅皋陶為一人，其餘則不知誰為禹、誰為益。壽曾謂服謂垂、禹之屬，其垂禹連言者，書〈堯典〉帝曰，俞咨垂。汝共工，馬融注，為司空，共理百工之事。據馬說，則垂、禹同掌百工之事矣。杜增益皋陶，非服說所有。《水經》洛水注引顯靈碑，以益為即隤敳，其說蓋不足據，惟庭堅之文有五年傳可證。〈古今人表〉，庭堅正作咎繇，班氏據彼傳改庭堅為咎繇也。本疏又云，〈古今人表〉詮量古人為九等之次，雖知禹、益必在八愷，稷、契必在八元，不能識知其人，不得自相分配，故八元、八愷，與皋陶、禹、稷竝出其名，亦為不知故也，疏謂人表知八愷有禹、益，與服說異，疑舊說別有釋為禹、益之屬者。杜但增皋陶耳，然人表以咎繇易庭堅，非竝出其名，疏亦誤。

案：杜注本班固《漢書·古今人表》，謂庭堅即皋陶字，即以皋陶庭堅為一人，然此說可商，據雷學淇世《本校輯》云：「皋陶自出少昊，其後為六，偃姓。庭堅乃出顓頊，其後為蓼，姬姓。」崔述《考信錄》亦云：「典、謨之稱皋陶多矣，帝稱之，同朝之人稱之，史臣稱之，皆以皋陶。乃至後世之詩人稱之，儒者稱之，亦同詞焉，從未有一個稱為庭堅者，何所見而知庭堅之為皋陶乎？」是皋陶與庭堅自為兩人。

（1）原稿脫此句

（2）原稿「後」誤作「孫」字

（3）十三經注疏誤作「六年」

宣公十二年傳

駒伯曰，待諸乎。

《疏證》：杜注，駒伯、郤克，上軍佐也。惠棟云，郤錡字駒伯，克之子也。大夫門

子，得從父於軍，鄢陵之戰，范匄從文子於軍，此其證。洪亮吉云，此亦不必遠引，即此傳知罃，知莊子之子從其父在軍爲楚所獲。又逢大夫與其二子乘，皆是顯證，杜氏以爲郤克，疏矣。王引之云，待諸者，禦之也，時上軍未動，故郤克欲禦楚師。〈魯語〉，帥大鑊以憚小國，其誰云待之，〈楚語〉，其獨何力以待之。韋注竝曰，待，禦也。按王氏釋待諸，是也。其謂駒伯即郤克，仍沿杜注之誤。

案：杜注以駒伯爲郤克，成公十七年傳之駒伯，杜注又以其爲郤克子郤錡，若如此，則是克、錡父子同字駒伯也，恐不然。據惠棟《補注》，洪亮吉《左傳詁》，此駒伯當是郤錡，父子同在軍，即知莊子與知罃，逢大夫與其二子，范文子與范匄皆是也。

宣公十五年經

王札子殺召伯、毛伯。

《疏證》：杜注，王札子、王子札也，蓋經文倒札字。疏云傳稱此人爲王子捷，捷、札一人。公羊傳曰，王札子者何，長庶之號也。何休云，天子之庶兄也。《左傳》言札爲王孫蘇所使，非是尊貴，不是爲王之庶兄，此疏明左氏與公羊義異，札子文倒，杜亦意爲之說，三傳同辭異義者多矣。〈古今人表〉，亦作王札子，杜注又云，稱殺者名，兩下相殺之辭，用公羊說。

案：《會箋》曰：「王札子即王孫蘇也，札者其名也，以子配名者，桓十六年傳有急子、壽子。成十八年晉悼公稱周子，皆王札子之例也。沿至戰國時，以名配子而稱之者，如匡章之稱章子是也。《戰國策》中田嬰稱嬰子，田盼稱盼子，此類甚多，杜疑其誤倒疏矣。」是《會箋》說可明杜臆誤矣。

　　《疏證》於《左傳》人名字號，國別之引用者，於杜預所著之《世族譜》參用甚夥，遂此杜注可疑者惟存一、二。孫星衍曰：「其《世族譜》足補《世本》，《風俗通》、《姓苑》諸書亡佚之文。」（見重刊《春秋釋例序》）是孫氏之言，誠爲可信，蓋杜預《釋例》、《世族譜》之作用，可爲讀《左傳》者之助益，亦可補史文之缺，尚是珍貴。

第二節　箴孔疏左傳之曲護

隱公元年傳

書曰，鄭伯克段于鄢，段不弟，故不言弟，如二君，故曰克。稱鄭伯，譏失教也。

謂之鄭志，不言出奔，難之也。

《疏證》：杜注，不早爲之所，而養成其惡，故曰失教，段實出奔，而以克爲文，明鄭伯志在於殺，難言其奔，所謂養成其惡，志在於殺，與服氏同，故洪氏謂杜注本此。《正義》謂此時始有殺心，往前則無殺義。又駁服說，謂傳正責鄭伯失於教誨之道，不得謂鄭伯元有殺害之心，非惟不明服義，抑且昧于杜說之本于服氏也。服謂公本欲養成其惡而加誅，即據上文必有斃，將自及，及厚將崩等語知之，《正義》強爲辨駁，非也。

案：杜注亦言鄭志在於殺，詳傳文鄭伯之語，必自斃，將自及，及厚將崩等語，知鄭伯有欲擒故縱之心志，遂欲養成其惡以加誅。陸淳《春秋微旨》上言：「啖氏云，不稱段出奔，言鄭伯志存乎殺也。此言若云鄭段出奔，則鄭伯但有遂弟之名，而無殺弟之志也。」淳曰：「凡人君殺弟及弟奔皆書曰某侯之弟譏其身爲人君不能友愛其弟，且明骨肉相殘也，今不書鄭伯之弟者，以段不行弟之道，自絕於兄也，凡君討其臣但舉國名而已，本稱其君，今段雖不弟，乃是鄭伯養成其惡，故特稱鄭伯以譏失教。」由陸氏言可辨《正義》說非。

隱公五年經

九月，仲子之宮，初獻六羽。

《疏證》：杜注云，惠公以仲子手文娶之，欲以爲夫人，諸侯無二嫡，蓋隱公成父之志爲別立宮也，婦人無謚，因姓以名宮。按《宋書・臧燾傳》，教武帝追崇庶祖母宣太后，議者或謂宜配食中宗。燾議曰，陽秋之義，母以子貴，故仲子，成風咸稱夫人。經云，考仲子之宮，若配食惠廟，則宮無緣別築。又〈禮志〉，大明七年，有司奏故宣貴妃加殊禮，未詳應立廟與否。太學博士虞龢議，據《春秋傳》，仲子非魯惠元嫡，尚得考彼別宮，今貴妃是秩天之崇班，理應立此新廟，左丞徐爰議，宣貴妃既加殊命，禮絕五宮，考之古典，顯有成據。廟堂克構，宜選將作大匠參詳，以龢、爰義爲允，詔可。據燾等所言，是仲子之宮爲別宮，乃古左氏說，杜氏沿之也。《正義》釋初獻六羽云，初、始也，往前用八，今乃用六也。獻者，奏也，義本無誤，而復云言初獻六羽者，謂初始而獻，非在後恆用。知然者，按宣十五年初稅畝，杜云，遂以爲常，故云初，杜於此不解初義，明不與彼同，故春秋之經，有文同事異，如此之類是也，今按經書初獻六羽，與書初稅畝例同，傳申之云，始用六羽也，正謂遂以爲常，杜氏僅漏釋初字，而《正義》牽就以傅其說，非也。〈釋詁〉，考，成也，

故服以考爲宗廟初成之祭，宮猶廟也。《正義》云，〈雜記〉云，成廟則釁之，路寢成則考之而不釁，以廟則當（4）釁，寢則當考。此廟言考者，考是成就之義，廟者鬼神所居，祭祀以成之，寢則生人所宅，飲食以成之，廟成會釁之者，尊而神之，蓋木主未入之前，已行釁禮也。此言考宮獻羽，自爲主已入廟，則祭以成之，非釁禮與彼異也。又引服說駁之云，其意謂考即釁也。按〈雜記〉，釁廟之禮止有雞羊，既不用樂，何由獻羽，言將納仲子之主，則是仍未入宮。然則作樂獻羽，敬事何神。考仲子之宮，唯當祭仲子耳，又安得致五祀之神乎。李貽德云，時宮廟新主尚未入，考宮一時事，獻羽又一時事，服祇言釁廟之事，不及用樂，《正義》不得合併經文以妄規之也。按李說極辨，足破《正義》主已入廟之說。（1）《正義》之駁服說者，蓋泥〈雜記〉之文，以考釁爲二事。然斯干序云，宣王考室也。《箋》云，考，成也，德行國富，人民殷眾，而皆佼好，骨肉和親，宣王於是築宮廟群寢，既成而釁之，歌斯干之詩以落之。此之謂成室，宗廟成則又祭祀先祖，彼疏云，雜記之文，廟成則釁，寢成則考。此序言考室，箋得兼云釁廟者，此考之名，取義甚廣，乃國富民殷，居室安樂，皆是考義。猶無羊云考牧，非獨據一燕食而已，故知考室之言，可以通釁廟也，是考、釁義得通，故服以考爲釁也。《白虎通·宗廟篇》，祭所以有主者何，言神無所從依據，孝子以主繼心焉，《說文》，內、入也。《周禮》，小子珥於社稷，祈於五祀，後鄭注，珥、讀爲衈。祈、讀爲刉。衈、刉者釁禮之事也，用毛牲曰刉，羽牲刀衈。衈、刉社稷五祀，謂始成其宮兆時也。《白虎通·子祀篇》，五祀者何謂也，謂門、戶、井、竈罕、中霤也，所以祭何，人之所處出入，飲食，故爲神而祭之。又云，祭五祀，天子諸侯以牛。卿、大夫以羊，因四時祭牲也。一說戶以羊，竈以雞，中霤以豚，門以犬，井以豕。〈釋詁〉，堅、固也。《淮南·時則訓》，堅致爲上。注，堅致，功牢也。

案：考仲子之宮與獻六羽，雖相關，而是兩事。考仲子之宮是爲廟成而行落成之祭，是考宮之禮不用樂舞，故知與初獻六羽不相蒙。

（4）抄本眉批：「查焦疏釁鐘說。」

（1）原稿注云：「《正義》主已入廟之說，而駁釋未入室之說，已入未入，前後並未互歧，惟正前云，廟者鬼神所在，祭祀曰成之，廟成釁之者尊而神之，蓋木主未入之先已行釁禮也。後云，未入室敬事何神爲互歧耳。」

旁註：「此語申雜記之說，非《正義》文，《正義》不主釁嘲也。」

隱公五年傳

君將納民於軌物者也，故講事以度軌量謂之軌，取材以章物采謂之物。不軌不物，謂之亂政，亂政亟行，所以敗也。

> 《疏證》：賈子，緣法循理謂之軌，《高誘‧淮南注》，軌者法度之名。〈周語〉，度之於軌儀。注，軌、道也。〈禮運〉，月以爲量。注，量、分也。〈周語〉，釐改制量。注，量、度也。〈周語〉，亦唯是死生之服物采章。注，采章、采色文章也。此節傳文極明顯，杜注謂不入法度，則爲不軌不物，意猶未誤。正義謂政不在君，則亂政所由起也。傳無此意。

> 案：此謂亂政亟行，爲敗亡因素。不軌謂舉事不合禮制法度，不物謂不關大事器用之物而君主浪用之，故不軌不物則亂生敗。如《會箋》曰：「君之事不軌，而物不物，此亂政也。」孔疏謂政不在君，顯與傳意無涉。

隱公五年傳

九月，考仲子之宮，將萬焉。

> 《疏證》：簡兮毛傳云，以干羽爲萬舞，用之宗廟山川。彼疏曰，萬者，舞之總名，干戚與羽籥皆是，故云以干羽爲萬舞。杜注云，萬、舞也，即用毛義。《公羊傳》云，萬者何？干舞也。籥者何？羽舞也。《正義》引之，謂萬與羽不同。今傳云，將萬焉，問羽數於眾仲，又萬與羽爲一者。萬羽之異，自是公羊之說。今杜直云，萬、舞也，則萬是舞之大名也，何休云，所以仲子之廟，唯有羽舞無干舞者，婦人無武事，獨奏文樂也（1）按此節係六朝舊疏原文，舊疏蓋以萬羽爲一，而引何休說以明此。考宮第有羽舞，然據毛氏之說，則干舞、羽舞皆曰萬，舊疏知公羊之說不可釋左氏，而仍據何休說，謂考宮第有羽舞，是仍用公羊說也。《正義》又引劉炫說，謂羽者爲文，萬者爲武，此傳將萬問羽，即似萬、羽同者，以當此時萬、羽俱作，但將萬問羽數，非謂羽即萬也。此徒欲合公羊，左氏之歧，而強生分別，不足規杜也。

> 案：萬爲舞名，有文舞與武舞。文舞執籥與翟，故名籥舞、羽舞，如《詩‧邶風簡兮》「公庭萬舞，左手執籥，右手秉翟」是也。武舞執干與戚，故亦名干舞，如莊二十八年傳「爲館於其宮側而振萬焉，夫人聞之，泣曰，先君以是舞也，習戎備也。」沈欽韓云：「《詩》簡兮箋，萬舞、干舞也。文王世子，春夏學干戈，秋冬學羽籥。注，干戈、萬舞、象武也。羽籥、籥舞、象文也，殷周各有萬舞以象湯、武、之武功。〈商頌〉云，萬舞有奕。〈周頌序〉云，維清奏象舞也。《箋》云，象武，象用兵時刺伐之舞。下

文夫人云，先君以是舞習戎備，則楚亦自制萬舞。」萬舞亦用於宗廟祭祀，《詩》商頌那「萬舞有奕」，用之祀於成湯也；魯頌閟宮「籩豆大房，萬舞洋洋」，用之祀於周公；此乃祀於仲子。文淇《舊疏考正》云，孔疏以萬羽爲一，而引何休說，以明此考宮第有羽舞，光伯云萬羽俱作，非謂羽即萬也

（1）抄本眉批：「按魯禘樂本有萬舞，閟宮之詩曰，籩豆大房，萬舞洋洋，是也。書益稷夔所作之樂即籥舞，又見《呂氏春秋》，據春秋傳，萬入雲籥之文，則籥舞即萬舞，以龠爲主也。有羽必有籥。凡舞，羽、籥一類爲文舞，干戚一類爲武舞，故詩傳以籥舞當文舞，文舞既主籥，必兼主羽，故因將萬而問羽數，何氏說最確。」

隱公八年傳

四月，甲辰，鄭公子忽如陳，逆婦嬀。辛亥，以嬀氏歸。甲寅，入于鄭，陳鍼子送女，先配而後祖。鍼子曰，是不爲夫婦，誣其祖矣，非禮也，何以能育。

《疏證》：杜氏於先配後祖，不用諸儒義。注云，禮，逆婦必先告祖廟而後行，故楚公子圍稱告莊公之廟。鄭忽先逆婦而後告廟，故曰先配而後祖，蓋以祖爲出告祖廟。沈氏欽韓先配而後祖解云，若杜預之言，乃似是而非者也。貴爲國君之世子，且爲有禮之莊公，乃不如楚之公子圍乎，且鍼子已在鄭，必灼然於耳目者，乃鍳咎於誣祖耳，胡爲追按前此之過，舉成事後之清議，若先未告廟，左氏豈不能出一語貶絕，而待鍼子之定論也（1）俞正燮云，杜言後告廟，忽出國，無不告廟禮。《白虎通》言娶不先告廟，據士禮言之，若世子及卿大夫出疆，必告廟也。按沉、俞說是也。《正義》駁賈說云，按昏禮，親迎之夜，衽席相連，是士禮不待三月也。禹娶塗山，四月即去，而有啓生焉，亦不三月乃配，是賈之謬也，其駁先鄭說云，按昏禮民，婦既入門，即設同牢之饌，其間無祭祀之事，先祭乃食，禮無此文，是鄭之妄也。其駁後鄭說云，按傳既言入於鄭，乃云先配而後祖，寧是未去之事也，若未去先配，則鍼子在陳譏之，何須云送女也，此三說皆滯。按《正義》但駁賈注而未及服注者，以賈服誼同也。賈、服兩鄭君說，師授各異，理宜兼存，《正義》橫生辨駁，殊非說經之愼，今舉三說句疏之。賈謂配謂成夫婦者，《爾雅·釋詁》，妃、匹也，妃、配義同。《詩》皇矣，天立厥妃。傳，妃、媲也，齊而未配者，郊特牲，壹與之齊。鄭注謂共牢而食，同尊卑也，齊或爲醮，是齊指同牢也，三月廟見，然後配者。《白虎通》嫁娶篇云，三月一時，物有成者，人之善惡，可得知也，然後可得

事宗廟之禮。賈、服謂大夫以上者，蓋別士言之。曾子問三月而廟見，稱來婦也，擇日而祭於禰，成婦之義也。〈王制〉，士一廟。祭義上士二廟，禮舉卑者爲例。士一廟，乃常制，一廟則不得有祖廟矣，知廟見之禮，當屬大夫以上也。謂無論舅姑在否，皆三月見祖廟已後，然後成昏者。《白虎通・嫁娶篇》，婦人三月，然後祭行，舅姑既歿，亦婦入三月奠菜於廟，是無論舅姑在否，婦皆當見於廟，與士昏禮舅歿則奠菜，舅存則否異也。譏鄭公子先爲配匹乃見祖廟者，公子忽先成昏後廟見，不待三月也。《禮經》大夫以上昏禮亡。賈、服三月廟見成昏之說，後儒多不謂然。考《列女傳》云，宋恭伯姬、魯宣公之女，成公之妹也，其母曰繆姜，嫁伯姬於宋恭公，恭公不親迎，伯姬迫於其母之命而行。既入宋，三月廟見，當行夫婦之道，伯姬以恭公不親迎，故不肯聽命。宋人告魯，使大夫季文子如宋，致命於伯姬。又云，齊孝孟姬，華氏之長女，齊孝公之夫人也。好禮貞壹，齊中求之，禮不備，終不往，齊國稱其貞。孝公聞之，乃修禮親迎於華氏之室，遂納於宮，三月廟見，而後行夫婦之道。伯姬、孟姬皆諸侯夫人，則賈服所謂大夫以上三月廟見成昏，容爲古禮，春秋時猶有行之者矣。成九年書伯姬歸宋，又書季孫行父如宋致女。服注致女，亦謂成昏也。《詩》葛屨，《正義》引駁異義云，昏禮之暮，枕席相連，是當夕成昏也。〈曾子問〉《正義》引熊氏云，如鄭義，則從天子以下至於士，皆當夕成昏，舅姑歿者，三月廟見。異義之文，今不可考，以鄭駁推之，許君當用三月廟見成昏之說也，此賈、服義之可證者也。《尚書》，禹娶塗山。辛、壬、癸、甲。鄭注，登用之年，始娶塗山氏，三宿而爲帝治水，是娶後始受治水之命，即如某氏傳，以爲已當治水，輟事成昏，或不待三月講見，亦變禮而非經常之道。《正義》據以駁賈說，非也。先鄭謂配爲同牢食者，牛人注，牢、謂禮殽饔也。昏義共牢而食，合卺而酳，所以合體同尊卑，以親之也。疏，共牢而食者，同食一牲，不異牲也，謂先食而後祭祖，無敬神之心者，譏公子忽先行同牢之體，而後祭祖也。婦入門先祭祖，〈士昏禮〉無之，《正義》據爲言，宜乎鑿柄。嚴蔚云，《左傳》不與《儀禮》合，未可援昏禮以駁賈、鄭二誼，多見孔氏之不知量也，按嚴說是也。先鄭說蓋與賈同，同牢即賈之言齊而未配也，祭祖即賈之言廟也，特未言三月成昏，爲小異耳。後鄭謂祖爲軷道之祭者。《校勘記》云，宋本正義，軷作被。生民，取羝以軷。《毛傳》云，軷、道祭也，字或作被。《說文》云，出將有事於道，必先告其神之壇，四通樹茅以依神爲軷，是被即五祀

之行也。先爲配匹而後祖道，言未去而行配者。〈聘禮〉，出祖釋軷。注，祖、始也，爲行始也。被疏云，此見出行時祭軷。按韓奕《詩》云，韓侯出祖，出宿於屠，顯父餞之，清酒百壺，是韓侯入覲天子，出京城爲祖道。又左氏傳，鄭忽逆婦嬀於陳，先配而後祖。陳鍼子曰，是不爲夫婦，誣其祖矣。鄭志以祖爲祭道神，是亦將還而後祖道，此聘使還，亦宜有祖，但文不具。如疏言，是公子忽由陳還鄭，行祖道之禮也。曾子問正義云，隱八年，鄭公子忽先配而後祖，鄭以祖爲道之祭，應先爲祖道，然後配合，今乃先爲配合，而後爲祖道之祭，此鄭義之別見者，詳略互異，旨則同也，俞正爕先配後祖義云，計忽在陳三日，則配已三日矣。辛亥日行，乃祖祭，陳鍼子不忠君命，不樂此行，言忽不當成昏於陳，當以親迎日即行。苟辭詈之，以誣道神爲誣其祖，春秋時占驗家，多斷章展轉生義，陳鍼子說祖，史朝說元，史趙說歸，不可爲典要，一也。俞氏謂公子忽成昏於陳，與鄭意合，其謂鍼子詈忽，斷章說祖，則注無氏義，不足爲鄭義之證也。如鄭意，則傳先言入於鄭，乃終事之辭，接敘在陳之事，於文宜爾，先配後祖云云，正是鍼子在陳譏之。因送女而有辭耳。正義駁之，亦非也，沈欽韓《補注》云，聘禮，大夫之出，既釋幣於禰，其反也，復告至於禰，忽受君父醮子之命於廟，以逆其婦，反而不告至。徑安配匹，始行廟見之禮，是爲墮成命而誣其祖，又先配後祖解云，蓋禮有制幣之奉，春秋有告至之文，彼受命出疆，循必告必面之義，況昏禮之大者乎，然則子忽之失，失在不先告至，將傳宗廟之重於嫡，而惜跬步之勞於祖，已即安伉儷焉，是爲誣其祖也。又云，鍼子曰，不爲夫婦，是則孔子未成婦之義也。沈氏不用賈、服二鄭君義而言廟見，言未成婦，仍賈、服義所有也。其說禮意甚精，謹附著之。

案：《左傳禮說》：「禮娶女當先告廟，一告迎在親迎前日，一將配宜先告至，今陳鍼子送女至鄭，見忽先配而翌日告祖，故曰誣其祖也。」是婚不以禮，是不成爲夫婦。依禮，鄭公子迎婦回國，當先祭祖廟，告祭其迎娶歸來之是也。丁晏《補正》云：「沈小宛曰賈逵以爲禮齊，而未配三月廟見，然後配，鄭眾以配爲同牢食，先食而後祭祖，無敬神之心，皆與禮文不合。鄭康成以爲軷道之祖，又與傳先言入鄭者不合，杜謂忽不先告祖廟而行，則陳鍼子既非目擊，安得方來譏之。按〈聘禮〉大夫之出，既釋幣于禰，其反也，復告至于禰，忽受君父醮子之命于廟，以逆其婦，反而不告，至徑安配匹始行廟見之禮，是爲墮成命而誣其祖。」章太炎言士昏禮同牢，

合卺必先祭也，則同牢、合卺以成夫婦之禮，故今先食而後祭，失其禮節，如鍼子言「是不為夫婦」，無敬神之心，則「誣其祖矣」。又引〈士昏禮〉，「婦入三月，乃奠菜」，〈曾子問〉「三月而廟見」等文，以主娶女當先告廟，與疏證意同。劉毓崧《通義堂文集》卷三有大夫以上廟後成昏說，可證先告廟之說，故如《正義》三說，皆滯也。

隱公九年傳

戎輕而不整，貪而無親，勝不相讓，敗不相救。先者見獲必務進，進而遇復必速奔，後者不救，則無濟矣。

《疏證》：《說文》，整、齊也。〈月令〉，整設於屏外。注，整、正列也。《後漢書・吳漢傳》，漢令軍中日，賊眾雖多，皆劫掠，群盜勝不相讓，敗不相救，非有仗節死義者也。注、此兩句在《左傳》，鄭大夫公子突之辭也，是先儒舊說，不謂公子突即厲公，與杜注異。《晉書載記李雄傳》，雄行軍無號令，用兵無部隊，戰不相讓，敗不相救，攻城破邑，動以虜獲為先，此其所以失也，杜氏此節無注。《正義》引服注駁之云，其言見獲者，當謂戎被鄭獲也，此其所以失也，杜氏此節無注。《正義》引服注駁之云，其言見獲者，當謂戎被鄭獲也，鄭人速去以誘之，安得獲戎也，在先者已被鄭獲，重進者將復為虜，各自務進，欲何所貪，而云貪利也，此則不言可解，無故以解亂之。李貽德日今尋繹服意，言必不往相救，自釋上文敗不相救先者見獲各自務進，自述傳文，言其貪得也，乃釋見獲務進之旨，兩稱言字，是分詁上下文，可證孔氏所見本，先者見獲句，誤倒於言必不往相救之前，因滋疑義，今為更正，知服氏所釋，未為訛也。按李說是也，因注文相承已久，仍其舊。

案：先者見獲必務進，進而遇復必速奔，是指先行者見可以有所虜獲，必專一前進；進而遭遇伏兵突起，必馬上奔逃。是公子突說戎人之貪婪與缺乏團結，《正義》其言見獲，當謂戎被鄭獲，恐是偏辭耳。

桓公二年傳

是以清廟茅屋

《疏證》：杜注清廟用賈說，《詩》清廟箋云，清廟者，祭有清明之德之宮也。謂祭文王也，天德清明，文王象焉。疏云，賈逵《左傳注》云，肅然清靜謂之清廟，鄭不然者，以書傳說清廟之義云，於穆清廟，周公升歌文王之功烈德澤，尊在廟中，嘗見文王者，愀然如復見文王，說清廟而言功德，則清

是功德之名，非清靜之名也。廟者，人所不舍，雖非文王，孰不清靜，何獨文王之廟顯清靜之名，以此，故不從賈氏之說也。本疏又云，象尊之貌，享祭之所，嚴其舍宇，簡其出入，其處肅然清靜，故稱清講有。《詩》頌清廟者，祀文王之歌，故鄭玄以文王解之，此則廣指諸廟，非獨文王，故以清靜解之。此疑為舊疏，先儒或有以文王說清廟者，故疏申賈義也。杜注茅屋云，以茅飾室，著儉也。《御覽》五百卅一，引室作屋，或賈注亦說茅屋，杜襲之。疏云，〈冬官考工記〉有葺屋瓦屋，則屋之覆蓋，或草或瓦，傳言清朝茅屋，其屋必用茅也，但用茅覆屋，更無他文，得有茅者，以茅飾之而已，非謂多用其茅，總為覆蓋，猶童子垂髦及蔽膝之屬，示其存古耳。按《北史·宇文愷傳》，愷議明堂，引胡伯始注漢官云，古清廟，蓋以茅，今蓋以瓦，瓦下藉茅，以存古制，是古制清廟用茅覆屋，疏說非。

案：清廟茅屋者，謂清廟以茅草蓋屋，以示節儉。《周禮》匠人謂屋之覆蓋茅葦者，即葺；覆蓋以瓦者，謂之瓦屋。今孔疏非謂多用其茅，乃飾之耳，其說於古制似有不合。

桓公三年經

有年

《疏證》：《說文》有，不宜有也。《春秋傳》曰，日有食之，許君用賈義也。〈釋天〉，周曰年，注，年取禾一熟也。杜注，五穀皆熟書有年，用《穀梁》說。本疏引賈說而駁之云，案昭元年傳曰，國無道而年穀和熟，天贊之也，是言歲豐為佐助之非，妖異之物也。君行既惡，澤不下流，遇豐年，輒以為異，是則無道之世，唯宜有大饑，不宜有豐年，非上天祐民這本意也，且言有不宜也，傳無其說。《釋例》曰，劉、賈，許因有年、大有年之經，有鸐鵒來巢，書所無之傳，以為經諸言有，皆不宜有之辭也。據經螟、螽不書有，傳發於魯之無鸐鵒，不以有字為例也。經書十有一年，十有一月，不可謂不宜有此年、不宜有此月也。螟、螽俱是非常之災，亦不可謂其宜也。李貽德云，〈周語〉云，國之將興，其君齊明衷正，精潔惠和，其德足以昭其馨香，國之將亡，其君貪冒辟邪，淫佚荒怠，粗穢暴虐，其政腥臊，馨香不登，是年之豐儉，係於主德之純否也。今桓以篡弒之人，而年穀豐登，是可怪矣，案李說是也。穀梁義為杜注所取。《公羊傳》，有年何以書，以喜書也。此其曰有年何，僅有年亦足以當喜乎，恃有年也。何注云，若桓公之行，諸侯所當誅，百姓所當叛，而又元年大水，二年耗減，民人將去，國喪無日，賴得五穀皆有，使百姓安土樂業，故喜而書之，所以見不

肖之君，爲國尤危。何亦以桓惡而有年爲異，然未言書有謂不宜有，則賈所稱爲左氏義，非公羊義也。昭元年傳，天贊之義，亦謂其不宜有而有耳。螟、螽之災，五行家言謂爲貪暴之應，其不書有，正見其宜有，若年月盈十而書有，則干寶所稱十盈則是，始以奇從偶，故言有也，乃別一義，不得執以相難，疏說皆非。

案：春秋經文唯此書「有年」，宣公十六書「大有年」《左傳》無說。劉子駿、賈侍中，許叔卿以爲經緒言有，皆不宜有之辭，太炎以劉、賈、許說是也。春秋書有，爲不宜有之辭，他經則不同此例。以僖公在位三十三年爲例，經中無書有年、大有年者，以僖爲固當得之。是以鄭箋詩有駁云：「君臣安樂，則陰陽和，而有豐年」，明僖當得之也。僖當有年，則桓不當有年可知矣。《正義》引昭元年傳曰：「國無道而年穀和熟，天贊之也」以爲非妖異之物。是章太炎《左傳讀》「異之」謂人心異之，豈以爲妖異哉？

莊公五年經

夏夫人姜氏如齊師

《疏證》：疏云，於時齊無征伐之事，不知師在何處，蓋齊侯疆理記地，有師在紀，齊師說無考。疏亦意爲之說。

案：冬伐衛，齊與師在夏，故夫人于夏如齊師，于鬯香草校書亦駁之孔疏說非是。

莊公六年傳

乃即位，君子以三（1）公子之立黔牟，爲不度矣。夫能固位者，必度其本末，而後立衷焉。

《疏證》：三當作二，二公子洩，職也。杜注，本末，終始也。疏云，度其本者，謂其人才德賢善，根本牢固。度其末者，謂其人終能保有邦家，蕃育子孫，知其堪能自固，而後立衷焉。又引劉炫云，度其本。謂思所立之人，有母氏之寵，有先君之愛，有疆臣之援，爲國人所信服也。度其末，謂恩所立之人，有度量，有知謀，有治術，爲下民所樂愛也。疏說本末，當爲舊疏，光伯說與舊疏異，孔引之以駁舊疏也。沈欽韓云，度其本者，其人於義當立者也。不度其末者，其人立後，能安固國家，沈括舊疏爲說，是也。光伯說度本，止於寵愛、疆、援爲言，非古誼。

案：文淇言沈括《舊疏》之說爲是，其能詮解「能固位者，必度其本末，而度其本末，而後立衷焉」爲君之道。如沈欽韓所言，於本末之道其義爲近，

其孔疏引劉炫之語，恐不及沈括說爲佳。

（1）三宋本、阮刻注疏本皆作二，因劉氏《疏證》有說，故存而未改。

莊公九年經

九月，齊人取子糾殺之。

《疏證》：杜謂史惡齊志在謙以求管仲，非不忍其親，故極言之，杜不用賈說。疏引
賈說駁云，案定本上納子糾已稱子，則此言子，非愍之也。沈云，齊人稱
子糾，故魯史從其所稱，而經書子糾，知者，傳云子糾親也，請君討之，
豈復是愍之乎。劉與賈同。洪亮吉云，按上經一本無子字，故於傳發稱子，
劉與賈同，則子駿所見經亦無子字也。沈氏義疏駁賈說，則所據本亦有子
字，異於賈本。疏執唐所定本以駁，非是，一切經音義三引字詁、古文愍，
今作閔。愍，憐也。

案：趙坦異文箋以爲自漢至六朝以及隋唐皆作納糾。公羊疏云無子字者與左氏
經異。穀梁釋文云，伐齊納糾左氏作子糾，此皆爲定本所誤也。臧琳《經
義雜記》，以爲子字衍文，乃治唐定本之誤，與趙說同。觀八年傳文「亂
作，管夷吾、召忽奉公之糾來奔」蓋知公子實單名糾，《會箋》云「春秋
時人，稱謂之間，以子配名以成文，如楚公子元稱子元，鄭世子華稱子華，
宋公子朝稱子朝，齊公孫明稱子明，宋公子城稱子城皆其名本無子者，稱
子糾者亦猶是。然遇稱子不稱子皆可，非義例所繫也。」然於賈逵所說稱
子，愍之也，《會箋》言春秋書法，未聞有卹典也；且經意未見其爲求管
仲，杜非。

莊公十四年傳

蔡哀侯爲莘故，繩息嬀以語楚子。

《疏證》：《釋文》，繩、《說文》作譝。洪亮吉云，令《說文》本闕。《廣雅》云，譝、
譽也。周書皇門解云，是陽是繩。繩、譝古字同。《呂覽》周公旦作詩以
譝文王之德。孔說曰，譝之、譽之也。〈表記〉曰，君子不以口譽人。鄭
注，譽、譝也。按洪說是也。繩、爲譝之假借。杜注，繩、譽也，用表記
注。彼疏云，繩可以度量於物，凡口譽於人，先須忖度，亦量之於心，故
以譽爲繩也。義殊迂曲，王念孫《廣雅疏證》云，譝、亦稱也，方俗語轉
耳。

案：繩、譽也，孔疏曲爲之說，不若廣雅等訓明確。且繩爲譝之借字。孔疏以
度量於物所稱，故以譽爲繩，《會箋》言「傳作繩，當是假借字，」故孔

－175－

疏說可商。

莊公二十九年傳

輕曰襲

《疏證》：杜云，掩其不備。疏云，襲者，重衣之名。若被衣然，義殊迂曲。此侵襲
皆蒙有鐘、鼓之文，謂鐘鼓聲輕耳。周禮九伐不及襲者，義統於侵。疏謂
天子討罪，無掩襲之事，唯侵伐二名，名與禮合。

案：以輕師掩其不備曰襲，孔疏言襲者重衣之名，若披衣然，其解迂遠。

閔公元年傳

君子務寧魯難而親之，親有禮，因重固。

《疏證》：《書》，萬邦咸寧。《釋文》，寧、安也。《一切經音義》引〈蒼頡〉，親、愛
也、近也。《說文》重、厚也。杜注云，能重能固則當就成之，與舊注略
同，與服注異。疏駁服注云，杜以此傳四句相類，間携貳，攜貳者皆問之。
覆昏亂，昏亂者皆敗之，知此重固皆因之，則非因重而固之。因重固，蒙
親有禮爲義，四句不相類，疏駁未允。李貽德云，襄十四年傳，因重而撫
之，即此意。惠棟云，《說文》引云，種有禮，因重固。因、就也。從口、
大。能大者眾圍就之，杜氏從許君說。洪亮吉云《說文》，因、就也。以
口大。惠棟稱《說文》係徐鍇說，惠氏以爲《說文》誤也。凡《說文》稱
傳文皆云《春秋傳》，無云《左傳》者，按洪說是也，徐鍇蓋用舊注說，
舊注不若服說之審。

案：孔疏以此四句相類，重固者依賴於攜貳者皆間之，昏亂者皆敗之的條件之
下。其實重固者，乃謂重厚堅固，其意在於親近有禮之國。如章太炎云：
「親有禮，因重固。」案因亦親也。《詩》大雅皇矣「因心則友」傳「因、
親也。」《儀禮·喪服傳》「繼母之配父，與因母同。」注「因猶親也。」
《廣雅·釋詁》「因，親也。」如章氏所言，可補服虔訓詁者不足，正如
襄十四年「因重而撫之」義也，相互印照。

僖公二年緐

秋九月齊侯、宋公、江人、黃人盟于貫。

《疏證》：杜於江、黃稱人無注。疏云、公羊、穀梁皆云江人、黃人、遠國之辭，言
其實皆君也，以其遠國，降而稱人，下引賈說釋之，其意雖異，皆以江人，
黃人爲國君親來。杜以諸侯之貶，不至稱人，則此稱人者，皆是其國之大
夫耳。齊桓威德稍盛，遠國來服，齊桓謙以接遠，故與宋公會之。按此經

傳杜注云，江、黃、楚與國也，始來服齊，故爲合諸侯，是杜取賈說，以爲江、黃國君親來。疏不知杜用賈說，而以杜謂江、黃大夫，非杜意也，廣德善鄰，皆取傳文。《說文》，恃賴也。《楚辭》惜誦注，背、違也。十二年、楚滅黃。文四年，楚滅江。

案：孔疏以杜謂江、黃大夫，實非杜意也。江人、黃人，乃江、黃之君也。如十二年傳云：「黃人恃諸侯之睦于齊也，不共楚職」，此所謂黃人亦是黃國之君。江國嬴姓，故城在今河南省息縣西南。黃國亦爲嬴姓，僖公十二年楚滅之，故城當在今河南小潢川縣西四十里。又四年經云：「秋，及江人黃人伐陳。」章太炎竊疑江、黃本東夷之國，後遷光州，而故都猶屬其國，故四年傳云：「陳轅濤塗謂鄭申侯曰，師出於東方，觀兵於東夷，循海而歸，其可也。申侯見曰，師老也，若出於東方而遇敵，懼不可用也。」於是齊侯信之，以爲濤塗欲陷已於東夷，遂執之，而命魯以江、黃伐陳，若言，東夷固已服矣，焉能陷我哉？由此知江、黃爲東國也。如章氏所論，江、黃爲國者無疑。

僖公十年傳

十年春，狄滅溫，蘇子無信也。蘇子叛王即狄，人不能開狄，狄人伐之，王不救，故滅。蘇子奔衛。

《疏證》：杜注，蘇子、周司寇蘇公之後也，國於溫，故曰溫子。梁履繩云，〈晉語〉曰，殷辛伐有蘇，有蘇氏以妲已女焉，蓋蘇黨惡於紂，必爲周所滅。司寇忿生疑即出自有蘇，以國爲氏，子孫因之，故莊十九年，蘇子亦稱蘇氏。成十一年，蘇忿生以溫爲司寇，或即以溫故國封之。隱十一年，王與鄭人蘇忿生之由，其一爲溫。莊十九年，蘇氏出奔溫，可見鄭仍不能有之，溫其國名，故春秋書溫子。孔仲達謂國名爲蘇，與杜氏背矣，按梁說是也。隱三年取溫之麥。賈注，溫、周地名，蘇氏邑也。莊十九年傳，蔿國、邊伯、石速、詹父、子禽、祝跪作亂，因蘇氏，五大夫奉子頹以伐王，不克，出奔溫。

案：蘇是氏，溫則爲國名，故蘇子即經之溫子。成十一年以溫故國封之，莊十九年，蘇氏出奔溫，以詳其關係，《補釋》說爲是。孔疏以國名爲蘇，乃不察究理也。

僖公二十年經

二十年春，親作南門。

《疏證》:〈齊語〉,濫于泗淵。注,泗在魯城北,又曰南門,則南門近泗水,在魯北也。南門舊注謂稷門,詳傳《疏證》。杜注,言新以易舊,言作以興事,皆更造之文也。閟宮,新廟奕奕,箋,修舊曰新。疏,春秋有新作南門,新作雉門,說者皆以修舊曰新,放舊曰作,故鄭依之。《公羊(1)傳》,作、爲也。有加其度也,言新、有故也,非作也。《穀梁(2)傳》,門有古常也,《公羊》主新義,《穀梁》主作義(3)傳疏所稱,當爲古左氏義,兼新作也。本疏劉、賈先儒皆云,言新有故木,言作有新木,故爲此言以異之。疏所引劉、賈說,乃莊二十九年經。新延廄注,與傳疏引舊說義同。詩疏引於南門,雉門下,故亦爲此月。經注,杜注亦用劉、賈說,疏謂異之,非。

案:孔疏謂《釋例》曰,言新意所起,言作以興事,通謂興起功役之事,摠而言之,不復分別因舊與造新也。《會箋》曰:「南門故有,而今復修之則曰新,所修有舊注,而今稍變之,則曰作。劉、賈皆云,言新有故在,言作有新在,是也。」蓋孔義異劉、賈說,摠謂功役不復分別新舊。

(1)應作「穀梁」
(2)應作「公羊」
(3)以上二句公羊、穀梁顛倒。

僖公二十五年經

冬十有二月,癸亥,公會衛子,莒慶盟于洮。

《疏証》:杜注以洮爲晉地,疏,八年盟于洮,杜注、曹地。三十一年,魯始得曹田,此時不得爲魯地,注誤耳。江水云,疏說非也。傳云,衛人平莒于我,且及莒平,則此洮爲魯之內地,東近莒,即莊二十七年,公會杞伯于姬于洮者也,當爲卞縣桃墟,在泗水縣。

案:洮,杜注、魯地。江永考實以此洮爲魯之內地,以《證疏》說非也。《會箋》云,與八年盟于洮之在曹地自別。

僖公二十七年傳

鞭七人,貫三人耳。

《疏證》:杜無注。疏云,耳、助句也。洪亮吉云,按《說文》聅字云,軍法,以矢貫耳也,從耳從矢。司馬法曰,小罪聅刖,大罪剄。《正義》所解非是。焦循云,漢原涉犯罪,茂陵守令尹公捕之急。諸豪說尹,欲使肉袒自縛,箭貫耳詣廷門謝罪,則用箭貫耳以示懲恐畏,非以意爲之耳。正義以耳爲

助句，失之，按洪、焦說是也。

　案：貫耳，以箭穿耳也。據《漢書》原涉傳及《後漢書》楊政傳，蓋漢世猶有
　　　此刑。孔疏以耳爲助句，失之甚明。

僖公二十七年傳

子玉剛而無禮，不可治民，過三百乘，其不能以入矣。

《疏證》：杜注，三百乘，二萬二千五百人，疏云，若使爲帥，過三百乘，其必不能
　　　　入前敵矣。沈欽韓云，言決其敗死，不復再入國門矣。孔穎達謂必不能入
　　　　前敵，非。按沈說是也。朱駿聲云，猶云吾見師之出而不見其入也，與沈
　　　　說同。

　案：入謂全師入國，據傳子玉剛而無禮，意得志盈，必將剛愎自用，故知過三
　　　百乘，不能全師以入國。《會箋》解此事云：「明年城濮之役，不聽楚子去
　　　宋之命，請晉侯復衛侯而封瑛，然後已亦釋宋國圍，此皆剛而無禮之事也。
　　　子玉既敗，王使謂之曰大夫若入，其若申息之老何，彼入即此入字，及連
　　　穀而死，即不能入之事也。蔿賈之論子玉與趙衰之論郤縠相對，楚用剛而
　　　無禮之人，晉尙敦詩語禮之人，勝敗之機已決。」蓋《會箋》論與沈說同，
　　　觀下年傳云：「大夫若入，其若申、息之老何？」申、息二邑子弟皆從子
　　　玉而死，言子玉何以面對父兄。以此文與此傳入字相照，愈見子玉之剛愎
　　　入國門，則孔疏謂入爲入前敵，謬明矣。

僖公二十八年傳

公子買戍衛，楚人救衛，不克。公于普，殺子叢以說焉。

《疏證》：〈晉世家〉，公子買守衛，楚救齊，不卒。徐廣曰，一作勝，此或傳異字。
　　　　洪亮吉按，上言公子買，下言子叢，則子叢自係買之字。《正義》以爲或
　　　　字形相近而謬，非也。高誘《淮南子》注，說，解也。

　案：子叢爲公子買之字，《正義》謂或字相似而一謬，其誤甚矣。

僖公二十八年經

亡大旆之左旃

《疏證》：《釋天》，緇廣充幅，長尋曰旐，繼旐曰旆，因章曰旃。本疏引孫炎曰，因
　　　　其繪色以爲旗章，不畫之，旃又通作旜。司常，通帛爲旜。注，通帛謂大
　　　　赤，從周正色，無飾，與孫說合。本疏據《爾雅》，以旆爲旗之尾。又云，
　　　　今別名大旆，則此旆有異於常，故以大旆爲旗名，杜注不釋左字，疏謂之
　　　　左旃，蓋左軍所建者。沈欽韓云，疏非也，車攻傳云，褐纏旃以爲門。大

司馬職，以旌爲左右和之門，以敘和出。注云，軍門曰和，立兩旌以爲之敘，和出，用次第出和門也。大斾乃中軍所建，以大斾爲表，則司馬建旗於後表之中也，引以旌旁敘左右。今亡其左旆還對中所樹表言之，故曰亡大斾之左旆，按沈說是也。

案：孔疏以左旆爲左軍所建，非。《會箋》言中軍所建，故曰大斾也。又云此傳大斾及昭公十三年建而不斾，則皆中軍大旗。楊伯峻引劉書年經說云：「大斾之左旆，前軍之左旆也。」是狐毛設二旆而退之，劉說云：「設二旆，設前軍之兩隊也。」則莊公二十八年傳，子元之旆。哀二年傳，陽虎之旆，其爲前軍必矣。是晉前軍名旆之確證。又襄公十八年傳，晉伐齊「左實右僞以旆先，輿曳柴而從之」，此旆亦是前軍。張衡〈東京賦〉「殿未出乎城闕，旆已返乎郊畛」薛綜注：「旆，前軍」是本左氏也。

僖公三十二年傳

公使謂之曰，爾何知，中壽，爾墓之木拱矣。

《疏證》：壽，三體石經作者，中壽杜無注。疏云，上壽百二十歲，中壽百，下壽八十，洪亮吉云，非也，攷李善《文選注》引養生經，黃帝曰，中壽百年。又《莊子·盜跖篇》，中壽八十，《呂覽·安死篇》，中壽不過六十，《淮南·原道訓》，凡人中壽七十歲，此云中壽，亦當在八十以下，六十以上也，按洪說是也。〈周語〉，王曰，爾老耄矣。注，八十曰耄。耄，昏惑也，□□（1）年傳，諄諄然若八九十者，古人狀老之詞，不云百年也。《小爾雅》，兩手持爲拱，《晉載記》封孚傳，孚曰，行年七十，墓木已拱，唯求死所耳。孚七十而云墓木已拱，則中壽是七、八十人也。《宋書·張茂度傳》，述其謝罪太祖曰，臣若不遭陛下之明，墓木拱矣。則以墓木拱爲死亡別一說。

案：凡中壽說，《莊子》，《呂氏春秋》，《淮南子》，概在八十以下，《論衡·正說篇》則謂「上壽九十，中壽八十，下壽七十」，亦符合洪亮吉《左傳詁》云耳。孔疏謂中壽百，恐其太長。昭公三年傳文「三老凍餒」杜注謂上壽、中壽、下壽皆八十以上。孔疏申其義云，上壽百年以上，中壽九十以上，下壽八十以上。其舛亦同此傳。《會箋》引俞樾云，評三壽明文具在〈曲禮〉：「六十曰耆，七十曰老，八十、九十曰耄」，此即三老也。是三老猶爲三壽。又：「百歲以上之人，古亦稀有，制禮者之所不及，〈鄉飲酒義〉曰，六十者三豆，七十者四豆，八十者五豆，九十者六豆，不言百歲，即其證也。又云六十者坐，五十者立侍，則可知言老必從六十始矣，俞說是

也。」以俞、洪二說可明中壽數矣。

（1）抄本從原稿闕文，按應作「襄三十一」。

僖公三十三年傳

康誥曰，父不慈，子不祇，兄不友，弟不共，不相及也。

《疏證》：今〈康誥〉無此文。疏云，此雖言〈康誥〉曰，直引〈康誥〉之意耳，非
〈康誥〉之全文也。惠棟云，棟謂此〈康誥〉之闕文也。《法言》曰，〈酒
誥〉之篇俄空焉。伏生引〈酒誥〉曰，王曰封、惟曰，若圭璧，今〈酒誥〉
無此文。故《漢書‧藝文志》云，〈酒誥〉脫簡一。〈梓材〉，今王惟曰以
下，文義不屬，蓋〈康誥〉三篇皆有脫誤。孔以為其意而言之，非也。按
惠說是也。《後漢書‧章帝紀》，元和元年，書云，父不慈，子不祇，兄不
友，弟不恭，不相及也。注引《左傳》此文，謂與〈康誥〉事同文異。詔
徑引書，可證傳非約引書意，注謂異文非。昭二十年傳，在〈康誥〉曰，
父、子、兄弟、罪不相及，亦是闕文。《晉書‧東萊王蕤傳》，弟悶起義兵，
趙王倫收蕤。祖納曰，罪不相及，惡止其身，此先哲之弘謀，百王之達制
也，是故鯀既殛死，禹乃嗣興，二叔誅放，而邢、衛無責，祖氏之說全據
此傳義。

案：惠棟《補注》謂此〈康誥〉之脫文，《後漢書‧章帝紀》元和元年詔曰，
亦明言「書云」，以明傳非約引書之意，孔疏以引〈康誥〉之意，恐臆。
昭公二十年傳「在〈康誥〉曰，父子兄弟罪不相及」則是此之節文，今《尚
書‧康誥》無此文，但存「子弗祇服厥父事，大傷厥考心」文。

文公元年傳

凡君即位，卿出竝聘。

《疏證》：此即位聘例也，杜無注，王引之云，竝之言普也。竝聘，言遍聘也，按大
行人歲相問也。注，凡君即位，大國朝焉，小國聘焉。疏案文元年，公孫
敖如齊，傳曰，凡君即位，卿出並聘，謂已卿往聘他，他卿來聘已，是總
語也。云大國朝焉者，已是小國，已往朝大國，小國聘焉者，已是大國，
使聘小國。如彼疏說，則竝聘當作互聘解，王說非也，沈欽韓云，凡君即
位，鄰國有來朝聘于我者，我國亦朝聘于鄰國，兼彼我二義也。本疏，即
位者既葬除喪，即成君之吉位也，唯以既葬為服，不以踰年為斷。案踰年
改元經書即位，不關既葬，疏說非。其謂既葬除喪，又誤沿杜預短喪之說。

案：杜預主短喪之說，孔疏從之，見於僖公三十三年「凡君薨，卒哭而祔，祔
而作主」杜創既葬反虞免喪之論，孔穎達附會之，「烝嘗，禘于廟」杜預

直謂卒哭立主後，四時常祭如舊，於三年期年之說皆不取，孔穎達後而和之。

文公元年傳

諡之曰靈，不瞑，曰成，乃瞑。

《疏證》：賀琛諡法佚靈字，疏云，亂而不損曰靈，見《汲冢周書》，〈周書〉無成諡，琛諡法，佐相克終曰成，惇麗純固曰成，疏所舉安民立政曰成，琛書列爲臣諡也。禮，葬而後諡。杜注，言其忍甚，未斂而加惡諡，是也，諡靈不瞑，傳明楚成彊死，不承此諡也。疏泥杜注，謂特明商臣忍甚。又引桓譚說云，自諡而死，其目未合，尸冷乃合，非由諡之善惡也，此桓氏駁《左傳》語，引以說傳尤非。

案：桓譚云，自諡而死，其目未合，尸冷乃瞑，非由諡之善惡也。《會箋》曰「以理論言之誠然，然非傳意。此與荀偃視而不可含同，以見非常之憤恨也，古書宜以古意講之。」

文公四年傳

不辭，又不答賦。

《疏證》：燕禮工歌無答賦之事，此可證是公自賦。疏謂非常之賦，宜有對答，非。

案：公於宴會上賦此〈湛露〉、〈彤弓〉，都是天子燕諸侯之樂詩，於賓主身份兩皆不宜。依燕禮，賓聞賦如不辭，即當答，而甯武子不辭亦不答，其故乃非禮也。《左傳禮說》云：「魯僭用天子禮樂，其宴衛甯武子賦〈湛露〉及〈彤弓〉，非禮也。甯武子言湛露彤弓非常之禮，一則曰天當陽，諸侯用命。一則曰諸侯敵王所愾而獻其功，詞嚴義正凜然於尊王之義，即天子穆穆，諸侯煌煌，奚取於三家之堂之意，其曰敢干大禮，以自取戾自言乎，諷魯耳。」故孔疏謂非常之賦，宜有對答，不知其非禮也。

文公十二年傳

對曰，趙氏新出其屬曰臾駢（1）必實爲此謀，將以老我師也。趙有側室曰穿，晉君之壻也。

《疏證》：杜注，側室、支子。穿、趙夙庶孫，《御覽》引注，支作枝。疏，〈文王世子〉云，公若有出疆之政，庶子守公宮，正室守太廟。鄭玄云，正室，適子也，正室是適子，知側室是支子，言在適子之側也。《世族譜》，穿、趙夙之孫，則是趙盾從父昆弟之子也。盾爲正室，故謂穿爲側室，穿別爲邯鄲氏。按疏謂側室對嫡子言，是也。趙世家《索隱》引《世本》云，公明

生共孟及趙夙，夙生成季，衰，衰生宣孟盾，以正世家共孟生衰之誤。〈晉語〉注，夙之孫趙盾從父昆弟、武子穿也，與《世本》行輩合，杜謂穿、趙夙庶孫，正用韋說。則盾與穿爲從父昆弟，疏以穿爲盾從父昆弟之子，非。（2）

案：惠棟《補注》云：「安《世本》公明生孟及趙夙，夙生成季衰，《史記》以衰爲夙之孫，〈晉語〉以爲夙之弟，無緣繆戾至此，且夙與衰世次相縣，不應爲弟兄，必傳寫爲僞。《史記》所見異辭，當以《世本》爲正。」據惠棟說，趙夙與趙衰爲父子，則趙盾爲趙夙之孫，如杜注「穿、趙夙庶孫」則趙盾爲從父兄弟，〈晉世家〉「盾昆弟，將軍趙穿」可證。

（1）抄本鉛筆腳注：「杜注，臾駢，趙盾屬大大，新出左上軍、《御覽》同」

（2）抄本鉛筆眉批「共孟—尺—武—穿—夙—衰—盾。」

文公十三年傳

其處者爲劉氏

《疏證》：此傳賈、服說佚。杜注，士會，堯後，劉累之胤，別族復累之姓。案《後漢書賈逵傳》，逵奏云，五經家皆無以證圖讖，明劉氏爲堯後者，而《左氏傳》有明文，則杜注所舉士會堯後，蓋取賈說。杜從賈說，杜於傳文無疑詞，范蔚宗逵傳贊言逵能附會文致，最差貴顯，疏承范說因云士會之胄在秦不顯。傳說處秦者爲劉氏，未知何意言此，討尋上下，其文下類，深疑此句或非本旨，蓋以爲漢室初興，捐棄古學，左氏不顯於世，先儒無以自申，劉氏從秦從魏，其源本於劉累，插注此辭將以媚於世，下引賈逵疏語。又云，竊謂前世籍此，以求道通，故後引之以爲證耳，則頗疑此語爲賈君所加矣。洪亮吉云，今考《左傳》，襄二十四年，昭二十九年，士匄之語，叔孫蔡墨之對獻子，其言范氏爲陶唐之後，劉累之裔，固已甚明，不必藉此語爲佐證也，則疑賈氏增益傳文者，蓋習而不察耳。按洪說是也。《漢書高祖贊》，劉向云，戰國時劉氏自秦獲于魏，秦滅魏，遷大梁，都于豐，故周市說雍齒曰豐，故梁徙也。是以頌高祖云，漢帝本系，出自唐帝，降及于周，在秦作劉，涉魏而東，遂爲豐公，豐公蓋太上皇父，其遷日淺，墳墓在豐鮮焉。及高祖即位置祠祀官，則有秦，晉，梁，荊之巫，世祠天地，綴之以祀，豈不信哉。注，文穎曰，巫，掌神之位次者也。范氏世仕於晉，故祠祀有晉巫，范會友庶秦爲劉氏，故有秦巫，劉氏隨委都大梁，故有梁巫，後徙豐，豐屬荊，故有荊巫也。班氏引劉向頌語，在秦作劉，皆與傳文合，祠祀官有晉秦巫，又是漢初之制，則此語非賈氏所增

明甚。又序傳班彪王命論，是故劉氏承堯之祚，氏族之世著乎春秋。注，師古曰，謂士會歸晉，其處者爲劉氏，彪爲固父，賈君與固同時，彪之年輩，在賈君先，其說亦與傳符，疏駁皆非。班書高祖贊亦云魯文公世奔秦，後歸于晉，其處者爲劉氏，正用此傳語。惠士奇云，處者爲留，謂留於秦者，遂以爲氏。漢人改爲劉，以合卯金刀之說，則以此句傳文所有，漢人但易字也。《公羊傳》，鄭國處於留，〈地理志〉以以河南郡緱氏劉聚爲周大夫劉子邑。惠氏以說此傳，非也。沈欽韓云，此句乃錯簡，當在襄二十四年傳，范宣子曰在周爲唐杜氏下，按其處者承歸咎言，必非錯簡，沈說亦非。

案：士會子孫有未返晉而仍居秦者，以劉爲氏。所以氏劉者，士會堯後，昭二十九年傳稱「陶唐氏既衰，其後有劉累」，則爲劉累之胤，故復累之姓也。孔穎達作疏，疑此句或非本旨，討尋上下，其文不類，蓋插注引辭，將以媚於世之說。然此句必是本有，非東漢人所加，孔疏之說可商。《會箋》言：「《正義》深疑此句，以爲東漢尚讖，求通左氏學者，插注此語，以媚於世。殊不知桓公之子爲七大夫於楚，吳夫槩王奔楚爲堂谿氏，皆不顯於世，然左氏皆因事記之，以詳其始終，其處者爲劉氏，亦彼類耳。且上文秦伯誓士會曰，所不歸爾咎者有如何，秦伯踐其誓，而有願留秦者，此尤不可不記也。襄二十四年，昭二十九年士匄這語，叔孫蔡墨之封獻子，其言范氏爲陶唐氏之後，劉累之裔，固已甚明，不必藉引語爲之佐證。漢承秦滅學之後，文教未遑，而已置秦晉梁荊之巫，以祀其先，劉向作頌，已有在秦作劉之語，豈得云東漢尊尚圖讖之日，而插注此辭乎。」由此論證，《疏證》所論無疑。且楊伯峻提出六點亦駁孔疏說不可信，明西漢《左傳》固有此文，是劉向是見《左傳》已有此語，且漢初即有晉，秦之巫以祀劉邦祖先，則此語尤非後人所增明矣，又班彪年輩早於賈逵，其《漢書》引班彪王命論，用《左傳》此語，亦可證此語本有，又此句亦稱「奔楚爲堂谿氏」，何能疑其「討尋上下，其文不類」哉！是故引論甚詳，可爲參照。

文公十六年傳

先君蚡冒所以服陘隰也

《疏證》：〈古今人表〉蚡作蚠，楚（1）語注，蚡冒，楚季紃之孫，若敖之子熊率，與《楚世家》世次異。世家作季徇，季徇子熊咢，熊咢子態儀，是爲若敖，若敖子熊坎，是爲霄敖，霄敖子熊眴，是爲蚡冒。《索隱》，口音率（2）則熊率即央之熊眴也。杜注，蚡冒，楚武王父，疏引劉炫云，按〈楚世家〉，

蚡冒弟熊達，弒蚡冒子而代立，是爲楚武王，則蚡冒是兄，不得爲父，今知不然者，以世家之文多有紕繆，與經傳異者，非是一條，杜氏非不見其文，但見而不用耳。劉以世家而規杜，非也。壽曾謂，韋注雖與世家異，卻不言蚡冒爲武王父，內傳舊說當亦同以爲武王父者，乃杜氏一人之說，妄不是據。今本《史記》熊達作熊通。通，達形近而歧。

案：據〈楚世家〉，蚡冒十七年卒，弟熊通弒蚡冒子而代立，是爲楚武王。此蚡冒乃楚武王之兄，杜注云楚武王父，不知何據。韓子和氏篇謂厲王薨，武王即位。〈外儲說左上〉，亦稱楚厲王，楚辭東方朔〈七諫〉云：「遇厲武之不察，羌兩足以畢斮。」是蚡冒諡厲王矣。知蚡冒爲厲王，乃熊通之兄非父也。孔疏不信劉炫而主杜說，亦誤矣。

（1）按應作「鄭」
（2）此句不見于楚世家。

文公十七年傳

又曰，鹿死不擇音。

《疏證》：杜注，音，所茠蔭之處，古字聲同，皆相假借，杜以音爲蔭，不用服說。疏，杜意言鹿死不擇庇蔭之處，喻已不擇所從之國，欲從楚也。下引服注，又以劉炫從服說，以爲音聲，謂不擇音聲而出之，而難杜。今知不然者，以傳云，鋌而走險，急何能擇，言走險，論其依止之處，以其佈急，得險則停，不能選擇寬靜茠蔭之所，傳文所論，止言其出處所在，不論音聲好惡，故杜不依服義，劉以爲音聲而規杜，非也。顧炎武云，鹿死不擇音，言其鳴急切。莊子獸死不擇音，郭象注，野獸蹴之窮地，意急情盡，則和聲不至，是也。當從服虔之說，洪亮吉亦引《莊子》注，又云，劉逵〈吳都賦〉，獸不擇音。注，凡間暇則有好音，逼急不擇音，凡獸皆然，非惟鹿也，皆主音聲而言。杜注以音作蔭，義轉迂曲，而無所承，劉炫規之，最得《正義》非也。文淇案，《後漢書‧皇甫規傳》，中外誣規貨賂群羌，令其文降，規懼不免，上書自訟曰，臣雖汙穢，廉潔無聞，今見覆沒，恥痛實深，傳稱鹿死不擇音，謹冒昧略上，亦是讀從本字，顧、洪說是也。壽曾謂疏駁服說，蓋據下文鋌而走險，杜釋爲如鹿赴險，此爲杜氏新說，非古義所有。李貽德云，鋌而走險，是言困迫將死之狀，非論其依止之處，傳明云走險，孔氏乃云行險則停，更與傳意相違是也。〈鹿鳴傳〉，鹿得苹呦呦然而相呼，服約傳意。

案：杜注間，借音爲蔭。孔疏引服虔，此讀音如字。章太炎云，《後漢書‧皇

甫規傳》，規懼不免，上疏自訟曰：「今見覆沒，恥痛實深，傳稱鹿死不擇音，謹冒昧略上。」此以鹿死不擇聲音，喻已將死而想于君，其言亦狂妄無狀，不暇復擇婉文曲辭也。可見漢人說傳皆然。且《莊子‧人間世》云，「獸死不擇音，氣息茀然，是太炎以服說合古義，則先秦人實解音爲聲音。」

宣公元年經

楚子，鄭人侵陳，遂侵宋，晉趙盾率師救陳。

《疏證》：《年表》，楚莊王六年，伐宋、陳，以倍我服晉故。鄭穆公二十年，與楚侵陳，遂侵宋。宋文公三年，楚、鄭伐我，以我倍楚故也。晉靈公十三年，趙盾救陳、宋，史公兼采經，傳爲說。服氏以經但書救陳，故明救宋不及事。杜注，傳言救陳、宋，經無宋字，蓋缺，杜不用服說。本疏引服注駁之云，按經、傳皆言侵陳遂侵宋，陳在宋南，是先侵陳，去陳仍侵宋也，若趙看越宋而南救陳猶及楚師，北迴救宋，安得不及楚也，若言欲救宋而楚師解去，則救鄭之時，楚師已向宋矣，何以書救陳也，蓋以陳既被侵，方始告晉，晉人起師救 陳，楚又移師侵宋，晉師北至于鄭，楚師既已去矣。故諸國會于棐林，同共伐鄭。棐林、鄭地，明晉始至鄭，不得與楚相遇，故竟無戰事。言救陳、宋者，皆是致其意耳。李貽德云，案傳言晉趙盾率師救陳、宋，而經但書書救陳，知楚師已去宋、晉師但及陳，未及宋也。《正義》譏之，非是。案李說是也，陳雖在宋南然經文明云，楚，鄭侵陳，遂侵宋，則越宋而侵陳矣，晉師救陳，當後於楚、鄭之師，楚、鄭北回侵宋，又先於晉師，宜其不及。經書兵事，皆从各國來告，救宋之後，宋以晉不及事，不以告，故不書於經，疏謂救陳、宋，皆是致其意，非也。

案：傳言救陳、宋，而經僅書救陳，不書救宋，杜注經無宋字，蓋缺。《會箋》云「楚子、鄭人侵陳，侵宋，乃兩事之辭。楚鄭初志侵陳，伐宋乃其餘事，晉聞楚侵陳，興師救之，雖并救宋，非師之名也，故經獨言救陳，傳則詳言之，非經有闕文。」至如疏言救陳、宋者，皆是致其意耳，據傳文證其事，孔疏說恐誤矣。

宣公十三年傳

君子曰，惡之來也，已則取之其先穀之謂乎。

《疏證》：此傳者引古語，證先穀之事，惡猶禍也。杜注，晉滅其族，爲誅已甚。疏云，君子既嫌晉刑太過，又尤先穀自招，按傳無譏晉失刑義。

案：《荀子‧富國篇》「故使或美或惡」楊倞注云：「美謂褒寵，惡謂刑戮。」

夫邲之戰，先縠剛愎不用命，以永喪師辱國，罪已重矣。國討未及，尚不
悛懲而復召禦狄以速之斃，豈非自作之孽乎，然縠雖當死，而其族何辜。
是君子之言，刑戮來到，那是自找，這說的就是先縠。

宣公十六年傳

戊申，黻冕命士會將中軍，且爲太傅。

《疏證》：杜注，黻冕、命卿之服，太傅、孤卿。本疏，《論語》稱禹惡衣服，而
致美乎黻冕。鄭玄云，黻、祭服之衣，冕其冠也，此云黻冕亦當然也。
黻，蔽膝也。祭服謂之黻，其他服謂之韠，俱以韋爲之，制同邑異，韠
各從裳邑，黻則其色皆赤，尊卑以深淺爲異。天子純赤，諸侯黃朱，大
夫赤而已。大夫以上，冕服皆有黻，此士會冕服，當是希冕也。據疏說，
則黻韠即黻，然又謂黻韠邑異。沈欽韓云，典命職，公之孤四命，以皮
帛眂小國之君，司服職，孤之服，自希冕而下，如子、男之服。注云，
孤、朝聘天子及助祭之服，自祭家廟爵弁其大夫皆玄冠，與士同。按黻
與黻同，〈玉藻〉，三命赤黻，注、此玄冕爵弁之韠、尊祭服，異其名耳。
疏云，他服稱韠祭服稱黻，按他服之韠，則〈玉藻〉所云，韠、君朱大
夫素，士爵韋。注謂玄端服之韠，凡韠以韋爲之，皮弁服皆素韠，然則
爵弁服以上合自稱黻。鄭云，尊祭服異名者，以卿大夫惟助祭得用冕弁。
方施黻，惟祭服爲然，故言尊之。其實韠、黻之制一也，沈氏用疏蔽膝
說，而釋韠、黻爲一，視疏爲覈，然杜注但云，黻冕、命卿之服，未以
黻爲蔽膝。金鶚《禮說》云，〈禮器〉云，禮有以文爲貴者，天子龍袞，
諸侯黻，大夫黻，士玄衣纁裳，龍袞言衣，非言裳，則黼黻亦皆言衣可
知。孤、卿希冕，裳有黼黻，孤、卿亦大夫，若謂黼、黻在裳，則不得
言諸侯黼、大夫黻矣。經意言尊者文多，卑者文少，諸侯備有黼黻，大
夫有黻而無黼也，黼重於黻，文重於章，天子、諸侯皆有黼、黻，大夫
但有黻與章。〈王制〉疏，有孤之國，孤絺冕。卿大夫玄冕無孤之國，卿
絺冕，大夫玄冕。〈禮器〉所謂大夫，則統孤、卿、大夫稱之，服希冕者，
刺粉米於中，而章在左黻在右，服玄冕者，裳刺黻爲一章，衣亦有黻，
衣裳既相稱，而黻爲黑青相配，與玄衣之色相似，大夫有黻與章，以黻
爲重，又玄冕，但有黻無章，故曰大夫黻也。左宣十六年傳，晉侯請於
王，以黻冕命士會將中軍，且爲太傅，所謂大夫黻也。此黻冕，與《論
語》禹致美黻冕不同。禹之黻冕，乃袞冕之通稱，此則大夫之正服也。
孔疏引《論語》黻冕解之，且以黻爲蔽膝，誤矣。按金說是也，《論語》

鄭注，黻，祭服之衣，冕，其冠也。亦未說爲蔽膝。桓二年傳，火龍黼黻，與袞冕黻珽並舉，則黻非韍矣。杜注，太傅。孤卿。疏引典命，公之孤四命。鄭眾云，九命上公，得置孤卿一人，晉爲上公，先鄭說此傳義當不異。讀本，中軍則爲政，太傅則近君。成十八年士渥濁，襄十六年羊舌肸，皆爲此官，蓋春秋時，晉主禮刑之近官。文十六年太傅陽子，亦司法罪，刑獄、逋逃之事，此則中軍兼之。

案：孔疏以黻爲韠，謂爲黻膝，誤也。黻指衣而言，以青黑兩色相配，《詩‧秦風終南》「黻衣繡裳」，《禮記‧禮器》「天子龍袞，諸侯黼，大夫黻，士玄衣纁裳」，《大戴禮記》〈五帝德篇〉「黃帝黼黻衣，大帶、繡裳」，《晏子春秋‧諫上篇》「景公衣黼黻之衣，素繡之裳」黼黻皆以衣言，可爲明證。

成公二年傳

用蜃炭

《疏證》：《釋文》，蜃作蠯，〈月令〉注，大蛤曰蜃。杜注，燒蛤爲炭以塗壙，疏云，劉炫以爲用蜃炭者，用蜃復用炭，知不然者，杜以傳用蜃炭共文，故知燒蛤爲炭，劉君以爲用蜃復用炭而規杜氏，非也。按掌蜃，掌斂互的、蜃物以共闉壙之蜃。注，闉猶塞也，將并椁先塞下以蜃，禦濕也。鄭君不云燒蜃爲炭，惟赤友氏以蜃炭攻之。注，蜃、大蛤也，擣其炭以坋之，鄭君彼注，以治牆屋搏而堊之，亦不謂燒，《呂覽‧節喪篇》，題湊之室，棺槨數襲，積石積炭，以環其外。不主，石以其堅，炭以禦濕，則古人葬禮自用炭，非燒蜃爲炭也。蜃炭、車馬相對爲文，炫說是也。掌蜃注又云，鄭司農說《春秋傳》始用蜃炭，言僭天子也。疏，引春秋者，是成公二年，宋文公卒，始厚葬，用蜃炭，雖二王之後，不得純如天子亦用蜃，故被譏之。引之者，證天子之宜也。鄭眾謂用蜃炭爲天子禮，其說左氏亦當然，疏謂二王之後用蜃，亦是古左氏說。

案：《正義》引劉炫云，用蜃炭者，用蜃後用炭。蜃炭，杜注以爲一物，即用蜃燒成之灰。蜃炭一詞，見於《周禮》秋官赤髮氏「掌除牆屋，以蜃炭攻之，以灰洒毒之。」劉炫以蜃 炭爲二物，《周禮》地官掌蜃「掌蜃掌斂互物蜃物，以共闉壙之蜃。」是僅天子用之，鄭司農說以《春秋傳》曰：「始用蜃」，言僭天子也。「蜃」者即用蜃燒成之灰即生石灰。「炭」乃木炭，此二物置於墓穴，用以吸收潮濕，如賈疏云，「案〈士喪禮〉，筮宅，還并槨於殯門之外。注云，既哭之，則往施之壙中。是未葬前，并槨材乃往施之壙中，則未施椁前已施蜃灰於椁下，以擬禦濕也。」《晉書‧石季龍載

記》下記石虎發掘春秋趙襄子墓「得炭，深丈餘。」又《漢書·酷吏傳》記商賈富人囤積埋葬之物，其中有木炭。是蜃炭應爲二物。《輯釋》云：「陸粲云，《周禮》掌蜃掌斂互物蜃物，以供闉壙之蜃，鄭注以蜃禦濕也，不言燒蜃爲炭。又掌炭云，掌灰物，炭物之徵令，則灰炭二者不同，孔疏謂炭亦灰之類，非也。」是孔疏言劉炫非者，乃自謬也。

成公二年傳

槨有四阿

《疏證》：杜注，四阿，四注槨也。疏云，《周禮·匠人》云，殷人四阿重屋。鄭玄云，阿、棟也，四角設棟也，是爲四注槨也。疏蓋以屋制例槨之四阿。推今本鄭君注，作四阿若今四注屋，另疏所引異。金鶚《禮說》云，阿不可訓棟，棟在屋正中，不在四角，亦非可設棟云。金氏止據疏引鄭注，未檢原文，其謂阿非棟，是也，疏引鄭注有舛誤。疏又云，〈士喪禮〉下篇陳明器云，抗木橫三縮二，謂於槨之上設此木，從二橫三以負土，則士之槨上平也，今此槨上四注而下，則其上方而尖也。禮天子槨題湊，諸侯不題湊，不題湊則無四阿，疏謂天子槨題湊，據〈喪大記〉君殯用輴欑至于上畢塗屋文。沈欽韓云，〈檀弓〉天子柏槨，以端長六尺。注，以端，題湊也。〈喪大記〉注，天子之殯，居棺以龍輴，欑木題湊，象槨上四注，如屋以覆之，盡塗之，諸侯欑不題湊象槨。疏云，題，頭也。湊。鄉也，謂以木頭相湊鄉內也。諸侯雖不象槨，亦中央高似屋形，但不爲四注，按彼論殯事，其實天子葬時用槨，亦如屋簷四垂，諸侯亦三面也。孔晁逸《周書》，廟四下曰阿，按〈喪大記〉疏，成二年，《左傳》云宋文公卒，槨有四阿，是僭天子禮，則槨有四阿天子之制，疏以禮無明文，故舉殯禮之題湊例之，其舉士喪之抗木爲證，則非抗木無阿之名也。沈氏說四阿以屋簷四垂爲喻，與鄭君四注屋說合，則四阿謂槨之蓋四垂也，金鶚《禮說》云，天子之屋四隅，高起謂之四阿，槨象之，非。

案：四阿爲天子宮室宗廟建築形式，墓穴亦仿此，用之於槨上，故曰「槨有四阿」，四阿之說孫詒讓《周禮·考工記》匠人正義其說甚詳，引焦循論鄭注四阿爲四注，則是四霤之通制，其鄭注不及焦說之精詳矣。是屋之極謂之阿，猶門阿之爲門極也。孫氏《正義》云：「古廟寢屋皆五架，極下正當棟，故鄭二禮注亦皆以棟釋阿，以屋極咸覆以甍而等以棟，其義通也。屋霤之溝，必自棟下迤，而注於宇，故作雒云，四阿反坫，坫當爲污之形譌。四阿爲上棟之制，反坏即反宇，爲下宇之制，亦即所謂屋翼。四注主

霤言，則是宇而非棟矣，夏世室亦爲四面堂，則亦有四霤；而不得有四阿者，蓋夏制唯於南北之中爲一棟，其東西霤則自楣梀以外衰殺之以注水。是楣梀有四而棟則一，故阿亦不得有四。若殷重屋，則中別爲屋，重屋之外，目面回環又別爲棟，四棟則有四阿。是四阿必四注，而四注之屋不必皆有四阿。」《正義》直引鄭玄云阿，棟也，四角設棟也，未檢原文，是有舛誤。

成公十二年傳

金奏作於下

《疏證》：鐘師掌金奏。注，金奏，擊金以爲奏樂之節。金，謂鐘及鎛也。杜注，擊鐘而奏樂也，用鄭義，杜未釋作於下。沈欽韓云，下者，堂下也。凡升歌在堂上，鐘磬之等並在堂下，故皋陶謨，下管鼗鼓，合止柷敔，笙鏞以間。郊特牲，歌者在上，匏竹在下，是也。燕禮記，若以樂納賓，則賓及庭奏肆夏。注云，肆夏、樂章，以鐘鎛播之，鼓磬應之，所謂金奏也。此郤至登時，其金奏即是肆夏，郤至之驚，蓋如晉享穆叔，金奏肆夏之三不拜，曰，三夏，天子所以享元侯也，使臣不敢與聞之義。孔疏不解鐘磬本在堂下，因謂作於地室，故驚郤至，非。按本疏亦引燕禮記記賓及庭奏肆夏，謂朝賓入門而奏樂，聘客則至庭乃奏樂，其說朝、聘賓用樂之地，極爲分明，郤至聘賓，則及庭奏樂，與聘禮記合。而又云燕享聘客，皆當入門奏肆夏，若燕已群臣，則有王事之勞者，乃得以樂納賓，疏知燕已群臣奏肆夏者，據聘禮記鄭注，卿大夫有王事之勞者，則用此樂，詳鄭君義，以肆夏納賓，乃燕聘客之禮，其燕已群臣，亦得用肆夏，乃推言之。疏誤會及庭奏肆夏，正屬燕已群臣，遂謂聘客亦入門奏肆，前後矛盾。其〈郊特牲〉，賓入大門，而奏肆夏，主朝賓言。鄭君謂賓朝、聘者兼聘賓言，與燕禮記不合。沈氏以金奏爲肆夏，據下兩君相見，何以代此爲說，極諦。惟下指地室，疏據傳未可駁，地室既非禮所有，則樂縣亦不必依古制。

案：《正義》誤此奏樂是燕己之臣，誤也，沈欽韓駁正爲是。

成公十二年傳

重以之備樂

《疏證》：謂奏肆夏。疏云，卒聞地下鍾聲，因即飾辭辭樂，匿其驚走之意，非。

案：據傳文「貺以大禮，重以之備樂」，乃謂享賓客之禮，賜給下臣以重大的禮儀及音樂，若如疏言，恐曲說。

成公十八傳

右行辛爲司空，使修士蒍之法。

《疏證》：〈晉語〉，知右行辛之能以數宣物定功也，使爲元司空，右行辛。晉大夫、賈辛也。司空掌邦事，謂建都邑，起宮室，經封洫之類。杜注，辛將右行，因以爲氏。士蒍、獻公司空也。本疏，僖二十八年，晉作三行，三十一年即罷之，以爲五軍。彼云屠擊將右行。未知此人即屠擊之子孫也，爲是其祖代屠擊也。正以荀林父將中軍，遂以中行爲氏。故謂此人之先將右行，因以爲氏耳。梁履繩云，僖十年有右行賈華，即六年伐夷吾於屈者。僖十年，已有左行、右行，其二十八年作三行者，特增置中行。疏謂二十八年作之，非。疏又云，范武子爲太傅，孤也。士蒍爲司空，卿也，皆前世能者，其法可遵，故使二大夫居其官，而修其法也，二人皆是大夫，非孤、卿也。據疏說，是士渥濁，右行辛以大夫守孤，卿之官。

案：據傳文載，「左行共華，右行賈華，叔堅、騅歂、纍虎、特宮、山祁皆里，平之黨」見於僖公十年，晉軍已有左行、右行。僖公二十八年傳載「晉侯作三行以禦敵」惠棟《補注》云，案獻公時已有左右行，至此復立中行。則文公前，晉早有兩行，此作三行，特增一行而已。說參梁履繩《補釋》。

襄公二年傳

子駟官命未改

《疏證》：杜注，成公示葬，嗣君未免喪，故言未改，不欲違先君意。陸粲云，官命、猶言公命與杜說合。本疏，十六年晉侯改服修官，先君未葬，皆因舊事，不得建官命臣，故云官命未改，以官命爲官職之命，非。

案：此官命指鄭成公之令。春秋之制，舊君死，新君于第二年始改元。此時成公雖死，尚未下葬，嗣君不得發佈新令，故曰官命未改。是官命猶言公命，謂號令也，嗣君即位，必一新號令。孔疏言建官命臣，非是公命之意，其說恐誤。

《正義》之作，以杜注爲宗，孔穎達《春秋左傳正義序》云：「漢德既興，儒風不泯，其前漢傳左氏者，有張蒼、賈誼、尹咸、劉歆；後漢有鄭眾、賈逵、服虔、許惠卿等，各爲訓詁，然雜取公羊，穀梁之釋左氏，此乃以冠雙屨，將絲綜麻；方鑿圓枘，其可入乎？晉世杜元凱又爲左氏《集解》，專取丘明之傳，以釋孔氏之經，所謂子應乎母；以膠投漆，雖欲勿合，其可離乎？今校先儒優劣，杜爲甲矣。」又曰：「其爲義疏者，則有沈文何，蘇寬、劉炫，然沈氏於義例粗可，於經傳極疏。蘇

氏則全不體本文，唯旁攻賈，服；使後之學者，鑽仰無成。劉炫於數君之內，實爲翹楚。然聰惠辯博，固亦罕儔；而探賾鉤深，未能致遠。其經注易者，必其飾以文辭；其理致難者，乃不入其根節。又意在矜伐，性好非毀，規杜氏之失一百五十餘條。習杜義而攻杜氏，猶蠹生於木，而還食其木；非其理也。…然比諸義疏，猶有可觀。今奉勑刪定，據以爲本，其有疏漏，以沈氏補焉，若兩義皆違，則特申短見。」

是《正義》以劉炫爲本，惟劉氏意在矜伐，規杜非理，其所未逮，則以沈氏補闕。是《正義》又依劉、沈舊疏而刪定者也。若劉、沈有違，則申己說，此乃孔氏正義申杜義也。且以光伯規杜，凡一百五十餘事，穎達亦一一駁正。

孔氏雖以杜注爲宗，然疏證呈孔疏凡四象：一則以杜注爲宗，即杜有失解，孔疏多回護曲從。《四庫全書總目》云：「杜注多強經以就傳，孔疏亦多左杜而右劉，是皆篤信專門之過，不能不謂之一失。」《春秋左傳舊疏考正》黃承吉序云：「杜氏輒即假傳以貢其私，其短喪之說，久爲前人訾議；至其申弒君稱君，君無道；稱臣，臣之罪二語，則吾友焦理堂切譏之。」然如穎達作疏，未能摘其奸而發其伏，是曲護杜注也。邵瑛劉炫《規杜持平自序》云：「自杜而後，南朝則崔靈恩著《左氏條議》以難杜，北朝則張沖著《春秋略》，異於杜氏者七十餘事；衛翼隆精服氏學，難杜六十三事。至劉光伯，隋世大儒，〈隋志〉記其《左傳述義》四十卷，孔沖遠作《正義》，據以爲本，見於自敘，人亦無從別識。獨其規過，〈唐志〉作三卷者，孔氏一一標出，而概以爲非；毋亦祖杜之過與！」劉文淇〈與劉楚楨書〉云，且沖遠在時，馬嘉運頗駁正其失，當時服其精博，是其書在唐初已有疑議矣。陳熙晉著春秋規過考信，謂杜氏銳于立言，然疏於考證。是劉之所規言之，杜之致過之由，其蔽有三：緣飾經傳，附會短喪；一也。私心自用，習作勝是，二也。惡義本非，義例亦非例；三也。此三者，注家之過，亦是疏家之過也。

二則沖遠作疏，例不破注，夫杜義失解，則疏發其疑，秉疑以正。皮錫瑞《經學通論》云：「杜預云，其發凡以言例，皆經國之常制，周公之垂法。《正義》曰，今案《周禮》竟無凡例。是孔穎達已疑其說，特以疏不駁注，不得不強爲傅會耳。《正義》又曰，先儒之說春秋者多矣，皆云邱明以意作傳，說仲尼之經，凡與不凡，無新舊之例，據孔說，則杜預以前，如賈逵、服虔諸儒說左氏者，亦未曾嘗以凡例爲周公作。蓋謂邱明既作傳，又作凡例，本是一人所作；故無新例、舊例之別也。至杜預乃專據韓宣疑似之文，盡翻前人成案；以左氏傳發凡五十，爲周公舊例。周衰史亂，多違周公之舊，仲尼削加刊正，餘皆仍舊不改。其稱書，不書，先書、故書、不言、不稱、書日之類，乃爲孔子新例，此杜預自謂創獲，苟異先儒；而實大謬不然者也。」是沖遠例不破注，然發微獻疑之論。

三則沖遠申杜，既專宗一家，故不特於光伯之規杜，至其申杜難服，諸多悖理。李貽德《春秋左傳賈服注輯述》云：「按鄭伯非志在必殺，則因祭仲、子封之言，早為裁抑，使知戒懼；必無逞志之事矣。惟深心積慮，欲厚其毒；使殺弟出於有名，曰自斃，曰將崩；坐科其敗，而不為之節制。平時養成其惡者如是，乃聞襲鄭之計，始曰可矣，則欲殺之心，見於辭矣。《正義》申杜難服，恐未盡當時要領也。」是服虔說義，多為穎達所斥，既宗杜注，又不得杜注之深意，強為說辭，是入進退失據之譏也。

四則清儒論經，莫不集矢孔疏，以摘其謬。故文淇《左傳舊疏考正自序》曰：「後乃得十三經注疏，依次校勘，朝夕研究，竊見上下割裂，前後矛盾，心實疑之久矣。近讀《左傳》疏，反覆根尋，乃知唐人所刪定者，僅駁劉炫說百餘條，餘皆光伯述議也。」是孔疏多翦截舊疏之文，而沒前儒之說。如沈欽韓序文淇《左傳舊疏考正》云：「篇幅之內，割裂顛倒，剽竊搏揜，豈惟范氏襲華嶠之書，實同師古攘《漢書》之解。」黃承吉序《春秋左傳舊疏考正》云：「自有《正義》而後，炫書廢，而諸儒之說盡廢，且不獨疏家之說廢，即傳注之說之存於述議中者亦廢。然則，唐人襲故冊而掩前編，乃唐人之過也。」如上諸論，文淇嘗謂左氏之義為杜注剝蝕已久，其稍可觀者，皆係襲取舊說。又謂左傳義疏多襲劉光伯《述議》，然則，光伯本載舊疏議其得失，其引舊注，必當錄其姓名。孔穎達《左傳疏序》云，「據以為本」，初非故襲其說。至永徽中，諸臣詳定，乃將舊注姓氏削去，襲為己語，因細加剖析，成《左傳舊疏考正》八卷。據以上四則，《疏證》揭之，杜解之失，不一而足，沖遠既宗一家，遂不復是非之擇，此孔氏《左傳正義》之所以長譏於後世也。

第三節　糾杜注孔疏之橋昧

隱公元年傳

元年春，王周正月，不書即位，攝也。

《疏證》：《說文》，攝、引持也。《禮記·明堂位》鄭注，周公攝王位疏，攝訓為代。隱、桓、莊、閔四公，不書即位。《正義》云，舊說賈，服之徒，以為四公皆實即位，孔子修經，乃有不書。又引穎氏說，以為魯十二公，國史盡書即位，仲尼修之，乃有所不書，是先儒皆以隱公實即位，孔子修經不書也。杜預云假攝君政，不修即位之禮，故史不書于策。杜預傳言攝，謂攝政非攝位。按〈明堂位〉疏引鄭〈發墨守〉云，隱公攝位，周公攝政，雖俱相幼君，攝政與攝位異也，是隱公攝位非攝政，況傳明云公攝位而欲修

好于邾，攝位則行即位之禮，杜預之說非也。《正義》既知隱公之攝爲攝位，而又謂攝位不行即位之禮，曲護杜氏，謬矣。或疑鄭發墨守，謂隱公攝位，周公攝政，而鄭注〈明堂位〉云，周公攝王位。疏云，成王成功，周公代之居位，故云攝王位，又以周公爲攝位，二說不同。按鄭〈箴膏肓〉云，周公歸政就臣位乃死，何得記崩，隱公見死於君位，不稱薨云何，蓋據其初而言之，周公實亦攝位，其後歸政，復就臣位，故鄭以攝政言之。

案：賈、服云，公實即位，孔子修經，乃有不書，不書即位，所以惡桓之簒（本疏引）翁注《困學紀聞》引葉石林傳曰：「不書即位，以治其不正，不書，非不即位也，以爲有其位而不能居」，蓋隱公代攝實與周公類同，章太炎引魏源《詩古微》：「考大傳，周公攝政，一年匡亂，二年克殷，三年踐奄，四年建侯衛，五年營成周，六年制禮樂，七年致政，則是但言攝政，未嘗言踐阼受朝稱天子也。」又言「夫書稱周公稱成王者，周公之攝位，猶舜之攝位也。堯爲天子而舜攝之，成王爲天子而周公攝之，堯、成不改王號而不居王位，舜、周不去公稱而實居王位，每遇大事，則公亦權時稱王。」故周公不居位實亦攝們，且攝政也。其隱公傳云「公攝位而欲求好於邾」，實是如賈、服云，公實即位。文淇《舊疏考正》云，「隱雖不即位，然攝行君事，而亦朝廟告朔改元布政，故書首年，始月，以明其應即位，而不爲也。」萬處士學《春秋隨筆》云：「諸侯嗣世，必即位稱公，乃可以臨臣民，親政事，故十二公無不行即位，禮者史無不書即位者，春秋于隱莊閔僖不書即位，何也？踰年即位固皆非禮，然就中分別有不當立者，有雖當立而有所不忍者，惠公立桓爲太子，則桓當立，隱不當立，爲隱公者，立桓而攝政可也，攝位而奉桓不可也，故削其即位以明其不當立也。」依隨筆言，諸侯嗣世必即位稱公，乃可臨政親民，如同文淇《舊疏考正》言，若不行即位又不朝正，則與臣子無別，不成爲君，故告朔朝廟也。

隱公元年傳

太叔完聚繕甲兵具卒乘，將襲鄭，夫人將啓之。

《疏證》：杜注完城郭、聚人民，《正義》曰，服虔以聚爲聚禾黍也，段欲輕行襲鄭不作固守之資，故知聚爲聚人，非聚糧也，完城者，謂聚人而完之，非欲守城也。按《正義》苐駁服氏聚字之訓，而不駁服氏完字之訓，則服注完字，必以爲完城郭，杜於完字即用服說，聚字自爲一解，故《正義》但駁服氏禾黍之說，而不及完字之解也。疏中凡似此者，皆當以此意求之。洪亮吉云，按完聚以服說爲長，杜云城郭人民，失之，則又不知服氏禾黍之

訓止解聚字，不連完字解也。

> 案：完爲完城郭，如《孟子・離婁上》「城郭不完」。聚爲聚糧食，如襄公三十年傳「聚禾粟」可證；蓋杜注以爲聚人民，非也。《會箋》亦云「聚者，聚禾黍以備軍糧也，襄三十年聚禾粟，繕城郭可證，聚人民在下文具卒乘之中。」按具下「具卒乘」實已人力備也，無須文句重複，故《會箋》所云以證疏證所言。

隱公三年傳

夏，君氏卒，聲子也，不赴于諸侯，不反哭于寢，不附于姑，故不曰薨，不稱夫人，故不言葬。

《疏證》：杜注，既葬，日中自墓反，虞於正寢，所謂反哭于寢。《正義》曰，禮〈檀弓〉，記葬禮云，既封，有司以几筵舍奠于墓左、反、日中而虞。〈士喪禮〉，既葬乃反哭于廟，遂適殯宮而虞，是既葬，日中自墓反，虞于正寢，正寢即殯宮也。沈欽韓云，杜預云，自墓反，虞于正寢，疏依和其謬，不能正之。按即夕禮反哭，入升自西階，東面立，婦人拾踊，送賓于門外，遂適殯宮，送賓出後，乃云適殯宮，明上文升西階爲廟，所以先反哭于廟者，當尸柩遣奠時，已在廟，朝廟先禰而後祖，故反哭就其最後行處，鄭玄反哭者于其祖廟，是也。〈檀弓〉，日中而虞，反哭，升堂，主婦入于室。孔疏，恐人仍堂與室爲正寢，故云此皆謂在廟也，是《禮經》皆謂反哭于廟。傳云，哭于寢，寢即廟耳，杜演爲正寢，不知寢，廟同舉則一之義也。文淇案，定十五年，姒氏卒。傳曰，不稱夫人，不赴且不祔也。又葬定姒傳云，不稱小君，不成喪也。哀十二年，昭夫人孟子卒。傳曰，昭公娶于吳，故不書姓，死不赴，故不稱夫人，不反哭，故不言葬小君，與此傳參差不同者，定姒經不書薨，傳不云不稱薨，但以不赴，不祔解不稱夫人，夫人與薨連文，不稱夫人，則不書薨可知，故不言也。夫人之喪，以赴同祔姑爲重，定姒雖反哭書葬，而不赴不祔，即謂之不成喪。至于書葬與否，繫于反哭不反哭，故哀十二年傳云，不反哭，故不書葬，不稱夫人，兼不赴，不祔二義。疏謂由不赴，故不曰薨，由不祔故不稱夫人，義猶未備，其實傳舉三事，統言聲子不成夫人之禮，下云故不曰薨，不稱夫人專釋經文書卒不書薨及不稱夫人之義，故不言葬，釋經書卒不書葬之義也。至《正義》謂初死即赴，葬乃反哭，反哭之後始祔，三者依事之先後爲文，至書于經，則夫人與薨共文，故先言不稱夫人，後言不書葬，順經之先後爲文，是也，至謂赴祔但行一事，即稱夫人，顯與傳背。

案：杜注寢以爲正寢，不知寢廟同舉則一之義也，沈欽韓云：「〈雜記〉云至于廟門注云，廟所殯宮以尸柩所在，故寢可謂之廟，祖廟以酌奠在室，故廟亦可謂之寢。〈月令〉注，凡廟前曰廟，後曰寢是也。杜預以爲正寢，不知寢廟通稱也。」丁晏《杜解補正》引小宛說，亦正杜氏正寢之誤。又孔疏言赴祔二禮課行一事，並解不稱夫人。按赴同訃，當其初死，訃告於同盟諸侯。祔者，以死者之主祔於祖姑，即祔於祖廟，此赴，祔於禮不同，但與反哭于寢三者而言，若三禮皆備則書曰「夫人某氏薨」及書曰「葬我小君某氏。」聲子之死，即未向同盟諸侯訃告，葬後，隱公又未反哭於祖廟，卒哭後，亦未祔於祖姑，三者皆不具備，則是不以夫人于聲子，故經書死用卒字，不用薨字，只云某氏，而不云夫人某氏，又不書其葬。

隱公八年傳

諸侯以字爲謚，因以爲族。

《疏證》：杜讀字絕句，顧炎武云，陸氏按鄭康成駁許淑重《五經異義》，引此傳文云，諸侯以字爲氏，今作謚者，傳寫誤也。惠棟云，今此以氏作謚者，傳寫誤也。杜考之不詳，乃妄斷其句，而強解之。洪亮吉云，按據服注及五經駁義，則謚爲氏之誤甚明，第承譌已久，未敢更定。按柳芳姓系論云，左丘明傳春秋，亦言諸侯以字爲氏，以謚爲族，《魏書·官氏志》云，諸侯則以字爲謚，兩書皆檃括傳文，而以字謚連言，或疑今本傳文有奪字，然《正義》引劉炫說，稱以謚爲族，全無一人，是劉氏所見本無謚字矣，莫能明也。傳例，凡稱弟，皆母弟也，適與嫡通。江有汜序《釋文》，嫡、正夫人也。乾大象，乾乃統天。馬、鄭注並云，疏、本也。《說文》，庶、屋下眾也。燕禮有庶子官。鄭注，庶、象也。《白虎通·姓名篇》，適長稱伯，庶長稱孟，是適、庶異長。服意以嫡庶對言，故止稱伯、仲、叔、季、不言孟也，展即無駭之字。《世本》，臧僖伯彄，孝公之子，展氏、臧氏，皆魯之公族，所謂以字爲氏，因以爲族也。大傳疏云，諸侯賜卿，大夫以氏，若同姓，公之子曰公子，公子之子曰公孫，公孫之子，其類已遠，不得上連於公，故以王父字爲謚，若適夫人之子，則以五十字伯仲爲氏，若魯之仲孫，季孫是也。若庶子妾子，則以二十字爲氏，則展氏、臧氏是也，與服注略同，疑亦古左氏說。《正義》引服注駁之云，按鄭子人者，鄭厲公之弟，桓十四年，鄭伯使其弟語來盟，即其人也，而其後爲子人氏，不以仲叔爲氏則服言公之母弟以長幼爲氏，其事未必然也。杜以慶父、叔牙與莊公異母，自然仲叔非母弟族矣。按鄭子人固爲厲公母弟，其命氏不稱

仲叔，或有司失之，非常典也。慶父、叔牙爲莊公母弟，先儒之說皆然，以爲異母，乃杜氏一人之說，辨詳莊公二年。《正義》之駁服說，非也。杜氏《釋例》引舊說，以爲大夫有功德者則生賜族。大傳疏云，凡賜氏族者，爲卿乃賜，有大功德者生賜以族，若叔孫得臣是也。雖公子之身，若有大功德，則以公子之字賜以爲族，若仲遂是也，其無功德，死後乃賜族，若無駭是也。若子孫不爲卿，其君不賜族，子孫自以王父字爲族也。此言有功德生賜族之事，而舉無駭以證其異。《釋例》所謂舊說，疑指此，當亦古左氏說也。《正義》謂華督之賜族爲非禮，又以祭仲之祭爲入仲舊氏，皆非。

案：「諸侯以字爲謚」，六字爲句，鄭玄讀此，《校勘記》云：「《正義》杜讀諸侯以字爲句，非。仁和孫志祖云，《禮記·檀弓》魯哀公誄孔子，鄭註云，誄其行以謚也。尼父因其字以爲之謚，明用《左傳》此語。」由此可知杜注及孔疏斷句之誤。孔疏謂死後賜族乃是正法，春秋之世，亦有非禮生賜族者，華督是也。《疏證》引杜預《釋例》引舊說，以爲大夫有功德者則生賜族，若叔孫得臣是也，祭仲即祭足（隱三），亦稱祭仲足（桓五），蓋祭是氏，仲是行第，足爲名，杜注以仲爲名，足是字，誤也，因古人稱謂不以名冠字上，且祭仲足如公子友曰季友，以行次配名。祭仲爲鄭大夫，祭爲其食邑。是諸侯于大夫，以其字爲謚，而其後人因之以爲族姓，以字爲族者，多用於公族。

隱公九年傳

凡雨，日三日以往爲霖，平地尺爲大雪。

《疏證》：此傳例也。《校勘記》云，〈月令〉鄭注云，雨三日以上爲霖。《正義》云，隱公九年《左傳》文，鄭氏所見本，或與今本異。杜注，此解經書霖也，而經無霖字，經誤。《正義》云，是經脫霖以二字，而妄加電也，按此經文，公羊、穀梁，並同左氏。〈五行志〉，再言震電，是劉歆所見本，有電字，杜註非。

案：經作「大雨，震電」，傳作「大雨霖以震」文異而義同。杜注及孔疏皆謂經無霖字，經誤。孔疏又妄加電字。考之公、穀二傳與《漢書五行志》，知經文無誤。又杜注，經無霖字。殊不知，此乃傳文自解霖字，杜注以爲解經文，非。《會箋》曰：「釋經大雨也。即曰大雨霖，則大雨是霖也，故以霖釋之。凡傳之述經文，與經略有不合者，寓訓詁於述經中也。」

隱公十一年傳

及大逵，弗及，子都怒。

《疏證》：杜注云，逵，道方九軌也。《釋文》云，《爾雅》云，九達謂之逵，杜云道
方九軌，此依〈考工記〉。《正義》引劉炫規過，以逵爲九道交出，又以爲
國國皆有逵道，炫說雖不可盡見，然以意逆之，當是引《爾雅》以駁杜注
九軌，《說文》馗、九達道，似龜背，馗即逵，許君亦用《爾雅》說。《詩》
周南兔罝疏，亦謂《周禮》經涂九軌，不名曰逵，杜注與《爾雅》不合，
疑亦述義之文也。此疏既謂說《爾雅》者，皆以爲四道交出，復有旁通，
是《爾雅》注無九軌之說矣，而又謂李巡注《爾雅》，亦取並軌之義，考
巡注《爾雅》、《釋文》及他經疏不見，係作疏者僞假以難炫者。詳《舊疏
考正》。沈欽韓云，此云大逵，當從《爾雅》，宣十二傳，至於逵路，或是
〈考工記〉之經涂九軌耳。洪亮吉云，以軌訓逵，殊誤，下桓十四年等傳
並同，按洪說是也。同一鄭國之逵，未可兩解，《淮南・說林》，道九達曰
逵，《文選》〈思玄賦〉舊注，九交道曰逵，皆九道交出之證，《釋名》釋
道，九達曰逵，齊、魯謂道多爲逵，師此形然也。齊魯亦稱逵，則劉炫國
國有逵道之說信矣，《正義》謂唯鄭城之內獨有其涂，故傳於鄭國每言逵，
是妄說也。

案：《詩》〈周南・兔罝〉，施于中逵，鄭箋云逵，九達之道，兔罝疏亦謂〈釋
宮〉云，一達謂之道路，二達謂之歧旁，郭氏云歧道旁出，三達之劇旁，
孫炎云，旁出歧多故曰劇，四達謂之衢，郭氏云交道四出，五達謂之康，
孫炎云，康，樂也，交會樂道也。六達謂之莊，孫氏云莊，盛也，道煩盛，
七達謂之劇驂，孫氏云三道交復有一歧出者，八達謂之崇期，郭氏云，四
道交出，九達謂之逵，郭璞云，四道交出復有旁通者，蓋《爾雅・釋宮》
曰，九達謂之逵，《韓詩》，施于中馗，《集韵》云馗或作逵，《說文》逵爲
馗之或體字，段玉裁注云，今《毛詩》作逵；除此《淮南・說林》，楊子
見逵路而器之；《文選》〈思玄賦〉，神逵眛其難覆兮；《釋名》釋道，齊魯
謂道多爲逵，師此形然也等，皆訓逵爲九道交出之證，蓋逵爲道路寬闊能
並用九具車馬者謂之逵，此道路可行四通八達，故如《爾雅》言，九達謂
之逵。杜注逵，道方九軌，《正義》引劉炫規過，以逵爲九道交出爲是，
又謂《周禮》經涂九軌，不名曰逵，杜注與《爾雅》不合。《左傳會箋》
云，杜用〈考工記〉以易《爾雅》，然《周禮》經塗九軌，不名曰逵，以
軌訓逵不是。惠棟於《春秋左傳補註》宣公十二年傳；至於逵路云，杜以

爲九軌，於《爾雅》不合。蓋逵與軌杜注與疏證說異。《正義》謂唯鄭之
內獨有其涂，故傳於鄭國每言逵，是妄說也。按桓公十四年傳，焚渠門，
入及大逵。莊公二十八年傳，眾車入自純門，及逵市。宣公十二年傳，至
於逵路，以上皆鄭有逵名，或以此爲鄭之專有，蓋武斷之。蓋國都必有其
寬闊四通之道路，皆可謂之逵；且依其時多戰而言，唯寬闊之道路以列車
馬。

隱公十一年傳

而使餬其口於四方

《疏證》：杜注，餬、饘也。《釋文》云，饘本作粥。《正義》云、《說文》云，餬、
寄食也，以此傳言餬口四方，故以寄食言之。是《說文》本於左氏，如杜
義，殊不詞。《正義》謂餬是饘饘別名，非也。《廣雅・釋詁》，餬，㞃寄
也。王念孫云，《方言》齊、衛、宋、魯、陳、晉、汝、潁、荊州，江淮
之間曰㞃，或曰寓，寄食爲餬。

案：杜注，孔疏皆以餬字訓詁字義爲釋，未非也。但依此傳文如昭公七年傳，
正考父鼎銘文「饘於是，饘於是，以糊余口」，餬口者，以薄粥供口食耳。
但此，是鄭伯委婉自罪之辭，餬口於四方，當有寄食之意。如《說文》及
《方言》所云，且如王筠《說文句讀》言「約舉傳意以爲說耳」，以釋傳
文。

桓公二年傳

及其大夫孔父

《疏證》：杜注，孔父稱名者，內不能治其閨門，外取怨於民，身死而禍及其君。惠
棟云，孔父、孔氏之先也。傳曰，孔父嘉爲司馬，是嘉名，孔父字。古人
稱名字，皆先字而後名，祭仲足是也，鄭有子孔，名嘉。《說文》曰，孔
從乙、從子。乙，請子之鳥也，乙至而得子，嘉、美之也，古人名嘉字子
孔，《說文》此訓，蓋指宋、鄭兩大夫，故先儒皆謂善孔父而書字，杜注
輒爲異說，不可從也。沈欽韓曰，孔父字諡也。顧云，《家語》〈本姓篇〉，
考父生孔父嘉，其後以孔爲氏，然則仲尼氏孔，正以王父之字。而楚成嘉，
鄭公子嘉皆字子孔，亦其證也。按若以孔父爲名，則夫子得氏之始在，不
應以所諱爲氏。杜預因公、穀兩家皆美孔父，故欲立異而稱樂罪之，非。
按惠、沈說是也，疏祖杜說，援齊侯祿父、蔡侯考父、季孫行父、衛孫林
父爲比，彼自以父爲名，與孔父之書字異，孔父子書字者，〈曲禮〉，不敢

與世子同名。疏，異義、公羊說臣子先死，君父猶名之。孔子曰，鯉也死，是已死而稱名，左氏說既歿而不名。桓二年，宋督弒其君與夷及其大夫孔父，先君死，故稱其字，穀梁同左氏說。疏引《釋例》曰，經書宋督弒其君與夷及其大夫孔父，仲尼、丘明唯以先後見義，無善孔父之文，仇牧不警而遇賊，又死無忠事，晉之荀息期欲復言，本無大節，先儒皆隨加善例，又為不安。疏又云，按公羊、穀梁及先儒，皆以善孔父而書字，是孔父之書字，古左氏說有義，一為君先死書字，一為善之書字也。杜皆隱之，劉炫規過駁杜氏稱名，見本疏，其文無考。

案：父字為男子之通稱或美稱，如《漢書·五行志》「宋父」，顏師古注：「父為男子之通號」是也。《禮記·檀弓上》「尼父」孔疏云：「丈夫之美稱」。蓋父字可殿名、字之下，而構成一新名號，如禰父、宋父於名下配父字；孔父嘉傳稱孔父，皇父充石，傳稱皇父，乃字下配父字。《會箋》云：「春秋時名連父字者甚多，如丕鄭父、箕鄭父、胥甲父是也，未有以父之一字為名者」，又云：「子穎達乃云，父既是名，孔則為氏，孔子先世以孔為氏，夫傳稱華氏孔氏，使文耳，謂孔父先世已氏，孔何所據乎。說者或疑上文書其君與夷，君名，臣不當書字，此亦不然。諸侯卒，本當書名，大夫書字，各不相妨，史氏屬辭，與尋常稱謂君前臣名者不同也。」蓋華父督，督為名，字華父，古人先字後名，無疑也，則孔父嘉亦然。《補注》云杜預因公穀兩家皆美孔父，故欲立異而稱名。顧炎武《日知錄》云《家語·本姓篇》，考父生孔父嘉，其後以孔為氏，仲尼氏孔正以王父之字，而楚成嘉鄭公子皆字子孔，亦其證也按若以孔父為名，則夫子得氏之始，不應以所諱為氏。且《正義》祖杜說，亦見其謬矣。

莊公三年傳

凡師一宿為舍，再宿為信，過信為次。

《疏證》：此次例也。有客，有客宿宿，有客信信。《毛傳》，一宿曰宿，再宿曰信，《爾雅》〈釋訓〉，有客宿宿，言再宿也。有客信信，言四宿也，郭注，再宿為信，重言之，則知四宿。本疏謂信者，往經再宿，非信為四宿，則五宿以上皆為信，故言過信，不言再信也，杜注云，言凡師，通君臣。疏云，但是師行。皆從此例，非師之次，則不在此例。《釋例》，賈氏云，若魯公次乾侯之比，非為用師，不應在例，而復例之，亦為濫也。按君行師從，賈舉公次乾侯，正謂非兵事亦得言次。《釋例》說非。

案：《疏證》謂非兵事亦得言次，觀傳文，昭公二十八年經「公如晉，次于乾

侯」可證劉氏所言當是，以傳文解傳，其例當爲直接。《詩》〈周頌〉有客
「有客宿宿，有客信信」《詩》序言：「有客，微子來見祖廟也。」鄭箋云：
「既受命，來朝而見也。」其與用師無關。蓋諸侯之出，必以師從，故傳
文以師出釋經之次字，其實不必師出，凡出過三宿俱可謂之次。

僖公八年傳

秋禘而致哀姜焉，非禮也。凡夫人不薨于寢，不殯于廟，不赴于同，不祔于姑，則
弗致也。

《疏證》：此致夫人例也。杜注，據經哀姜薨、葬之文，則爲殯廟，赴同、祔姑，今
　　　　當以不薨于寢，不得致也。沈欽韓云，傳意言哀姜，四事俱無，一朝入廟
　　　　非禮，杜唯言哀姜不薨于寢，故不得致，顯與傳違。僖公請葬，棺自外來，
　　　　豈得反殯于廟，若先已祔姑，今此又奚爲而致之，杜之不通，何所置喙。
　　　　文淇案，喪祝，及朝御匶乃奠注，鄭司農云，朝、謂將葬，朝於祖考之廟
　　　　而後行，則喪祝爲御柩也。《春秋傳》曰，凡夫人不殯于廟，不祔於姑，
　　　　則弗致也，疏云，凡夫人不殯于廟者，此僖八年左氏傳，凡夫人不薨于寢，
　　　　不殯于廟，不祔于同，不赴于姑，則弗致也。注云，寢、小寢。盟、同盟，
　　　　言諸侯夫人有罪，不以禮終，不當致。《周禮》疏所引當是舊注，釋寢爲
　　　　小寢，與服注同，而未釋殯廟者，《禮記》疏及周禮疏各節引之耳，故文
　　　　不備。舊注不以禮終，謂哀姜無此四事也。本疏云，不具此四事，皆不合
　　　　致。又云，據經哀姜薨、葬之文，知其赴同，祔姑可矣。亦知其殯于廟者，
　　　　以元年十二月喪，至二年五月始葬，明至則殯于寢也。既殯於寢，自然葬
　　　　當朝廟，故據葬文，亦知殯廟，唯當以不薨于寢，不得致耳。杜注止言哀
　　　　姜殯廟，疏乃言殯于寢而朝廟，禮，諸侯喪柩自外至者，止有毀廟垣之文，
　　　　而無反殯于寢之文，若哀姜殯于寢，則失禮之尤者，經何以不書，疏知申
　　　　杜說，而忘其非禮典所有矣。杜注，寢、小寢，用服說。〈喪大記〉，男子
　　　　不死于婦人之手，婦人不死於男子之手。君夫人卒于路寢，注，世婦以君
　　　　下寢之上爲適寢，疏皇氏云，君謂女君，而世婦以夫人下寢之上爲適寢。
　　　　熊氏云，諸侯夫人，大夫妻及妻卒，皆於夫之正寢，解此世婦以君下寢之
　　　　上爲適寢者。夫人卒于君之正寢，世婦卒於君之下寢之上者，與皇氏異，
　　　　雖卒夫寢，皆婦人供視之，是亦婦人不死于男子之手也。案服虔注《左傳》
　　　　義與皇氏同。夫人之卒，在于夫人路寢，比君路寢爲小寢，故僖八年夫人
　　　　不薨于寢，則不殯于廟。服虔注，寢謂小寢也。皇氏、熊氏，其說各異，
　　　　未知孰是，故兩存焉。知死正寢者。案春秋成公薨于路寢，言道也。僖公

薨於小寢，即安，謂就夫人寢也。隱公葬不書地，失其所。文公薨于臺下，襄公薨于楚宮，宣公薨于高寢，皆非禮也。如彼疏說，則服氏以夫人自有路寢，其稱小寢，別於君之路寢耳。〈喪大記〉疏又云，諸侯三寢，一正者曰路寢，餘二曰小寢，卒歸於正。夫人亦有三寢，一正、二小，亦正卒者也，服義當如此。杜注、將葬，又不以殯過廟，不用後鄭及服說。〈檀弓〉，殷朝而殯于祖，周朝而遂葬。疏以此言之，則周人不殯于廟。案僖八年，致哀姜。《左傳》云，不殯于廟，則弗致也，則正禮當殯于廟者，服氏云，不薨于寢，寢謂小寢，不殯于廟，廟謂殯宮，鬼神所在，謂之廟，鄭康成以爲春秋變周之文，從殷之質，故殯于廟，杜預以爲不以殯朝廟，未詳孰是。鄭君說他經注，未見其文，當是說左氏逸義矣。孔廣森云，案《周禮》無殯廟之事，殯廟者，魯禮也。魯禮何以殯廟殷禮也。定元年經曰，癸亥，公之喪至自乾侯，戊辰公即位。《公羊傳》曰，正棺於兩楹之間，然後即位。正棺者殯也，周人殯于四階之上，殷人殯於兩楹之間，魯殯楹間，其用殷法可知此可證鄭君說，惟變周之文，從殷之質，乃公羊家言，左氏無此義，故服氏不從其說也。惠棟云，服知周法不殯於廟，故以爲殯宮。李貽德云，服知殯宮亦可稱廟者，《儀禮·士喪禮》云，巫止於廟門外，其時尸在適寢也。〈士虞禮〉云，側亨於廟門之右，東面，其時亦迎魂反神至寢也，非廟而皆稱廟。鄭注〈士喪禮〉云，凡宮有鬼神曰廟，注〈士虞禮〉云，鬼神所在則曰廟，《一切經音義》十四引韓詩，亦云鬼神所居曰廟，是古說如是。壽曾曰，按惠、李說是也。鄭君注〈士喪〉，〈士虞〉說亦同服，其謂殯廟爲在祖廟，當是未定之說，先鄭注喪祝朝柩引此傳不殯于廟文，則當以殯廟爲朝廟，先後鄭說又異也。杜注以殯過廟，用先鄭說。疏云，殯過廟者，將葬之時，從殯宮出，告廟乃葬，非是殯尸於廟中也。按柩出朝廟，禮止言朝，不言殯，曾子問以下遷於祖與不祔於皇姑連文，後鄭注謂遷朝廟是也。亦不言殯廟，先鄭既於喪祝引此傳，則注此傳，當別有說，惜其義無徵。邵寶云，殯於廟，謂啟殯而朝祖也，凡柩行而止，皆謂之殯，此可證先鄭說。然傳例當云不朝於廟矣。舊注同爲同盟，杜注用其說。疏云，同者、同盟之國也。據傳例，則夫薨，有赴告同盟之禮。定十五年傳，姒氏卒，不稱夫人，不祔、且不袝也。文十二年傳，昭夫人孟子卒，昭公娶於吳，故不書姓，死不赴，故不稱夫人，不反哭，故不言葬，小君皆以赴爲文。如祔於姑，舊注及杜注皆無說，疏亦未釋。三十三年傳例云，凡君薨，卒哭而祔，祔而作主，特祀於主，烝、嘗、禘

於廟，是祔則作主，主為特祀之主，非合食於廟之主，國君如此，夫人亦當然。沈欽韓謂若先已祔姑，此又奚為致之，是疑祔禮即致夫人禮矣，非也。〈曾子問〉，不祔於皇姑，疏云，言祔祭之時，又不得祔於皇姑廟也。此特祀不當稱廟，禮疏亦未審，惟傳例為分明。喪祝疏又云，孔子發凡言，不薨於寢，不殯于廟，不赴于同，不祔于姑，則不致正禮，約殯於廟，發凡，則是關異代，何者，孔子作《春秋》，以通三王之禮。文淇案，據此疏，又是孔子所發。

案：哀姜經僖元年薨，書葬於二年，楊伯峻言必已殯于廟，赴于同，祔于姑，唯君子以齊人殺哀姜，非死于寢耳。必四者具備，然後致主于主廟。《疏證》言哀姜無此四事也。《禮說》云：「《周禮》無殯廟之事，魯之有殯廟者行殷禮也。哀姜獲罪於宗廟，為齊所殺，自是不薨于寢，不殯于廟，其不赴于同，不祔于姑，亦情理之當然。僖公成李殺慶父，而存其後，又請哀姜而葬之，已非合禮。今又禘而致哀姜焉，故左氏斷以為非禮也。」《會箋》言：「蓋哀姜四者全關，故久而弗致也，其稱夫人薨，書葬小君，亦是變例。傳於是示其義，夫齊人討而殺之，則不赴于同，可必也。祖姑是惠夫人子氏。哀姜獲罪於宗廟，以人情推之，不祔于姑，亦可檗，祔姑配夫，其事正同。若既已祔姑，盍亦速致之，不赴不祔，謂之不成喪，則例不可稱夫人小君，雖大亂之餘，僖公成季柔克而鎮之，殺慶父而存其後，請哀姜之尸而葬之，故史策之辭，特以常例書之耳。元年發諱國惡之例，可以參照焉。傳不於前經釋之，而於是言之，亦史文之斟酌，不直斥國惡也，杜謬。」蓋杜注唯言哀姜不薨于寢，故不得致。不知必四者具備，後致主于主廟。

僖公十年經

晉里克弒其君卓，及其大夫荀息。

《疏證》：公羊卓下有子字。杜注，獻公既葬，卓已免喪，故稱君也。古禮無既葬免喪之說。杜說非也。〈坊記〉，未沒喪不稱君，示民不爭也。沒，終也。《春秋傳》曰，諸侯于其封內三年稱子，至其臣子踰年則謂之君矣。奚齊與卓子皆獻公之子也，獻公卒，其年奚齊殺，明年而卓子殺矣。案九年經書晉里克弒其君之子奚齊。《公羊傳》，此未踰年之君，其言弒其君子之奚齊何。弒未踰年君之號也。奚齊未踰年稱子，則卓子已踰年當稱君，鄭君不言公羊，顧棟高云，晉之十一月為周之春正月，是夏正，周正恒差兩月之明驗，傳從《晉史》，而經自用魯之簡牘爾。《正義》從杜，謂晉赴以今年弒者，

非也。焦循云，循案晉假途伐虢，全用荀息之謀，息非無遠謀者也。左氏稱公命息傳奚齊，息言竭股肱之力，加以忠貞，三怨雖作，不食其言，引白圭之詩以美之，無譏辭也。杜以爲從君於昏，今千古忠臣義士，扼腕不申矣。《正義》云，息稱名者，不知奚齊，卓子之不可立，又不能誅里克以存君，是雖欲復言，本無遠謀也。夫經書卓爲其君，則不以其不可立而不以爲君也。既正其名爲君，則弑之者爲賊，而死之者爲忠矣。荀息之不能殺里克，猶毋邱儉之不能殺司馬師也。習鑿齒引死者反生，生者不愧兩語，以美毋邱儉，蓋儉之受顧命，亦息之受君命也。習氏引荀息以美儉，則預譏荀息以例檢可知。按焦說是也。杜注又云，荀息稱名者，雖欲復言，本無遠謀，從君子乃昏。疏云，文七年，宋人殺其人夫，傳曰，不稱名，眾也，且言非其罪也，死者不稱名，非其罪，故知稱知者，皆有罪也。傳例以大夫爲眾詞，無書名罪大夫之義，孔父之父亦稱名，疏未得傳例意。

案：殺卓傳在去年，經在今年者，蓋傳書晉事，晉用夏正故也，夏十一月即周正月，是恆差兩月，傳從晉史也，而《正義》謂晉赴以今年弑者，非也。又杜注荀息稱名者，《會箋》言弑君具姓名自里克始。此經書法。罪里克而褒荀息也，是荀息之忠同于孔父仇牧，書名常例也，是注非。安井衡言，荀息稱名不書字者，蓋奚齊爲孽子，而甘爲之傅，是荀息不能正其始，雖爲君死，其義不足貴也。

僖公二十一年傳

貶食省用，務穡勸分。

《疏證》：〈曲禮〉，歲凶，年穀不登，君膳不祭肺，馬不食穀。傳云，貶食省用，指此類也。《校勘記》云，務穡，《論衡・明雩篇》，李善注冊魏公九錫文並作務嗇。洪亮吉云，鄭玄〈儀禮〉注，收斂曰穡，按杜注穡，儉也。疑字近而誤。按洪說是也。《御覽》三十五引，省用務嗇。注、儉也。與杜注同，而引傳文作嗇，則舊本當作務嗇，疏謂穡是愛惜之意，故爲儉也。則作疏時已誤嗇爲穡，疏強爲之說也。杜注，勸分，有無相濟。

案：《輯釋》引陸粲云「既言省用矣，不應重言務儉。是杜訓儉者，舊本作嗇也疏亦云務爲儉穡，若傳作穡，不當儉穡連言，明唐初本猶作嗇也。」是《論衡》，《文選》注以嗇爲穡。《尚書・湯誓》之「舍我穡事」，《史記・殷本紀》作「舍我嗇事」蓋此類也。務嗇者，務稼穡之事。林堯叟謂以稼穡爲務，如漢貸民種食之類者是也。外傳茂穡勸分，韋注亦云，茂勉稼穡。是務穡者，古穡嗇字通。

僖公二十八年傳

是會也，晉侯召王，以諸侯見，且使王狩。

《疏證》：杜注，晉侯大合諸侯，而欲尊事天子，自嫌強大，不敢朝周，喻王出狩。
沈欽韓云，案晉侯召王之意，以爲朝于京師，不過述職之常，不足以聳動
諸侯，故欲假王靈以儆方岳，豈謂彊大自嫌。如王敦、桓溫引兵入朝，都
下震駭之比乎，果令晉侯有避嫌之心，王有畏逼勢，則仲尼不僅謂臣召君
不可以訓也。杜預解經，苟非市儈鬼黠之談，則亂世塵雜之心，疑誤後學
多矣，古者延飲賓皆曰召，《漢書司馬相如傳》，卓王孫曰，臨邛令有貴客，
爲具召之，并召令賈誼傳，今富人大賈，嘉會召客。《呂覽・分職篇》，今
召客者酒酣。注，召請也，〈鄉飲酒禮〉，主人速賓。注，速、召也，淺學
之徒但知君命召之召耳。按沈駁杜注，自嫌強大，及說召義是也。其謂述
職之常，不足以聳動諸侯則非。〈晉世家〉，晉侯會諸侯于溫，欲率之朝周，
君未能，恐其有畔者，乃使人言周襄王狩于河陽。壬申，遂率諸侯，朝王
於踐土，史公所稱，當是古左氏說，以晉猶未能致諸侯朝王，故召王也。
《穀梁傳》，全天王之行也，爲若將狩而遇諸侯之朝也，則亦是不能致諸
侯之義。左氏蓋同穀梁說。本疏亦引《穀梁傳》，謂是使王狩之意，公羊
何注亦云，晉文公上白天子曰，諸侯不可率致，願王居踐土，則三傳古義，
無甚殊別。本疏乃引何注駁之曰，溫去京師路，無百里，晉侯已能致之於
溫，何故不能致之於洛，何休妄造其辭，事非晉侯之意，故杜氏正之，疏
駁公羊，乃與穀梁義義違。杜氏自注左氏，疏不必援公羊以駁，知左氏舊
說與公羊，同也。杜不注狩義，邵寶云，凡天子之出皆曰狩，古之狩，猶
今之幸也，非曰獵之狩也。本疏云，舊史當依實而言，言晉侯召王，且使
王狩，則晉侯召王二句，乃未修春秋之辭。

案：沈駁杜注，自嫌強大及說召義。《會箋》亦評晉侯朝王，豈謂強大自嫌之
說，如王敦、桓溫引兵入都人情震駭之比乎，使王狩，亦不當作詭譎掩醜
之爲。其書狩而不書召王，是自聖筆之權衡矣，非晉侯意所及。

文公四年傳

爲賦湛露及彤弓

《疏證》：〈湛露序〉，天子燕諸侯也。〈彤弓序〉，天子錫有功諸侯也，皆〈小雅篇〉。
杜注，非禮之常，公特命樂人以示意，故言爲賦。按傳言賦詩，皆自賦，
非命樂人，杜說非。疏謂自賦者，或全取一篇，或止歌一章，未有頓賦兩
篇者，亦強爲之說。〈燕禮〉，〈工歌鹿鳴〉、〈四牡〉、〈皇皇者華〉，若此，

審是工歌，則質言工歌湛露，彤弓也。

案：疏謂自賦者全取一篇，或止歌一章，未有頓賦兩篇者，非實論也。昭公十六年，范宣子至魯報聘，吟詠了〈小雅角篇〉及〈彤弓篇〉。襄公十六年，魯大夫穆叔至晉告急，吟詠了〈小雅的鴻雁〉與〈祈父〉，都是兩篇之證。且傳言賦詩，皆自賦，非命樂人，據傳文昭公十六年載：「宣子曰，二三君子請皆賦，起亦以知鄭志。」是子，齹賦野有蔓草，子產賦鄭之羔裘，子大叔賦褰裳，子游賦風雨，子旗賦有女同車，子柳賦蘀兮等，皆自賦也之證。觀襄公十六年穆叔見中行獻子，賦祈父，見范宣子賦鴻鴈。襄公二十年季武子如宋，賦常棣之七章。昭公二年韓宣子至衛賦木瓜等亦然，概可駁命樂人示意之說。夏炘詩樂存亡譜言：「古人祭射燕享，有樂則必有詩。孔子曰：師摯之始，關雎之亂，洋洋盈耳。又曰：自衛反魯然後樂正，雅頌各得其所。然詩有歌、有賦、有奏、有樂、有管、有歈之不同，歌賦者口誦其詞，以詩為主，雖琴瑟，助歌而已，貴人聲也。奏者以鐘鼓，樂管以笙、歈以籥，皆播其詩於樂中，以音為主，若今之樂曲矣。歌誦之詩，頒在學官，學士以時肄業，故至今不廢。奏歈諸詩，樂人職之，不頒在學官，學士不以時肄業，故樂亡而詩亦與之俱亡。」由上所論，知祭射燕享，有樂有詩，故劉伯驥《六藝通論》中述及衛甯武子來聘，公與之宴，為賦〈湛露〉及〈彤弓〉，其云：「這可見應用於樂的普遍了」，故古代燕樂嘉賓，其節目，分為升歌、間歌、合樂三段，自以樂、詩結合。（其說詳《六藝通論》）由此可知此傳甯武子來聘，公於宴會上使樂工賦〈湛露〉及〈彤弓〉二篇，當是奏樂者。遂傳之下云，不辭，又不答賦，皆以證燕禮工無答賦之事，此可證是公自賦也。

文公六年傳

秋季文子將聘於晉，使求遭喪之禮以行。

《疏證》：杜注，聞晉侯疾故。疏引劉炫云，聘使之法，自須造遭喪之禮而行，防其未然也，非是聞晉侯有疾。惠士奇云，杜預謂聞晉襄有疾，臆說也。聘禮，遭喪其禮五，一主國君之喪，二主國夫人、世子之喪，三聘君之喪，四私喪，謂使者父母之喪，五賓介之喪，其禮皆詳於聘禮。故曰，預備不虞，古之善教也。人君出疆，必以椑從，人臣出聘，亦豫備遭喪之禮，古皆有之，後世以為豫凶事而去之，則《周禮》不行於春秋久矣，行父亦以其禮父不行，故又曰，過求何害，豈逆料晉襄之死而先為之備乎。《魏書·成淹傳》，文明太后崩，齊遣裴昭明，謝竣等來弔，欲以朝服行事，主客不

許，昭明等執志不移，言不聽朝服行禮，義出何典，淹言去冠不弔，童孺共聞。昔季孫將行，請遭喪之禮，千載之下，猶共稱之，卿方謂義出何典，何其異哉，此可證文子求遭喪之禮，為後世使臣所法，若審因聞疾，裴昭明等曷不援以難成淹，知聞疾乃杜一人之說，舊說不如此也。邵瑛云，季文子聘晉，求遭喪之禮以行，魯人以為三思話柄，而不知實出《禮經》。孔穎達謂依聘禮惟以幣物而行，無別齎遭喪之禮，然篇中既有遭喪名目，豈無齎備之禮，必謂臨時辦備，無此理也。按惠說是也，疏謂炫規杜非其義。

案：《禮記・曾子問》「君出疆，以三年之戒，以椑從」，謂人君出境有喪備，人臣出境亦預慮喪事。《箋》曰：「《論語》稱季文子三思而後行，蓋言其臨事過於周詳耳，此亦非以聞晉侯疾故也。」且據下文「其人曰，將焉用之」之語，則未必聞晉侯之疾也，故炫說可從。蓋左氏述季孫出發前求備弔喪之幣物以行，因此時晉襄公正在病中，有不治之慮，季孫為免臨喪無幣可弔，故求備預。《比義》云孔子所謂季文子三思而後行，即指此類遇事防其後言。孔疏祖杜注之言，謂劉炫規杜，恐非其義，實謬。

文公十一年傳

鄋瞞由是遂亡

《疏證》：顧炎武云，杜云長狄之種絕亦非，傳云亡，特其國亡耳，按顧說是也。疏引蘇氏曰，《國語》稱今日大人者，但迸居四夷，不在中國，故云遂亡，是舊疏不謂種絕與杜異，疏乃謂當時呼往前長狄為大人未必其時有之，非。

案：亡者言其部落亡，非言長狄之種絕也。《會箋》言其鄋瞞兄弟，身軀長大，其勇力蓋亦殊絕於一時，恃此以暴橫於諸夏幸，故傳歷序其死，至此乃言鄋瞞由是遂亡，其意蓋為諸夏幸之也。蓋傳文記其榮如被埋其首於周首之北門，衛人獲其季弟簡如，杜以鄋瞞由是遂亡，以為種絕，非也。

文公十五年傳

魯人以為敏

《疏證》：杜注，無故揚其先祖之罪，是不敏，魯人以為敏，明君子所不與也。本疏魯人、魯鈍之人。朱駿聲云，非杜意也。杜解明君子所不與，蓋言庸眾之人以為敏耳。疏以魯人為魯鈍之人，蓋申杜意，朱氏以魯人為庸眾之人，猶疏說也。傳稱魯人無釋為魯鈍者。焦循云，〈檀弓〉云，客居，魯人也，不敢忘其祖，容居為徐國大夫，而自稱魯人，故注云，魯、魯鈍人也。又

叔仲皮死，其妻魯人也，注亦云，言雖魯鈍，其於禮勝學，此《正義》以魯人爲魯鈍之人，本〈檀弓〉注也，乃〈檀弓〉言魯不止此，如云魯人欲勿殤重汪錡，魯人曰非禮也。魯人有朝祥而莫歌者，皆指魯國之人，此傳在魯言魯，故曰魯國之人，以爲敏，華耦之來，魯人固以其爲罪人子孫，若自侈大，將有以譏之，耦光自言華督得罪於殤公，請承命於亞旅，此口給，故魯國之人以爲敏也，服虔云，魯人不知其非，反尊貴之，亦謂魯國之人，按焦說是也。杜注及疏說皆非傳意。顧炎武云，傳以華孫辭宴爲合於禮，解失之，案服義亦不以華孫辭宴爲合禮，顧說非。

案：魯人是魯國之人，《輯釋》言，傳不言君子，而云魯人，則非全與之之辭也，但訓魯鈍，亦非傳意，服說得之。

文公十五年傳
惠叔猶毀以爲請

《疏證》：杜注，敖卒則惠叔請之至今期年而猶未已，毀過喪禮。疏引劉炫云，敖去年九月卒，至今年夏，據月未匝，不得稱期年，今知非者，杜以傳云，惠叔猶毀，據日月之久，欲盛言其遠，故云期年，但首尾二年，亦得爲期年之義，劉以未周十二月而規杜氏，非也敖喪未期年，傳文甚明，炫規杜無可置喙，杜持短喪之說，以惠伯之毀爲過，故謬云期年也。疏駁炫說更非。馬宗璉云，〈喪服小記〉曰，久而不喪者，惟主喪者不除，穆伯踰年而不得葬，故惠伯猶服斬衰之服，而毀以爲請。按喪禮，容貌稱其服，傳稱猶毀，則服斬衰可知，馬說深得傳義。沈欽韓云，上猶毀者，未行卒哭變除之禮，杜預不知而爲無稽之說，沈氏亦謂惠叔未釋衰。

案：公孫敖卒於去年九月，至此年夏，亦已數月，不得稱期年。杜注期年，乃短喪論也。且此時其哀例當稍減，然於未葬之前，其哀毀猶初死時，故云猶毀，猶毀者，未行卒哭變除之禮也。

宣公元年經
三月，遂以夫人婦姜至自齊。

《疏證》：杜注，稱婦，有姑之辭，不書氏，史闕文，不用服說。本疏引服說駁之云，杜不然者，女之出稼，事由父母，夫來取之，父母許之，豈得問禮具否，拒逆婚姻之命，從夫喪娶，父母之咎，自可罪其父母，何以貶責夫，若其貶責夫人，當有夫人之號，滅一氏字，復何所明，夫人之稱姜氏，猶遂之稱公子也，舍遂之族，而去子稱公，可乎。亦知遂不可去子稱公，夫人復

安可以去氏稱姜也。逆婦姜于齊，以卿不行，變文略賤，此經貶逐不稱公子，以成夫人之尊，非略賤之事也，《詩》責彊暴之男，行不由禮，陳其爭訟之辭，述其守貞之意，此豈是宣公淫掠而欲令齊女守貞乎，壽曾謂疏駁服說，謂《詩》責彊暴之男，用《毛詩‧行露序》意，《韓詩外傳‧曾子仕篇》，夫行露之人許嫁矣，然而未往，見一物不具，一禮不備，守節貞理，守死不往，君子以爲得婦道之宜，故舉而傳之，揚而歌之，以絕無道之求，防汙道之行乎。《詩》曰，雖速我訟，亦不爾從，《列女傳》貞順，召南申女者，申人之女也，既許嫁于鄰，夫家禮不備，而欲迎之，女不肯往，夫家訟于理，致之於獄，終以一物不具，一禮不備，守節持義，必死不往，而作詩曰，雖速我獄，室家不足，劉向傳魯詩，則服所據三家詩魯、韓說也。魯、韓詩不謂責彊暴，何得謂宣公淫掠，齊女守貞，古者婚姻之道，父母主之，其禮則女當守之，宣公喪娶，其爲不備禮大矣，不得以貶責夫人爲過也，文四年經，逆婦姜於齊，據傳譏貴聘賤逆，則亦譏哀姜不待備禮而行，疏謂變文略賤是也。知哀姜之變文略賤，則此經婦姜非關文可知，知經書夫人，謂與書公子同例，則可謂夫人之稱姜氏猶逐之稱公子，則文例初不相近，疏駁皆非。《公羊傳》，夫人何以不稱姜氏，貶。曷爲貶，譏喪娶也，喪娶者，公也。則曷爲貶夫人，內無貶於公之過也。內無貶於公之過，則曷爲貶夫人，夫人與公一體也。《穀梁傳》，其不言氏，喪未畢，故略之，二傳皆以去氏爲貶文，本疏引二傳，謂先儒取以爲說，則左氏古義如此，不以服氏一人之說矣。沈欽韓云婦姜是魯史之常稱，猶言王姬，不稱王姬氏也，沈不取杜闕文之說。按夫姜氏，乃是魯史常稱，去氏稱姜，去姜稱氏，賈、服等皆以爲書法。詳莊公二年、四年、五年、十五年、二十一年疏證。

案：稱婦姜，與文公四年經，傳同、隱公八年傳之婦嬀。楊伯峻認爲有氏字與無氏字，皆當時慣稱，無義例可言。而公羊，穀梁與孔疏所言，與服虔意同，俱以無氏字爲貶，然沈說，婦姜是魯史之常稱，不取服說，云：「服云古者一禮不備，貞女不從，故詩云雖速我訟，亦不女從。宣公既以喪取夫人，從亦非禮，故不稱氏，見略賤之也。按公穀與服說同，並是苟救，孔氏佐杜橫指爲闕文，非也。」故杜謂不書氏，蓋闕文，其意可慮。《會箋》亦云：「或稱婦姜，或稱婦姜氏，文相變而具詳略，曰天王，曰王，其議一也。如杜說則傳亦闕文，是不成解矣。」其意與沈說同，稱氏不稱氏，無關貶義。

宣公二年傳

冬，趙盾爲旄車之族。

《疏證》：《釋文》，一本作軞，汾沮洳疏引傳，亦作軞。彼箋云，公路主君之軞車，
庶子爲之。被疏趙盾爲軞車之族，趙盾既自以爲庶子，讓公族而爲公行，
言爲軞車之族，明公行掌軞車。服虔云，軞車，戎車之倅，據此則服本作
軞。杜注，軞車、公行之官，用詩箋說，服謂戎車之倅，車僕文，彼作戎
路之萃。注，萃、猶副也，戎路、王在軍所乘也。《春秋傳》曰，公喪戎
路，鄭謂戎路者，斥公在軍之車，此軞車謂副車也。杜又謂盾本卿適，其
子當爲公族，辟屏季，故更掌旄車，杜意謂盾自掌旄車。疏云，自以身爲
妾子，故使其子爲妾子之官，知非盾身自爲旄車之族，而云使其子者，旄
車之族賤官耳，盾身既爲正卿，無容退掌賤職。按盾蓋以正卿兼軞車，傳
未言使其子也，疏說非。

案：趙盾本爲嫡子，宜爲公族大夫，今既讓于趙括，故以餘子自居而以正卿兼
掌旄車之族，平日教訓卿之餘子，戰時則庇之掌君之戎車。據楊伯峻謂
「《詩》魏風汾沮洳有公族、公路公行，此則有公族、餘子、公行，則餘
子即公路也。孔穎達疏以公行、公路爲一官，又以此餘子非公路，李黼《平
毛詩紬義》，馬端辰《毛詩傳箋通釋》，胡承珙《毛詩後箋》，汪中《春秋
列國官名異同考》，黃以周《禮書通故》俱駁之，是也。」據《會箋》言，
路專屬車，行則屬徒，言《周禮》與司馬行分別二職，知行與車本是不同。
「《毛傳》，公行從公之行也，此說可據，公行非車屬，則旄車之族明非公
行，而餘子之旄車之族可定，公路之即爲餘子亦可定。旄車之族，其官則
有爲卿者，有爲大夫者，有爲士爲尉爲司馬爲宰夫者，貴賤不定，隨才授
之，杜混官族而一之，故以旄車爲公行之官，又合公行公路爲一，而餘子
一族，懸於無證，皆誤矣。《正義》云，盾爲正卿，無容退掌賤職，故知
使其子，是失杜意，正卿君之命職也，旄車之族，其家無嫡庶之分也，復
何妨。」按盾蓋以正卿兼軞車也，疏說非。

宣公十一年傳

程土物

《疏證》：杜注，爲作程限。案程限已賅於量功命日，杜說非傳意。土物、謂築城之
土也，計城之丈尺，而稽土之數，猶今土方矣。本疏，程土物，謂鍬、钁、
畚、舉之屬，爲作程限備豫也。上已云稱畚築，不當複舉，杜意亦不如此。

案：程土物者，土方與材木皆先計算之，作爲程限，使之預備不致停工。《會

箋》曰：「程是料度用得多少，土是泥也，物是材木也。」亦評《正義》所云，與上分財用相複，未是。

宣公十二年傳

老有加惠

《疏證》：杜注，賜老則不計勞，本疏引劉炫云，老者，當有恩惠之賜，非勞役之限，但恩惠則賞賜之，以文連賞不失勞之下，故杜云賜老則不計勞，劉炫以不計勞之文而規杜氏，一何煩碎。邵瑛云，此謂年老者，有加增恩惠，賈山所謂九十者一子不事，八十者二箅不事，又禮所謂執醬、執爵、祝饁、祝鯁也，光伯規過蓋此意，按邵說是也，此與賞勞文不蒙。

案：《箋》曰：「老有加惠者，優待老者也，杜連上句說，失之，內外之選舉皆禮也，老之加惠，旅之施舍，亦皆禮也，故下文結之，曰，禮不逆矣。」蓋邵瑛所言甚是，可證杜、孔說非也。

宣公十二年傳

故使子孫無忘其章

《疏證》：杜注，著之篇章，使子孫不忘。疏謂子孫不忘上四篇之詩，必知然者，以文承武王克商作頌之後，文連四篇詩義。劉炫云，能有七德，故子孫不忘章明功業，橫取下文京觀為無忘其章明武功，以規杜過、非也。按無忘其章，即詩不愆不忘，率由舊章義。炫謂章明功業是也，原不謂京觀武功，疏駁非。郡瑛云，詳玩上下文義，光伯解義自確。

案：王引之《經義述聞》：「凡功之顯著謂之章。〈魯語〉曰，今一言而辟境，其章大矣。〈晉語〉曰，以德紀民，其章大矣。義與此章字同。使子孫無忘其章，即上文所云，示子孫以無忘武功。」是凡功之顯著者謂之章，即上文所云，示子孫以無忘武功，則章者非謂篇章也。

宣公十四年傳

屨及於窒皇

《疏證》：《呂覽·行論篇》，作履及諸庭，《宋書·毛修之傳》，修之表曰，昔宋害申舟，楚莊有遺履之艱，則本亦作履也。《呂覽》注，窒作絰。惠棟云，與莊十九年絰皇一也。杜注，窒皇寢門闕。疏云，經、傳通言兩觀為闕，惟指雉門名為闕者，以其在門兩旁，而中央闕然為道，雖則小門，亦如此耳，故杜於寢門，家門，皆以闕言之，此作窒，彼作絰，字異而音同。疏不知古本作絰皇，然生人之居，未必襲墓闕之名。《呂覽》高注承寫之誤，杜

注承高注而誤也，兩觀相距，遠不得以門之中央爲例，疏說太迂曲。沈欽韓云，窐皇蓋堂塗之名，寢門之間，安得有闕，杜謬也。武億云，窐、古作室，見漢韓勑碑，後庫窐中，即是。窐皇即室皇，亦猶《漢書》坐堂皇上。師古曰，室無四壁曰皇，是也。據楚子當時聞申舟被殺，必在路寢之室，投袂而起，故屨及於室之皇。《呂氏春秋》，履及諸庭，庭即室之皇也。杜解謬，沈、武皆用《呂覽》說。以窐皇爲庭，沈氏謂寢門無闕，尤諦矣。《梁書·皇后傳》，高祖丁貴嬪薨，張纘爲哀策文曰，遺備物於營寢，掩重關於窐皇，此亦窐皇爲寢庭之證。洪亮吉云，窐皇至蒲胥之市皆由近及遠，則窐皇在寢門左近可知。《爾雅·釋言》，窐、塞也。〈釋詁〉，皇、虛也。皇、隍同，是窐皇蓋即今之擁（1）道，上實中虛，今乾清門陛下，擁道亦然。莊十九年經皇同，蓋經皇之在墓上，即墜道，羨道也。《正義》曰，經皇當是寢門闕，言寢門近之，言闕非也。洪氏知杜寢門闕之謬，而釋窐皇爲實虛，比于隧道、羨道，則仍用杜說，非。《釋文》，窐皇、門閫也。亦以杜說不安改之，或是舊說，但門閫之訓，則經典無他證，俟考。

案：此窐皇亦即莊公十九年傳之經皇，路寢前之庭也。《呂氏春秋·行論篇》以庭解窐皇，沈欽韓《補注》及武億《義證》，皆用其說。

（1）洪書作「甬」此從原稿，下同。

宣公十四年傳

於是有容貌，采章、嘉淑而有加貨。

《疏證》：杜注，容貌，威儀容貌也。采章、車服文章也。嘉淑、令辭稱讚也，言往共，則來報亦備，據杜報備義，則傳明主人報賓以禮。疏云，炫謂采章，加貨，則聘享獻國所有。玄纁璣組，羽毛齒革，皆充衣服、旌旗之飾，可以爲容貌、物采、文章。嘉淑謂美善之物。加貨，言賄賂之多，皆賓所獻，亦庭實也。於聘總言庭實，於朝指其所有，詳於君，略於臣也，此亦是引述義語。指此爲朝禮之庭實，以賓事言，與杜異。又云，劉炫云，按此勸君行聘，惟當論聘之義深，不宜言主之禮備，豈慮楚不禮，而言此也。君之威儀，無時可舍，豈待朝聘賓至，乃始審威儀，正顏色，無賓客則驕容儀，容儀非報賓之物，何言報禮備，此疏又引炫規過辭也。疏又云，按莊二十二年傳，庭實旅百，則朝者庭實，又庭實旅百，與容貌，采章相對，杜何知庭實、容貌之等，非是賓之所有，必爲主人之物。今知劉說非者。僖二十二年，楚子入享於鄭，庭實旅百，加籩豆六品，又昭五年，燕有好貨，飧有陪鼎。僖二十九年，介葛盧來朝，禮之加燕好。此傳云，嘉淑而

有加貨，故知加貨，庭實之等，皆是主人待賓之物。禮傳，賓之於主，無加貨之文，故杜爲此解，劉苟違杜義，以爲庭實旅百，及容貌、采章、嘉淑、加貨之等，並爲賓物。按疏，今知劉說非者，以上皆主炫說，又加案字，則非炫說，容是劉疏之辭，其據莊傳，謂朝有庭實，可補朝禮之闕，疏駁炫說，皆主燕享禮，禮傳不謂燕享也。秦蕙田云，庭實旅百、容貌、采章，以上下文義求之，劉說爲長，疏家曲護杜氏，殊未安，朱駿聲說同。

案：容貌，采章者蓋指玄纁璣組，羽毛齒革諸物，皆充衣服，旌旗之飾，是容貌采章均是聘享獻國之物。《會箋》曰：「容貌謂珠玉皮組之屬，可制冕弁玉佩之類，以飾容貌之物。采章謂羽毛丹漆之屬，可飾車服旌旗之類，以分貴賤等級之物。容如佩容臭之容，貌亦同義。」是容貌、采章各一類，不可混一。又嘉淑者是指美善之物，杜於容貌、采章、嘉淑等，乃從人事，非物品，是失傳意矣。孔疏之誤，不知庭實非主人享賓矣，以劉炫規杜說爲非。

成公元年經

三月，作丘甲。

《疏證》：九夫爲井，四井爲邑，四邑爲丘，四丘爲甸，皆小司徒職文，服據司馬法者，以穰苴六國時人，其說軍制與春秋世相接耳。〈信南山〉、〈孔子閒居〉兩疏引服注互有詳略，今兼取之。本疏引鄭注《論語》云，司馬法，成方十里出革車一乘，與服注所據不同。信南山疏引《論語》鄭注，成亦有井十爲通，通十爲成，釋之云，是據成方十里，出車一乘也。又引此服注釋之云，是據甸方八里，出軍一乘也，二者事得相通，故各據一焉。按小司徒鄭注云，方十里爲成，緣邊一里治溝洫，實出稅者，方八里六十四井，詳鄭君說，則成與甸乃互名，計溝洫謂之成，除溝洫謂之甸，故詩疏云，二者事得相通也。杜注即用服說，惟杜謂此甸所賦，今魯使丘出之，此杜以己意言也。顧炎武云，周制四丘爲甸，旁加一里爲成，其出長轂一乘，步卒七十二人，甲士三人，則丘得十八人，不及一甲，今作丘甲，令出丘二十五人，一甸之中共出百人矣。解云，丘出甸賦，驟增三倍，恐未必然，又云其實爲益兵，向之四丘共出三甲者，今使每丘出一甲爾，非若杜氏所謂丘也一甸之賦。沈欽韓云，按顧說是矣，而不得其證。蓋一甸之中，本出甲士三人，今令出甲士四人，則丘出一甲也，知者以杜牧引司馬法云，一車甲士三人，步卒七十二人，炊家子十人，固守衣裝五人，廄養五人，樵汲五人，輕車七十五人，重車二十五人，故二乘兼一百人爲一隊，李衛

公問對引曹公新書同，然古制惟七十五人，其廝輿之役皆在步卒七十二人之中，如司馬法百人爲一隊，則丘出二十五人，當一丘而一甲也，車兼輕重，則一甸又出二乘也。司馬法本于穰苴，是春秋之中，皆用丘甲之法，而晉、楚諸國可知也。李衛公問對，楚二廣之法，每車一乘，用士百五十人，比周制差多，是丘出甲又不止一矣。按顧、沈說是也。服引司馬法而無釋，此可補服義。〈孔子閒居〉，（2）故制國不過千乘，疏，其諸侯計地出軍，下引司馬法文又云，故成元年作丘甲，服、杜俱引此文以釋之，此未知服，杜雖同據司馬法，意各不同也。朱駿聲云，此加兵非加賦，加甲士非加步士，古四丘出甲士三人，今四丘出甲士四人，每車御一人，射一人，擊刺二人，如文十一年傳之馴乘也，與沈說合，本疏又云，案鄭注小司徒又引司馬法云，成出革車一乘，甲士十人，徒二十人，與此車一乘，甲士三人，步卒七十二人不同者，小司徒辨畿內都鄙之地域，謂公卿大夫畿內采地之制，此之所謂諸侯鄰國出軍之法，故不同也。案此一車甲士、步卒總七十五人，《周禮大司馬》，五人爲伍，五伍爲兩，四兩爲卒，五卒爲旅，五旅爲師，五師爲軍，大都不同者，大司馬所云，謂鄉，遂出軍及臨時對敵布陳用兵之法，此甲士三人，步卒七十二人，謂徵課邦國出兵之時所徵之兵，既至臨陳，還同鄉、遂之法，必知臨敵用鄉，遂法者，以桓五年戰于繻葛，先偏後伍。又宣十二年，廣有一卒，卒偏之兩，及《尚書‧牧誓》云，千夫長，百夫長，是臨時對敵皆用卒、兩、師、旅也。長轂、馬、牛、甲兵、戈楯，皆一甸之民同共此物，各鄉，遂所用車、馬、甲兵之屬，皆國家所共，知者，以一鄉出一軍，則家出一人，其物不可以私備故也。此言四丘爲甸，並據上地言之，各以上、中、下地相通，則二甸共出長轂一乘耳。右以《周禮》之制說司馬法，疑皆舊疏釋服注之文，故備列之。〈刑法志〉，二伯之後，浸以陵夷，至魯成作丘甲，哀公用田賦、搜狩、治丘、大閱之事皆失其正，春秋書而譏之，以存王道，此是古左氏誼。注約引司馬法文釋之云，今乃使丘出甸賦，違常制也。又曰：一說別令人爲丘作甲也，士、農、工、商四類異業，甲者非凡人所能爲而令作之，譏不正也。臧壽恭以疏注所引前一說爲服注，又云，案顏注所稱一說云云，此二傳說然服氏注傳每稱一說，疑服氏兼取二傳。案顏注使丘出甸賦用杜說，臧氏指爲服說，非。則一說亦非服引矣。杜止言丘出甸賦，不用二傳說，本疏據穀梁謂杜以爲丘作甸甲，尤誤。

案：「丘」係地方基層組織之名，周禮小司徒與服虔注引司馬法皆云：「九夫

為井，四井為邑，四邑為丘，四丘為甸。」是昭公四年有丘賦，《孫子作戰篇》有丘役，《莊子則陽篇》有丘里，《孟子盡心下》有「丘民」，是諸丘字均同。「甲」字此指甲士而言，毛奇齡《春秋傳》云：「使每丘出甲若干勒以為制，謂之丘甲。」杜預注丘甲云：「《周禮》九夫為井，四井為邑，四邑為丘，丘十六井，出戎馬一匹，牛三頭；四丘為甸，甸六十四井，出長轂一乘，戎馬四匹，牛十二頭，甲士三人，步卒七十二人，此甸所賦，今魯使丘出之，譏重斂，故書。」據杜此注，是加重丘賦四倍，此在春秋之世，是絕不會有的。傅隸樸《比義》云：「《論語》、《孟子》所載，當時賦稅都限於什一什二之差，所以哀公說，二，吾猶不足。且杜氏所言之《周禮》，據孔氏《正義》云，杜之此注，多是司馬法文，而獨以《周禮》冠之者，以司馬法祖述《周禮》，其所陳者，即是周法，言此是周之禮法耳，不言周禮有此文也。故胡寧《春秋通旨》說，成公以前，甸賦車一乘，每乘七十二人，甲士三人。凡二十五人為一甲，是四邱共出三甲爾，今作邱甲，即一邱出一甲，其于賦增三分之一也。杜征南最號知兵，注此亦誤。根據胡氏的解釋，是每丘原出十八、七五人現在每丘要出二十五人，比原賦增加了三分之一，雖尚未加倍，比之什一什二之賦，在當時已算是重賦了，且經云丘甲，知所增加者僅限步卒，車馬牛均不加。」是杜注今魯軍賦增加四倍，此說甚不合理，毛奇齡《春秋傳》云：「無論國家增賦必正多加少，若以四丘之車而責之一丘，則四倍加賦，定無是理。」萬斯大《春秋隨筆》云：「杜氏謂昔使甸出之，今使邱出之是頓加四倍，理必不然。胡氏謂昔也。四邱出三甲，今也一邱出一甲，是增三之一，理似可通，愚通考春秋竊謂此，但增用士而步卒如故也。」故胡安國《春秋傳》，孫覺《春秋經解》亦評杜注之誤。孔穎達《正義》據《穀梁》，謂杜以為丘作甸甲，誤也。穀梁傳以丘民作甲，言此「甲」為鎧甲。《比義》云：「把甲當作鎧甲，且謂四民分業，各有其專技，今使四民同工，是不當的。故經義在譏始丘使也。孟子日，函人恐傷人，作甲不惟不是四民所共能，即工人，如非函人也絕對作不好，四民不習其技，使之作甲，那甲管用嗎？甲不管用，豈不誤事？而謂魯君臣對這一常識也未有嗎？故公穀之以經有譏義是正確的，而謂譏使四民作甲，則是錯誤的。」《比義》所言甚是，孔疏引《穀梁》誤杜注，甚謬矣。

（2）按當作「坊記」

成公二年傳

齊侯免，求丑父，三入三出，每出齊師，以帥退入于狄卒。

《疏證》：杜注，三入晉軍求之，齊師大敗，皆有退心，故齊侯輕出其眾，以帥屬退
者，遂迸入狄卒，狄卒者，狄人從晉討齊者。本疏云，劉炫以齊侯三入齊
軍，又三出齊軍，以求丑父，每出之時，齊之將帥敗而怖懼，以師而退，
不待齊侯，致使齊侯入於狄卒。知不然者，以傳文三入在前，三出在後，
若用此說，齊侯先在晉軍，今入齊軍，得以三入在前。今齊侯既先在齊軍，
欲出求丑父，應先出後入，不應先入後出，且初時二出，容有二入，在後
之出，遂入狄卒，有出無入，何得云三入，又以傳文師帥兩字分明，故杜
以爲齊侯每出齊，即以帥屬退者，每出之文，別自爲義，不計上之三出，
劉君不達此旨，妄規杜失，非也。王引之《經義雜記》云，三入三出。當
劉光伯說，齊侯本在陳與晉戰，因敗而下如華泉取飲以免，此一入齊軍也，
丑父不可得，而仍入於齊，方入而又出求之，此二入二出也，丑父終不可
得，故三入齊軍，然必欲求免之，因三出齊軍，而忽誤入於狄卒，遂不得
復入矣，劉氏三入三出，一主齊軍言之，攷於傳文爲順，而出入之數又合，
若杜以爲三入晉軍，則第三次入晉軍，即入於狄卒，不得復出，止有二出
矣。若謂入於狄卒之前，已有三出，則當有四入矣。孔氏不知杜注之失，
反誤解劉說爲二入三出，因爲杜注作疏故也。又據劉光伯說，則下傳本作
齊帥以師退，言齊之帥以眾兵退也，杜改作齊師以帥退，則權不在元帥，
而在士卒矣。沈欽韓云，按劉說是也，齊侯破膽之後，豈敢復入晉軍，晉
軍方憤於丑父之紿，既入其軍，豈肯輕縱，如狄、衛之容情乎，劉氏所解
皆明通，遠過杜預，按王、沈說皆申炫說甚諦。

案：每出，齊師以帥退，意謂齊侯每自敵軍出，齊軍均擁護之後退，免其傷
亡。杜注云：「齊侯輕出其眾，以帥屬退者。」解帥退爲督勵士卒不許後
退，恐與文義不合。

成公三年傳

晉郤克、衛孫良夫伐廧咎如，討赤狄之餘也。

《疏證》：杜注，宣十五年，晉滅赤狄潞氏，其餘民散入廧咎如，故討之。疏，來就
咎如之內，討彼亦狄餘黨，然廧咎如容赤狄餘民，則咎如亦赤狄矣。劉炫
以爲廧咎如之國，即是赤狄之餘，今知不然者，以赤狄之國，種類極多。
潞氏、甲氏、鐸辰，皐落氏等皆是其類，並爲建國。假令潞氏、甲氏、鐸
辰、皐落雖滅，自外猶存，則是不滅者多，止應言討赤狄之類，不得稱餘。

疏謂咎如即赤狄，未誤。潞氏之滅，見宣十三年，甲氏、鐸辰之滅，見宣十六年，其役并滅留吁，疏失數之。惟伐皋落氏見閔公二年傳，未言其滅，自後經，傳不見，或已滅而失書。疏言假令潞氏等滅為疑辭，非也。赤狄種類已（1）自有廧咎如外，止此數國，疏云自外猶存，未佑何據言之。惠棟云，僖二十三年傳，狄人伐廧咎如，賈逵云，赤狄之別種，隗姓，杜注亦同。赤狄種類已盡，惟廧咎如猶在，故復討其餘，劉炫以為廧咎之國即是赤狄之餘，杜以為餘民散入其國，豈其然乎。成十三年，杜注云，季隗、廧咎如赤狄之女也，是杜自相矛盾，邵瑛亦同惠說。

案：赤狄部落甚多，如潞氏、甲氏、留吁、鐸辰之屬，先後皆為晉所滅，所餘唯廧咎如，故傳云「討赤狄之餘焉。」杜注「晉滅赤狄潞氏，其餘民散入廧咎如，故詩之」，誤也。

（1）原稿「已」字下有脫文

成公十三年傳

我寡君是以有令狐之會

《疏證》：杜注，申厲公之命，宜言寡人，稱君誤也。疏云，劉炫以為呂相雖奉君命，兼有已語。稱寡君正是其理，杜何知宜為寡人，稱君為誤，今刪定，知劉說非者。以呂相奉厲公之命而往絕秦，則皆是厲公之言，不得兼有已語，如疏說，則秦大夫不詢於我寡君句，蔑死我君句，寡君不敢顧昏姻句，於厲公之口辭皆礙。陸粲云，上文我是以有令狐之役，我是以有河曲之戰，我是以有輔氏之聚，此準上例，疑寡君為衍句。顧炎武云，一篇之中，稱寡君則三，我君者了，寡人者五，當是屬文之時，未曾參訂。然古人之文，亦往往不拘，如文十七年傳，鄭子家與趙宣子書，豪稱寡君，後云夷與孤之二三臣，亦其類也。按顧說是也。馬宗璉云，案自昔逮我先公至寡君不敢顧昏姻，皆呂相使臣之辭，自君有二心于狄至實圖利之，乃呂相代晉厲公請秦之辭，故稱寡人，亦可備一說，十一年傳，秦、晉為成，將會於令狐，晉侯先至焉，秦伯不肯涉河，次于王城，使史顆盟晉侯于河東。晉郤犨盟秦伯于河西，是此役兩君未相見，不得言會，令狐之會者，據擬盟之地言之。

案：此文稱寡君三次，我君一次，似是使臣口吻。然稱寡人五次，又似是晉君口吻，蓋是古人行文不嚴密者，顧說可參考。至如杜云宜言寡人，稱君誤也，《會箋》亦評之，可參考。

成公十六年傳

以伯諸侯，豈獨遺諸敝邑，敢私布之。

《疏證》：杜注，為曹伯歸不以名告傳，按傳明經書曹伯得歸之由例，經以歸見例，見成十八年傳，無以名告，不以名告之別，杜說非。疏亦云，諸侯被執，及歸，或名或否，雖從告辭，傳不為例，則已知杜說之誤，而又云，但諸侯尊貴，不斥其名，被告者，亦量其事之善惡。又引《釋例》云，蔡侯般弒父自立，楚子欲顯刑誅，以章伯業，誘而殺之，蔡人深怨，故稱名以告，春秋從而書之。按昭十一年經，楚子虔誘蔡侯般，殺之于申，於歸國告以名，絕不相涉，疏引說此傳，尤謬。

案：《會箋》謂釋經所以書歸也，杜此注謂其有罪則稱名以告，不然告不以名，此非言自告其君名，如蔡人稱楚子虔以告是也。故《正義》以為晉告之，大抵杜氏從告之說皆失之，且此辭非言曹伯無罪也。杜經注既曰書名不書名無義例從告辭，而又曰曹伯無罪不以名告，豈非矛盾乎。

成公十七年傳

六月、戊辰、士燮卒。

《疏證》：杜注，傳言厲公無道，故賢臣憂懼，因禱自裁。焦循云，劉光伯以為士燮、昭子之卒，適與死會，非自殺，是也，觀其云愛我者，惟祝我，使我速死，無及於難，則是因有疾，而家禱之，而文子轉使禱者祈死耳。若自殺，則自殺而已，何必先祈死。朱駿聲云，古人極信鬼神之事，左氏已言祈死而得死。劉炫云，適與死會是，按焦、朱說是也。炫說見本疏引。疏又云，祝我使我速死，是其欲死之意，叔孫昭子心懷憂懼，亦與此同，身皆並卒，故知自裁。春秋之內，唯有兩人願死何得與死者皆與相當，故杜斟酌傳文，以為自殺。何休膏肓以為，人生有三命，有壽命以保度，有隨命以督行，有遭命以摘暴，未聞死可祈也。疏駁炫說，蓋據〈膏肓〉，其所引〈膏肓〉亦非完文。公羊襄二十九年疏，未聞死可祈也。下云，昔周公之隆，天不出妖，地不出孽，陰陽和調，災害不生，武王有疾，周公植璧秉珪，願以身代。武王疾愈，周公不夭，由此言之，死不可請，禍自天，祿欲盡矣，非果死。今左氏以為果死，因著其事以為信，然於義，左氏為短，何休不信左氏祈死之說，故舉人有定命。周公祈死不死，以駁左氏，然公羊亦不謂士燮自殺。疏引〈膏肓〉以證杜說，非杜之義也。鄭箴今佚，其義無以審知。

案：昭公二十五年傳「冬十月辛酉，昭子齊於其寢，使祝宗祈死。戊辰，

卒。」其事與此傳士燮卒相類。杜注云先祈死，後自殺，其事不審。沈
欽韓云：「杜預因禱自裁，按死非可祈也。然憂懼結于中，寢食廢于外，
則數日之間無全理矣。史傳所載王商司馬攸以憂死者不可勝數，豈必一
一自裁于暗昧乎，何休操三命以譏傳，杜預求通而妄造自裁之事，皆傳
之賊也。」是沈說與焦氏意同。

成公十八年傳

凡六官之長，皆民譽也。

《疏證》：杜注，大國三卿，晉時置六卿爲軍帥，故總舉六官，則知羣官無非其人。
　　　　本疏云，當時晉置六卿，爲三軍之將佐，於是晉文更置新軍，凡有四軍八
　　　　卿。但新軍或置或廢，故傳不更數之耳。六官之長，非獨卿身，凡爲人之
　　　　長者，皆有民之美譽。按疏以六官兼將佐言，此時新命者止四卿。據〈晉
　　　　語〉，魏相，下軍佐，士魴、新軍將，魏頡、趙武、新軍佐。顧棟高晉中
　　　　軍表列欒書爲中軍將。又云，是年冬，士魴來乞師。臧武仲曰，今嬀季亦
　　　　佐下軍，蓋相於是年卒，魴代相佐下軍也。又按晉語，呂宣子卒，使趙文
　　　　子佐新軍，是魏相卒後，士魴升佐下軍，頡代魴將新軍，趙武佐之也。顧
　　　　說此年將佐甚核，則傳非不數新軍。傳稱六官之長，猶言將佐，不必泥六
　　　　官文。謂無新軍。疏說非，杜謂羣官無非其人者，指御戎、司士之屬。疏
　　　　謂凡爲人之長者，亦未得杜意。

　　案：杜云晉時置六卿爲軍帥，此不然。悼公初年，晉仍有四軍。故襄公八年傳
　　　　云：「四軍無闕，八卿和睦」可證，是不得謂之六官，杜說不可信。且六
　　　　官之長，不必事指專師，《會箋》言，「六官分職，本是周制，侯國當亦如
　　　　是耳。」楊伯峻言六官猶言各部門。

襄公二年傳

知武子曰，善，鄔之會，吾子聞崔子之言，今不來矣。

《疏證》：杜注，元年，孟獻子與齊崔杼次于鄔，崔杼有不服晉言，獻子以告知武子。
　　　　本疏，元年伐鄭，次于鄔，唯有韓厥、荀偃，於時武子未必在軍，當是此
　　　　會始告之耳。按會鄔雖無知罃，崔抒之言，噹韓荀告之，此謂孟獻子與聞
　　　　其言耳、杜注，疏說皆非。

　　案：鄔之會，知罃雖未與會，而晉有韓厥、荀偃，故會議情況，此二子以獻子
　　　　之言告知武子也。

襄公三年傳

使鄧廖帥組甲三百，被練三千。

《疏證》：杜注，組甲，漆甲成組文。被練、練袍，不用賈、服諸說。惠棟云，謹按禮說，稱賈氏義爲長，少儀曰，國家靡敝，則甲不組縢。《逸周書》曰，年不登，甲不纓縢。孔晁曰，纓繩不以組，蓋組甲之工，靡于被練，故凶歲不組縢，所以節財也。考工函人云，凡察革之道，眡，其鑽空，欲其窔也，空窔則堅，廞滿則固，帛粗故任者半，組細故盡任力。《呂覽》有始（1）篇曰，邾之故法，爲甲裳以帛（2），公息忘謂邾君曰，不若以組甲，凡甲之所以爲固，以滿竅也。今竅滿矣，而任力者生耳，且組則不然，竅滿則盡任力矣，邾君以爲然。高誘曰，以帛綴甲，即被練是也。組甲，以組連甲，賈氏之說蓋本于此。文淇按，惠申賈說也。《呂覽》吾尤（3）篇又云，邾君曰，將何以得組也，公息忌對曰，止用之，則民爲之矣。邾君曰，善。下令官爲甲必以組，公息忌知之說之行也，因令其家皆爲組，人有傷之者曰，公息忌所以欲用組者，其家多爲組也。邾君不悅，干是復下令，令官爲甲無以組，此亦組甲工費貴於被練之證。壽曾曰，惠氏據《呂覽》以證服注盈竅義最諦，且得組練貴賤之別。惟引函人眡其鑽空，欲其窔也。鄭司農彼注云，窔、小孔貌。被疏云，革惡則孔大，革善則孔小，先鄭訓窔爲孔，孔固可以訓竅，然函人職察革，此孔謂革之毛孔，孔小材堅，孔大材窳，與服注稱盈竅爲已成之甲義異。馬宗璉引許慶宗說曰，《管子四時》（4）篇房注，組甲，謂以組貫甲也。韓非子過秦，得韓之都，而驅其鍊甲，鍊甲即被練也。孟子有布縷之征，趙歧注，縷絥、鎧甲之縷也。典枲賈疏，縷用麻之物是凡甲皆以麻貫之，此組以帛貫之，尤爲精貴矣。許氏知分組甲，練甲爲二，而云組以帛貫，殊未分明，其以組爲貫甲之物，得之，惠氏引〈周書〉孔注，亦謂組以貫甲，其引少儀甲不組縢，未申其義，沈欽韓補之曰，少儀，甲不組縢。注，組縢以組飾之，及紟帶也。疏云，謂以組連甲，及爲甲帶言紟帶，解經縢字，縢是縛約之名。釋文云紟、結也，如鄭義，亦以組連甲，因以爲飾。據沈說則服注與鄭君合。其甲帶以甲之上旅，下旅別是一物。惟賈注盈竅，竅在甲之何處，惠、沈諸君皆未釋。李貽德云，函人，犀甲七屬，兕甲六屬，合甲五屬，注，屬、謂上旅、下旅札續之數也。疏云，一葉爲一札，上旅之中續甲（5）七節、六節、五節，下旅之中亦有此節。函人又云，權其上旅，與其下旅，而重若一。疏云，謂札葉爲旅者，以札眾多，故言旅。旅即眾也，然則凡甲，聚眾札爲之。鄭讀屬如

灌注之注，謂其相連注也。賈，服皆云以組綴甲。《說文》，綴、合著也，从綴系，〈內則〉，織紝組紃。疏曰，組、紃俱爲條也。薄闊爲組，似繩者爲紃，若然，組綴甲、謂以薄闊如條者，施諸縫中耳，被當從《說文》作紴。《說文》，紴，條屬，讀若被。又云，練，涷繒也。涷繒即〈考工記〉之涷帛是已。涷之帛謂之練，此蓋以練爲紴，而以綴甲，李氏說甲制甚晰，則賈所謂盈竅，竅謂札相比空隙之之處也。帛盈竅而任力半，組盈竅則盡任力者。札是散材，力謂札相比處牽貫之力。惠氏謂帛粗任力半，組細盡任力，深得賈義。李氏訓力爲功，以功之精粗言，非也。組練用以連甲，札皆在甲裏。馬氏謂組爲甲裏，練爲甲裏，與賈氏說同。惟賈謂車士組甲，步卒被練。馬謂組甲公族，被練卑者爲異。〈楚語〉在中軍王族而已，則公族亦得與軍事據賈，馬說，則組甲貴，故數少，被練賤，故數多。《晉書‧王敦傳》，明帝下詔討錢鳳曰，朕親御六軍，被練三千，組甲三萬，總統諸軍，討鳳之罪，則以被練爲貴，組甲爲賤，與賈，馬說違。本疏引賈，馬說駁之，其駁賈云，然則甲貴牢固，組練俱用絲也。練若不固，宜皆用組，何當造不牢之甲，而令步卒服之，豈欲其被傷，故使甲不牢也。若練以綴甲，何以謂之被也。其駁馬云，又組是縰繩，不可民爲衣服，安得以爲甲裏。又申杜說云，杜言組甲，漆甲成組文，今時漆甲有爲文者，被練，言所言甲，必非甲名，被是被覆衣著之名，故以爲練袍，被於身上，雖並無明證，而杜要愜人情。沈欽韓云，漆如何成條，被是衣著之稱，非戰所用。被練若非甲，則被練三千，免者三百，既非甲士，是何物也。練袍爲戰服，妄矣，且賈云，盈竅，杜既不明，孔亦不疏，好爲臆說。撥棄先儒，不好學如是乎（6），嚴蔚說與沈略同。李貽德云，孔氏以及不言甲，必非甲名，則文不言袍，杜何由知此是練袍乎。《韓非子》，驅其練甲，此不稱甲，以已舉組甲，則此可不煩明指，右皆駁正疏說。洪亮吉、朱駿聲亦皆以杜說爲非。按疏雖引馬融說，而不知馬說同於賈氏，馬明云組、練爲甲裏。疏乃云縰繩不可以爲衣服，則於馬說亦未審核。

案：杜注被練爲練袍，《會箋》曰：「練袍非甲也，則被練三千，免者三百，既非甲士是何物也。」明杜注練袍誤也。組甲者，馬融謂組甲是以組爲甲裏，公族所服。賈逵，服虔以組綴甲，車士服之。是考之〈初學記〉二十二引〈周書〉云：「年不登，甲不縷組」，〈燕策〉「身自削甲札，妻自組甲絣。」由此二說，楊伯峻以賈，服說較馬說可信。

（1）按當作「去尤。」

（2）此句下原注有「高誘曰，『以帛綴甲。』即被練是也」十二字，劉稿移在后面。

（3）按仍是「去尤」。

（4）按當作「五行。」劉稿仍馬、許之誤。

（5）應當作「札。」

（6）以上二十六字不見於沈氏左傳注。

第肆章　劉文淇春秋左傳學之成就
　　　　及其得失

　　有清一代治左傳者尤夥，先生於群儒中，治左氏爲名家，其《疏證》一書在新的注疏中，堪稱一時之選。先生紹承漢詁，扶植微學，無處不以漢誼闡釋經傳，示左傳經義之微言。是先生駁難杜說，發揮漢誼，乃其學承繼漢是也。

　　東漢之初，鄭玄、賈逵號稱左氏專門之學，擅名當代，良以賈逵既師承父業，功力精深，成就乃著。《後漢書・鄭興傳》云：「世言左氏者多祖於興，而賈逵自傳其父業，故有鄭、賈之學。」（卷三十六）服虔之學，曹魏之世，盛行於世，與杜學並峙南北朝〔註1〕。劉氏四代以左氏家學名盛於清〔註2〕孟瞻以學殖博厚，研精古籍，貫通群經，多所創獲，遂能卓然有成，爲清一代治左氏學者之翹楚。

　　先生於《疏證》，用力深厚，堂廡甚大。然其長短得失，可得而說，蓋先生起於乾、嘉以來漢幟之學風，其論證者，多偏於典制、訓詁、名物，於清儒箋杜，率多專於詁訓章句之失。如申叔嘗論近儒箋杜者，有崑山炎武，元和惠棟，吳沈欽韓，山陽丁晏，其所發正，率詁章句之微者類同〔註3〕。先生所爲《疏證》，專釋訓詁、名物、典章，亦是此流也〔註4〕其咸采諸通人說外，上稽先秦諸子，下考唐以前史書，旁及雜家筆記文集，皆取爲證佐，期於實事求是，俾佐氏大義，炳然著明〔註5〕。故其搜羅參引之材料，往往爲他家所不及，故於經傳史實、名物、典制、訓詁之解說者，多能確當中肯。由此，《疏證》蒐集了豐富的材料，自經疏、史注及《御覽》

〔註1〕《北史儒林傳》卷八十一：「江左《左傳》則杜元凱，河洛《左傳》則服子愼。」
〔註2〕陳鐘凡，〈劉先生行述〉：「曾祖文淇、祖毓崧，伯父壽曾均以治左氏春秋，名於清道咸同光之世。」
〔註3〕《春秋左氏傳古例詮微》、〈序師法篇〉第二十。
〔註4〕〈致沈欽韓書〉，《青溪舊屋集》卷三。
〔註5〕《通義堂文集》卷六，〈劉毓崧先考行略〉。

等書所引《左傳》注不載姓名，而與杜注異者，亦是賈、服舊說，可備集左傳賈、服注之大成。再則劉氏注例言：「釋春秋必以禮明之」，實爲此書一大特點。舉凡典章制度、服飾器物、姓氏地理、古曆天算、日食晦朔、鳥獸蟲魚，皆細加訓詁。論此，《疏證》於材料，與其他《左傳》諸書相較，沒有比這更豐富，論訓詁，也沒有比這更詳盡的〔註6〕。

　　至其短處，則在于文淇謹守漢儒左氏解詁，凡漢皆好，凡杜盡壞，似非公允。且漢儒據陰陽、五行、讖緯之說以釋經傳者，不免穿鑿之弊，先生亦承其說。是陰陽五行，讖緯說盛行於兩漢，治春秋左氏學者，不免受其影響，如僖公十六年經云：「六鷁退飛，過宋都」，先生引《春秋考異郵》云：「鷁者，毛羽之蟲，生陰而屬於陽」。又引〈洪範五行傳〉「鷁者，陽禽」與《考異》郵生陰屬陽說合。傳引劉歆以爲風發於它所，至宋而高，鷁高飛而逢之則退，經以見者爲文，故記退蜚，傳以實應著言。風，常風之罰也，象宋襄公區霿自用，不容臣下，逆司馬子魚子之諫，而與彊楚爭盟。後六年爲楚所執，應六鷁之數。隱公五年傳「夫舞所以節八音，而行八風」，《疏證》引《易緯通卦》釋八風，及引律書言廣莫者言陽氣在下，陰莫陽廣大也諸說，以引申賈注所云八風之論。莊公十四年傳「初，內蛇與外蛇鬬于鄭南門中，內蛇死，六年而厲公入」引服云：「蛇北方水物，水成數六，故六年而厲公入。」及引《五行大義》，《京房易傳》，《洪範五行傳》以疏證其傳。莊公二十八年經「大無麥禾」引服虔云：「陰陽不和，土氣不養，故禾麥不成也。」僖公五年傳「凡分、至、啓、閉，必書雲、物，爲備故也。」引鄭眾云：「以二至二分觀雲色，青爲蟲，白爲喪，赤爲兵荒，黑爲炎，黃爲豐。」以證杜注及孔疏從舊注說而稍異。成公十三年傳「是以有動作禮義威儀之則，以定命也。」引劉歆說：「以陰陽之中制其禮，故春爲陽中，萬物以生。秋爲陰中，萬物以成」以釋傳意。又引賈逵序云：「取法陰陽之中，春爲陽中，萬物以生，秋爲陰中，萬物以成」謂春秋制名，取於陰陽，即以陽中、陰中者秋之意。除此，《疏證》亦引《春秋緯命歷序》，《春秋感精符》，《易緯通卦》、《禮緯》、《春秋攷異郵》、劉向《洪范五行術》、劉歆《鍾律書》等，凡此皆受漢儒影響。再則先生《疏證》有時羅列材料，引而不斷，引書時或偶任意割裂，或引用典籍尚多，有時與原書字句不符，想係記誤或筆誤，此皆《疏證》不謹嚴處，或與未完稿所呈現有關〔註7〕。

〔註 6〕參詳《疏證》整理後記所論。
〔註 7〕同註6。

－224－

第伍章　結　論

　　自劉歆引傳解經，創通左氏大義，東漢學者于左氏經傳之研究，遂成風氣，凌駕于公、穀二傳之上。據《後漢書》、〈隋志〉及姚振宗《後漢藝文志》所載，東漢一代春秋左傳作者，至後世據今尚有輯佚本者，惟有賈逵、鄭眾、許慎、馬融、鄭玄、服虔、潁容、許淑、彭汪等九人。其中佚文收存較多者，亦僅是賈逵、鄭眾、服虔三人而已。而賈逵在東漢，有承先啓後之功，其對後世治左傳學者，影響甚距。其後之許慎、潁容、許淑、馬融、服虔、鄭玄諸家，皆深受其影響。是賈學上繼劉歆，下開諸家之功，故杜注襲用賈逵注者，亦足見其意，是《疏證》辨杜預注之失，每引賈逵說論證，以明經傳之義旨。

　　降及清代，文淇撰《左氏傳舊注疏證》，取漢儒舊注以疏通證明，於賈逵之說蒐采亦備，其釋禮制引證詳贍，間引諸家說而辨析得失，論斷多切要中肯。且《疏證》引賈逵、服虔、鄭玄三君說，並引論漢代治左傳說者，以稱舊注，疏通證明漢儒之微學，以資證明承漢學之深意也。蓋漢儒治左氏者，賅凡從左傳義例及文旨之闡釋，左傳名物，禮制、國名、地名、人名，古史之解說者，經傳字義之訓詁，故文淇作《疏證》亦承其例，賅凡詳贍，以疏通證明；或明經傳之義理，或徵典制之故實或詳史事之曲直或通訓詁，或明人名、地名之梗概，皆證其說而明其義蘊，是也。

　　自唐孔穎達作疏專用杜注以還，東漢舊注大都淪亡，無以睹其全貌。文淇《疏證》依年逐條分析，發揭元凱採用舊注者甚多，於其不襲用舊注者，而舊注之義又優於杜注，疏證亦明示之。文淇《疏證》有諸多優點，然亦有小疵，其義例是非，千古爭訟不休，難下定論。然牽引陰陽五行圖讖以解經傳，皆承東漢舊注而來。《後漢書·賈逵傳》論：「賈逵能附會文致，最差貴顯」，即就此而論，是文淇《疏證》沿襲之，蹈爲可評之譏。

　　《疏證》注例言「褒、諱、抑、損之義，三傳所傳春秋皆有之。注左氏者，惟

賈君尙存梗概，後人議其雜入公、穀之說，爲自淆家法，實則左氏本有其義，而賈君傳亡，非賈君好爲合併也。」是賈逵詮釋經傳，凡公羊、穀梁義有可採者，並取以爲說，鄭康成駁《五經異義》以《左傳》爲主，兼採《公羊》、《穀梁》，故杜元凱譏其「膚引《公羊》、《穀梁》，適足以自亂。」然陳澧《東塾讀書記》曰：「三傳各有得失，不可偏執一家，盡以爲是，而其餘盡非。」則東漢之左氏學者，雖以古學爲主，而其胸襟，則較爲寬宏。是先師相傳自有其義法，劉文淇《春秋左氏傳舊注疏證》於三傳義理相近或相合時，謂此乃古左氏說，殆先師相傳如是也。

又有清一代，經學著述甚夥，文淇每稱引諸家之說，以資核實，而諸家之是非得失，亦兼爲論定。其箚記之屬或他經之著述，與春秋經傳相關者，亦廣爲蒐討，以定其從違。是文淇以左傳說卓然爲一家之學，其書體例條理整贍，思慮綿密，尙惜未能完稿，予人可攻之失，良爲治左傳學者之憾事也！

附　錄

一、劉文淇《疏證》所參引之書目

1	馬融尚書注	27	論語鄭玄注
2	顧歡尚書注	28	惠棟論語古義
3	鄭玄尚書注	29	毛居正六經四誤
4	段玉裁尚書撰異	30	開元石經
5	王鳴盛尚書後辨	31	唐石經未磨本
6	閻若璩尚書古文疏證	32	許慎說文解字
7	胡渭禹貢錐指	33	五經異義
8	洪範五行傳	34	爾雅、郭樸注
9	易經	35	邵晉涵爾雅正義
10	李氏易傳	36	孫炎爾雅注
11	易緯通卦	37	廣雅
12	毛詩鄭箋	38	一切經音義
13	詩毛氏傳疏	39	小爾雅
14	陳奐詩疏詩述聞	40	華嚴經音義
15	胡承珙毛詩後箋	41	眾經音義
16	周禮賈公彥疏	42	陸德明經典釋文
17	孫詒讓周禮正義	43	王引之經義述聞
18	儀禮鄭玄注賈公彥疏	44	郭忠恕汗簡
19	惠棟儀禮古義	45	吳仁傑兩漢刊誤補遺
20	秦蕙田五禮通考	46	方言
21	金鶚禮說	47	字林
22	楊復儀禮旁通圖	48	集韻
23	凌廷堪禮經釋例	49	黃生義府
24	禮記鄭玄注賈公彥疏	50	黃生字詁
25	盧植禮記注	51	顏師古匡謬正俗
26	阮諶三禮圖	52	服虔通俗文

174 漢大府陳球碑	187 王肅春秋左氏傳	
175 袁良碑	188 董仲舒春秋繁露	
176 左傳杜解補正	189 惠棟公羊古義	
177 春秋左傳小疏	190 錢大昕跋余仁仲校刊左傳本	
178 春秋左傳補注	191 阮元春秋左傳校勘記	
179 春秋左傳補疏	192 程公説春秋分記	
180 春秋左傳補注	193 葉夢得春秋傳	
181 春秋大事表	194 春秋感精符	
182 春秋左傳詁	195 春秋歷命序	
183 左通補釋	196 春秋考異郵	
184 春秋左傳平説	197 嚴蔚內傳古注輯存	
185 春秋左氏古義	198 黃氏逸書考	
186 春秋左傳賈服注輯述		

附注　以上附錄文淇疏證詳記所引之書目，對於只引某某曰，而不説其書名者，尚闕疑不錄。

二、杜注本前儒之説者

1. 劉歆	10. 《説文解字》	19. 韋昭《國語注》
2. 鄭眾	11. 《爾雅》	20. 京相璠《春秋土地名》
3. 賈逵	12. 孫炎《爾雅注》	21. 鄭玄《論語注》
4. 馬融	13. 《廣雅》	22. 高誘《淮南子注》
5. 許淑	14. 《世本》	23. 鄭玄《禮記注》
6. 服虔	15. 《史記》	24. 《毛詩鄭箋》
7. 潁容	16. 顏師古《漢書注》	25. 《公羊傳》
8. 王肅	17. 應劭《漢書注》	26. 《穀梁傳》
9. 鄭玄	18. 《後漢書》	27. 《呂覽》

附記　以上係文淇《疏證》明言杜注承其某説者，尚列之一隅，以備參考，至於只言引舊説而不詳記某某，略之也。

參考書目

1. （清）劉文淇，《左傳舊疏考正》。
2. （清）丁晏，《左傳杜解補正》。
3. （日本）安井衡，《左傳輯釋》。
4. （日本）竹添光鴻，《左傳會箋》。
5. 章太炎，《春秋左傳讀》。
6. 劉師培，《讀左劄記》。
7. 劉師培，《春秋左氏傳古例詮微》。
8. 程旨雲先生，《春秋左傳地名圖考》。
9. 周何先生，《春秋吉禮考辨》。
10. 傅隸樸先生，《春秋三傳考異》。
11. （日本）重澤俊郎，《左傳人名地名索引》。
12. 楊伯峻先生，《春秋左傳注》。
13. 楊伯峻先生，《春秋左傳詞典》。
14. 程南洲先生，《賈逵之春秋左傳學及其對杜預注之影響》。
15. 程南洲先生，《春秋左傳賈逵注與杜預注之比較研究》。
16. 程南洲先生，《東漢時代之春秋左氏學》。
17. 葉政欣先生，《漢儒賈逵之春秋左氏學》。
18. 葉政欣先生，《杜預及其春秋左氏學》。
19. 張其淦，《左傳禮說》。
20. 簡博賢先生，《孔穎達春秋左傳正義平議》。
21. 黃永武先生，《許慎之經學》。
22. 小澤文四郎編，《儀徵劉孟瞻先生年譜》。
23. 孔安國傳，（唐）孔達疏，《尚書注疏》。

24. （清）孫星衍，《尚書今古文注疏》。

25. （漢）毛亨傳鄭玄箋，（唐）孔穎達疏，《毛詩注疏》。

26. （漢）鄭玄注，（唐）賈公彥疏，《周禮注疏》。

27. （漢）鄭玄注，（唐）賈公彥疏，《儀禮注疏》。

28. （漢）鄭玄注，（唐）賈公彥疏，《禮記注疏》。

29. （清）孫詒讓，《周禮正義》。

30. （清）金鶚，《求古錄禮說》。

31. （清）任啓運，《朝廟宮室考》。

32. （清）戴震，《考工記圖》。

33. 四部叢刊三禮經部，《重校三禮圖》。

34. 王關仕，《儀禮服飾考辨》。

35. 聞人軍，《考工記導讀圖譯》。

36. （晉）郭璞注，（宋）邢昺疏，《爾雅注疏》。

37. （清）段玉裁注，《說文解字注》。

38. （清）朱駿聲，《說文通訓定聲》。

39. （漢）揚雄，（清）戴震疏證，《方言疏證》。

40. （漢）劉熙，《釋名》。

41. （晉）張揖撰，王念孫疏證，《廣雅疏證》。

42. （梁）顧野王，《玉篇》。

43. （宋）陳彭年，《廣韻》。

44. （清）阮元，《經籍纂詁》。

45. （唐）陸德明，《經典釋文》。

46. （清）王引之撰，《經義述聞》。

47. （清）甘鵬雲，《經學源流考》。

48. （清）皮錫瑞，《經學通論》。

49. 劉伯驥，《六藝通論》。

50. （漢）司馬遷，《史記三家注》。

51. （漢）班固撰，（唐）顏師古注，《漢書補注》。

52. （晉）司馬彪撰，《續漢書志》。

53. （宋）范曄撰，《後漢書》。

54. （晉）陳壽撰，（晉）裴松之注，《三國志注》。

55. （唐）房喬等撰，《晉書》。

56. （梁）蕭子顯，《南齊書》。

57. （北）齊魏，《魏書》。

58. （唐）李延壽，《南史、北史》。

59. （唐）魏徵，《隋書》。

60. 石晉，劉昫等撰，《舊唐書》。

61. （宋）歐陽修，（宋）祁合撰，《新唐書》。

62. （三國）韋昭注，《國語注》。

63. （清）朱右曾，《逸周書集訓校釋》。

64. （清）雷學淇，《竹書紀年義證》。

65. （漢）荀悅，《漢記》。

66. （清）唐晏，《兩漢三國學案》。

67. （北魏）酈道元，《水經注》。

68. （唐）杜佑，《通典》。

69. （清）姚彥渠，《春秋會要》。

70. 陳漢平，《西周冊命制度研究》。

71. 王貴民，《商周制度考信》。

72. 楊寬，《古史新探》。

73. 容希白，《商周彝器通考》。

74. 周緯，《中國兵器史稿》。

75. 徐俊元、張占軍、石玉新，《中國人的姓氏》。

76. 顧祖禹，《讀史方輿紀要》。

77. 譚其驤主編，《中國歷史地圖集》。

78. （清）顧炎武，《日知錄》。

79. （宋）王應麟，（清）翁元昕注，《翁注困學紀聞》。

80. （清）焦竑，《焦氏筆乘》。

81. （漢）應劭撰，（民）王利器注，《風俗通義校注》。

82. 李善注，《文選》。

83. （宋）洪興祖撰，《楚辭補注》。

84. （清）王先謙撰，《荀子集解》。

85. 王先慎撰，《韓非子集解》。

86. 高誘注，《呂氏春秋》。

87. 王充，《論衡》。

88. 管仲，《管子》。